Roland Zag

Der Publikumsvertrag

Roland Zag

Der Publikumsvertrag

Drehbuch, Emotion und der »human factor«

2., überarbeitete Auflage

UVK Verlagsgesellschaft mbH

Praxis Film
Band 64

Bibliografische Information der Deutschen Nationalbibliothek
Die Deutsche Nationalbibliothek verzeichnet diese Publikation in der Deutschen Nationalbibliografie; detaillierte bibliografische Daten sind im Internet über http://dnb.d-nb.de abrufbar.

ISSN 1617-951X
ISBN 978-3-86764-250-7

1. Auflage 2005: Roland Zag: Der Publikumsvertrag. Emotionales Drehbuchschreiben mit ›the human factor‹, © TR-Verlagsunion GmbH, München (ISBN 3-8058-3701-1)

Einbandgestaltung: Susanne Fuellhaas, Konstanz
Druck: fgb · freiburger graphische betriebe, Freiburg

UVK Verlagsgesellschaft mbH
Schützenstr. 24 · D-78462 Konstanz
Tel.: 07531-9053-0 · Fax: 07531-9053-98
www.uvk.de

Inhalt

Vorwort zur Neuauflage

›The human factor‹ (thf) ist seit Erscheinen der Erstauflage dieses Buchs[1] in der Filmbranche ein eingeführter Begriff. Der Publikumsvertrag hat sich als Denkmodell vielerorts durchgesetzt und in der praktischen Arbeit an konkreten Stoffen bewährt. Ausschlaggebend für den Erfolg von thf waren unter anderem regelmäßig unter www.blog.the-human-factor.de veröffentlichte Vorhersagen zur Publikumswirksamkeit von aktuellen Filmproduktionen. Diese haben gezeigt, welche konkreten Auswirkungen der zwischenmenschliche Anteil eines Films tatsächlich auf die Publikumsresonanz hat. Entsprechend wichtig ist es, sich in der Stoffentwicklung mit den inneren emotionalen Faktoren eines Drehbuchs zu befassen.

Inzwischen haben sich die Ideen von thf in zahlreichen Drehbuchberatungen, Seminaren und Lehraufträgen ständig weiterentwickelt. Auf Grundlage dieser vielen Diskussionen wurde die Neuauflage – insbesondere was die Beispielfilme angeht - komplett überarbeitet und aktualisiert (herzlichen Dank an alle Autoren, Studenten und Seminarteilnehmer für Anregungen und Feedbacks!). Insofern handelt es sich bei dem vorliegenden Band zwar noch um die Beschreibung des bekannten Denkmodells, jedoch in weitgehend neuer Form und um viele, vor allem praktisch-konkrete Aspekte ergänzt.

Es bleibt nun zu wünschen, dass das Buch in dieser Form den Kreativen noch mehr konkret umsetzbare Anregungen geben und zugleich auch interessierten Laien weitere Einsichten in die faszinierende Welt der emotionalen Reaktionen zwischen Film und Publikum bieten kann.

Roland Zag München, Juli 2010

1 Zag, Roland (2005): »Der Publikumsvertrag. Emotionales Drehbuchschreiben mit ›the human factor‹«.

Teil I

Zur Rolle der Emotion im Film

A. Der Publikumsvertrag

1. Plädoyer fürs Emotionale

Nichts scheint selbstverständlicher als die Aussage, dass Film mit Emotionen zu tun hat: Im Kino oder vor dem Bildschirm wird man erheitert oder beängstigt, beschwingt, in Spannung oder Trauer versetzt. Und jeder, der mit der Herstellung von Filmen zu tun hat, zielt darauf ab, das Publikum in der einen oder anderen Form emotional zu berühren oder zu stimulieren.

Doch obwohl die Film- und Fernsehindustrie davon lebt, Emotionen zu erzeugen, herrscht gleichzeitig oft Unklarheit über die Prinzipien und Zusammenhänge zwischen Story und emotionaler Wirkung. Oft ist nicht klar, WARUM die (zunächst bedeutungslosen) Schattenbilder auf einer Leinwand oder einem Bildschirm in der Lage sind, im Laufe eines Films so starke Gefühlsbewegungen im Zuschauer auszulösen – und warum das in anderen Fällen nicht gelingt.

Dieses Buch hat daher zum Ziel, einige elementare Prinzipien zu erklären, die das Verhältnis zwischen dem Gezeigten auf der Leinwand und dem Publikum bestimmen. Der Gegenstand ist komplex: Kaum etwas ist so schwer zu erfassen wie die Welt menschlicher Gefühle. Wenn im Folgenden trotzdem versucht wird, auf elementare Prinzipien zu verweisen, mag das vielleicht manchmal starr oder schematisch anmuten. Doch so wie man es keinem Mediziner verdenken wird, wenn er den Sachverhalt einer Krankheit mittels Vereinfachung auf ein paar Ursachen zurückführt, so muss es auch dieser Arbeit erlaubt sein, komplexe Gegenstände auf elementare Grundmuster zu reduzieren.

Im Wesentlichen verfolgt dieses Buch also zwei Zielsetzungen: Zum einen wird analytisch erklärt, wie sozial bedingt Emotionen entstehen und welchen Prinzipien sie folgen. Zum anderen soll ein praktisches Handwerkszeug für Autoren, Produzenten, Redakteure, Regisseure, Dramaturgen und alle an der Drehbuchentwicklung beteiligten Personen an die Hand gegeben werden. Es wird gezeigt, wie sich Stoffe emotionaler und publikumswirksamer erzählen und schwierige Themen so behandeln lassen, dass der Kontakt zum Zuschauer nie abreißt.

2. Die Partner des Publikumsvertrags

›The human factor‹ (thf) beschreibt ein Denkmodell, das emotionale Auslöser im Film erklärt. Es konzentriert sich auf die Beschreibung zwischenmenschlicher Beziehungen innerhalb der Story.

Der Begriff beschreibt also zum einen einen theoretischen Ansatz, mit dem praktisch gearbeitet werden kann. Zum anderen meint der Begriff ›human factor‹ aber auch jenen zwischenmenschlichen Kern jeder Geschichte, der deren Emotionalität wesentlich bestimmt. Der ›human factor‹ eines Film ist ein konkreter (wenngleich schwer messbarer) Wert, der die emotionale Grundspannung beschreibt, die sich beim Betrachten eines Films aufbaut.

Damit diese emotionale Grundspannung entstehen kann, braucht es zwei Partner: den Film und den Zuschauer. Beide stehen in einem bestimmten Verhältnis zueinander. Dieses Verhältnis wird hier metaphorisch als ›Vertrag‹ verstanden, den die Zuschauer mit den Filmemachern stillschweigend schließen. Es entsteht zwischen der Geschichte und dem Publikum eine ungeschriebene Vereinbarung, eine Art imaginäres Geben und Nehmen.

Das Publikum hat seine ›vertraglichen Verpflichtungen‹ in dem Moment erfüllt, in dem es ins Kino geht oder Filme zu Hause sieht. Es investiert dafür Geld, Neugier, Interesse und Lebenszeit. Dafür konfrontieren sich die Zuschauer mit Begebenheiten und Schicksalen, die sie eigentlich zunächst nicht betreffen. Für die Dauer des Films leben und leiden sie mit fremden Figuren. Um diesen eigenen Einsatz zu rechtfertigen, erwarten Zuschauer als Gegenleistung, dass die erzählte Geschichte und ihre Protagonisten elementare seelische Bedürfnisse befriedigen.

Der Film (bzw. die Geschichte) ist dazu aufgerufen, die Bedürfnisse des Publikums ernst zu nehmen und darauf einzugehen. Dass es sich hierbei bei jedem Einzelfall auch je nach Genre und Intention um ein unglaublich differenziertes, komplexes Verhältnis handelt, darf man nie aus dem Blickfeld verlieren – dazu später mehr. Dennoch kann grundsätzlich davon ausgegangen werden, dass sich jeder, wirklich jeder Film an ein bestimmtes Publikum richtet und versucht, dessen Bedürfnisse zu befriedigen – selbst wenn paradoxer Weise das Bedürfnis gerade darin bestehen mag, dass Erwartungen gebrochen werden.

Für diese Gegenleistung stehen alle am Film Beteiligten gerade, vor allem aber die Autoren. Wenn der Zuschauer eines Films in etwa bekommt, was er erwartet, ist der Publikumsvertrag erfüllt. Wenn sich kein Transfer einstellt und das, was der Film bietet, den Zuschauer nicht zufriedenstellt, bleibt auch der Publikumserfolg unerfüllt.

3. Der ›human factor‹ und herkömmliche Drehbuchlehren

Dieses Buch versucht nicht, das Rad neu zu erfinden. Was hier beschrieben wird, steht oft nicht im Widerspruch zu den zahlreichen Theorien übers Geschichtenerzählen und Drehbuchschreiben, sondern ergänzt sie vielmehr um eine weitere Ebene. Allerdings bieten die hier beschriebenen Grundsätze gegenüber den meisten anderen Drehbuchlehren einen wichtigen Perspektivenwechsel hin zum Intersubjektiven. In der Mehrzahl beschränken sich die herkömmlichen Drehbuchtheorien auf eher äußere Aspekte der Handlung: Fragen nach der Struktur oder dem Plot, nach Verdichtungen und Höhepunkten. Die meisten stellen einen Helden in den Mittelpunkt ihrer Theorie und argumentieren weitgehend aus dessen subjektiver Perspektive. Mehrheitlich steht dort also zur Debatte WIE erzählt wird.

Der Blickwinkel, den dieses Buch eröffnet, ist ein anderer. Er beschäftigt sich mehr mit dem, WOVON die Rede sein soll. In diesem Zusammenhang werden soziale Prozesse beobachtet und aufgezeigt. Es geht um Bindungen und Beziehungen, bei denen Personen (die Protagonisten) zu ihrer Umgebung und ihrem sozialen Umfeld in Relation stehen. Der Zuschauer – das ist eine der Thesen dieses Buchs – hat demnach immer das soziale Ganze der erzählten Geschichte im Blick. Entsprechend interessiert uns hier weniger ein einzelner Held, als vielmehr die intersubjektive Beziehung des Einzelnen zum Ganzen. Denn die Emotionen der Zuschauer werden nicht von einzelnen Figuren definiert, sondern von deren Verhalten in Bezug auf andere.

Doch nicht nur die Figuren einer filmischen Erzählung werden von uns hier beständig in ihren Beziehungen, ihrem Sozialverhalten betrachtet. Auch die Beziehung zwischen erzählter Geschichte und Zuschauer steht im Mittelpunkt. Dadurch werden Dimensionen systematisch erfasst, die von anderen Drehbuchlehren nur gestreift werden. Diese Dimensionen sind aber für die Reaktion des Publikums absolut entscheidend. (Mehr zum Spannungsfeld zwischen orthodoxer Drehbuchlehre und dem ›Publikumsvertrag‹ in Teil III).

4. Erzählen ist Kommunikation

Alle Filme sind verschieden, doch alle richten sich an Menschen. Wer also verstehen will, wie Geschichtenerzählen funktioniert, sollte sich mit den grundlegenden Erwartungen und Bedürfnissen der Zuschauer auseinandersetzen. Diese lassen sich auf bestimmte elementare Erfahrungen zurückführen, die ALLE Menschen irgendwann in ihrem Leben gemacht haben. Denn jenseits aller individuellen, intellektuellen und kulturellen Unterschiede stößt man in jeder

Gesellschaft auf elementare Gemeinsamkeiten des humanen Erlebens. Nur so lässt sich erklären, warum Mythen, Märchen und – in jüngerer Zeit nun auch erfolgreiche Filme auf der ganzen Welt verstanden und nachvollzogen werden können.

Erzählen ist im Wesentlichen das Herstellen von Gemeinschaft. Geschichten sorgen für Austausch und Kontakt. Der lateinische Wortstamm *commun*, der dem Wort Kommunikation zugrunde liegt, steht für Vereinigung, Gemeinsamkeit, menschlichen Kontakt. Er erweist sich auch als Schlüssel für die unbewussten Ansprüche der Menschen an Geschichten. Das betrifft nicht nur das Erzählen selbst, sondern auch das, was erzählt wird, handelt von elementaren Erfahrungen, die mehr als nur einen Menschen angehen. Hier, in diesem sozialen Aspekt des Austauschs (der Begriff wird später noch sehr wichtig!) liegt ein zentraler Aspekt des ›human factor‹.

5. Was ist emotionale Resonanz?

In der Akustik spricht man von Resonanz, wenn ein schwingungsfähiger Körper durch eine Schallwelle mit gleicher Frequenz in Schwingung versetzt wird; die erzeugten Wellen breiten sich dann aus und versetzen Objekte wie etwa die Membran im Ohr des Hörers in dieselbe Frequenz. Wenn eine akustische Botschaft ihren Adressaten erreichen soll, müssen die erzeugten Schallwellen in dem jeweiligen begrenzten Frequenzbereich des Empfängers liegen. Andernfalls sind sie nicht wahrnehmbar.

Genauso versuchen Filme, ›innere Saiten‹ im Publikum zum Schwingen zu bringen und zum Miterleben anzuregen. Auch hier ist es nötig, dass sich die Geschichte innerhalb bestimmter Grenzen bewegt. Sie sollte nur von Sachverhalten erzählen, die den Zuschauern emotional zugänglich sind. Dazu muss das Erzählte, bildhaft gesprochen, im menschlichen Frequenzbereich liegen. So handeln fast alle Spielfilme schließlich nicht nur von Menschen oder sozialen Wesen (Geistern, Aliens, Tieren), sondern auch von prozesshaften sozialen Dynamiken. Um im Publikum emotionale Resonanz auf diese Dynamik zu erzeugen, muss sie wiedererkennbar sein. Die handelnden Figuren sollten sich wie Menschen verhalten; die Prozesse und Veränderungen im Gefüge müssen den Gesetzen der emotionalen Logik gehorchen und in etwa dem entsprechen, was jeder Mensch versteht. Jedes Kind erlernt im Laufe seiner Sozialisation bestimmte Spielregeln. Viele sind so grundlegend, dass man sich im Normalfall keine Rechenschaft über sie abzulegen braucht. Wer aber Geschichten erzählt, sollte diese Prinzipien des Zusammenlebens genau kennen und respektieren. Denn die sozialen Regeln bestimmen unsere Wahrnehmung.

Emotionales Erleben im Film ist also nur dann möglich, wenn die geschilderten Prozesse dem ähneln, was man bereits aus dem eigenen Leben kennt (z. B. Trauer nach Verlust, Freude über Liebesbeweise, Wut auf Aggressoren). In dem Fall können Zuschauer sich auf die Situation der Protagonisten ›einschwingen‹ und sie mit Empathie begleiten. Ist dies nicht der Fall, bleibt die Handlung unverständlich und gleicht einer Botschaft ›jenseits des hörbaren Frequenzbereichs‹. Dann setzt zwar vielleicht intellektuelles Interesse ein, aber keine emotionale Resonanz.

6. Erfolg – Misserfolg – Qualität

Ist ein erfolgreicher Film auch ein ›guter‹ Film? Sicher nicht. ›Gut‹ bedeutet für jeden etwas anderes. Auch wenn häufig in Kritiken oder persönlichen Stellungnahmen von Qualität gesprochen wird, muss doch klar sein, dass es keine objektiven Kriterien dafür gibt und nie geben wird. Qualitätsurteile sind immer Mehrheitsentscheidungen und haben mit Wertvorstellungen zu tun, die sich mit der Zeit, je nach Kultur und auch individuell wandeln. Wenn sich eine Akademie darauf einigt, welchen Film sie als den ›Besten‹, also künstlerisch Wertvollsten des Jahres auszeichnet, dann spiegelt das nichts anderes wider als das Meinungsbild einer bestimmten Gruppe zu einem bestimmten Zeitpunkt. (Wenn sich in späteren Zeiten die Urteile ändern, heißt das nicht, dass diese nun im zeitlichen Abstand ›richtiger‹ oder ›wahrer‹ wären.)

Geschmacksurteile machen natürlich Spaß: Man findet Filme großartig oder grottenschlecht, verehrt oder verdammt sie – je nach Haltung, je nach Herkunft, Lebensalter usw. Für die öffentliche Wahrnehmung sind diese Qualitätsurteile, die in Feuilletons diskutiert werden, wichtig. Ohne leidenschaftliche Parteinahme wäre ein kulturelles Leben gar nicht möglich oder jedenfalls langweilig.

In diesem Buch aber sollen GESCHMACKSURTEILE KEINE ROLLE SPIELEN. Es wird hier vielmehr versucht, wirklich alle filmischen Genres und künstlerischen Herangehensweisen zu berücksichtigen und vorurteilslos zu betrachten. Maßgebend für unsere Untersuchungen sind diejenigen Geschichten, die in besonderem Maße beim Publikum Anklang fanden, oder sich als Flops erwiesen haben. Das heißt nicht, dass sie deswegen automatisch gut oder schlecht wären. Es heißt nur, dass sie den Bedürfnissen der Zuschauer zu einem bestimmten Zeitpunkt besonders gut oder weniger gut genügten.

Das, was sich den Betrachtern eines Films an Eindrücken vermittelt, unterscheidet sich auch bei den unterschiedlichsten Zuschauern zunächst nicht allzu sehr. Erst die Art und Weise, wie das Erlebte interpretiert und bewertet wird, ist zum Teil sehr verschieden. Es existieren hier eine primäre und eine sekundäre Form der Wahrnehmung: Primär reagiert jeder Mensch auf eine erzählte Geschichte in der Regel recht ähnlich – er erfasst intuitiv, was gemeint ist. Auf der sekundären Stufe der Verarbeitung und Interpretation ergibt sich dann der gewaltige Spielraum der Urteilsbildung, der die Auseinandersetzung mit Film und Kunst so spannend und divergent macht.

Uns interessiert hier nur das, WAS konkret wahrgenommen wurde, also die primäre Ebene. Die sekundäre Bewertung hingegen soll unterbleiben. In die Interpretation der Filme und der von ihnen ausgelösten Emotionen wird aber trotzdem immer auch ein subjektiver Faktor einfließen müssen (auch er ist ›human‹) – restlos objektiv vermessen wird man emotionale Wirkungen nie können. Dennoch ist es wichtig, emotionale Prozesse von ihrer Bewertung erst mal zu trennen.

Dieses Buch postuliert auch keine eigene Moralvorstellung. Die Kriterien, mit denen Filme in diesem Buch beschrieben werden, spiegeln nicht die Vorlieben des Autors wider, sondern die öffentliche Akzeptanz.

7. Arthouse vs. Mainstream

Bei vielen Anhängern des Autorenfilms klingeln die Alarmglocken, wenn sie nur an die Publikumsresonanz erinnert werden. Wer die Autonomie der Kunst hochhält, fordert von ihr absolute Unabhängigkeit vom äußeren Erfolg – und mit Recht. Denn mit Blick auf den Markterfolg wären weder die Bilder van Goghs noch die Romane Kafkas oder die Filme Tarkowskis jemals entstanden.

Es könnte also der Eindruck entstehen, dass sich dieses Buch auf die Seite des Mainstreams und rein marktorientierten Denkens schlägt. Damit würde es automatisch für alle Anhänger des künstlerisch autonomen Films bedeutungslos oder gar Teufelszeug. Das wäre jedoch ein Missverständnis: Denn auch der künstlerisch orientierte Film sucht sein spezifisches Publikum. Auch auf dieser Ebene geht es darum, bestimmte Inhalte so zu kommunizieren, dass sie sich dem Zielpublikum mitteilen – egal ob dieses Publikum groß oder klein ist. Die hier beschriebenen Prinzipien beschreiben universelle Wirkungsmuster. Mit ihnen lassen sich auch kleine, künstlerisch ambitionierte Geschichten wirkungsvoller erzählen – ohne dass man mit Einbußen der Eigenständigkeit zu rechnen braucht. Wie man letztlich mit den hier beschriebenen Gesetzen umgeht, ist allein den Filmemachern und deren künstlerischer Intuition überlassen.

8. Auf den Schultern von Riesen

Wie jede Arbeit zum Thema Dramaturgie steht auch diese auf den Schultern von Riesen – genauer gesagt EINEM Riesen: Aristoteles[2]. Es ist weder trivial noch überflüssig, ihn hier zu erwähnen, war er doch der Erste, der sich ebenso mit dem Erzähler wie um die Beziehung zum Publikum und dessen Reaktionen beschäftigt hat. Diese Aspekte wurden seither eher vernachlässigt.[3] Überdies war Aristoteles auch der Erste, der die Beziehung zwischen Drama und Publikum berücksichtigte. Umso wichtiger scheint die Beschäftigung mit wesentlichen Punkten, die Aristoteles in seiner Poetik angedacht hat, die aber heute auf völlig veränderte Verhältnisse treffen. Letztlich könnte er als der Urvater des Publikumsvertrags bezeichnet werden.

9. Die sieben Beispielfilme

Die zentralen Begriffe des Publikumsvertrags werden in diesem Buch anhand von sieben Filmen erläutert, die nach jedem Kapitel beispielhaft herangezogen werden. Dieses systematische Durcharbeiten der immer gleichen Filme mag mit der Zeit pedantisch wirken. Dafür wird auf diese Art deutlich, dass die allermeisten hier besprochenen Aspekte für JEDE Art von filmischem Erzählen maßgeblich sind, wenngleich jeweils in ganz anderer Form und Gewichtung. Die Filme wurden so gewählt, dass sie erstens Meilensteine des Kinos darstellen, zweitens ein möglichst weit gespanntes Feld gängiger Genres abdecken und drittens überwiegend in den letzten Jahren entstanden sind, so dass man erwarten kann, dass sie ein Großteil der Leser auch wirklich kennt. Es schien am einfachsten, sich auf bekannte Kinofilme zu beschränken. Aber natürlich gelten die hier vorgestellten Prinzipien für Fernsehfilme in ähnlicher Weise (mehr dazu in Teil III, B.2).

1. »Titanic« (Buch und Regie: James Cameron)
Der Film kam 1997 heraus und galt bis 2010 als der kommerziell erfolgreichste Film aller Zeiten (wurde allerdings inzwischen von »Avatar« vom selben Autor abgelöst). Es handelt sich um ein Gesellschaftsdrama mit hohem Anteil an Elementen des Romantic Drama. Erzählt wird die Geschichte von ROSE (Kate Winslet), die die Schiffskatastrophe überlebte und sich an ihre Liebesgeschichte mit dem jungen Künstler JACK (Leonardo DiCaprio) erinnert.

2 Aristoteles: »Poetik« (Griechisch/Deutsch), Ditzingen 1994

3 Selbst Ari Hiltunen geht in »Aristoteles in Hollywood« (Bergisch-Gladbach 2001) den eingeschlagenen Weg nicht konsequent zu Ende, er schließt die Interaktion mit dem Publikum nicht in seine Betrachtungen mit ein.

2. »Ratatouille« (Buch und Regie: Brad Bird und Jan Pinkava)
Diese Arbeit gehört jetzt schon zu den Klassikern der Animations-Komödie und bedient das Genre des Family-Entertainments. Der Film aus dem Hause Pixar erreichte 2007 weltweit ein gewaltig großes Publikum und setzte Maßstäbe. In »Ratatouille« steht die kulinarisch geniale Ratte RÉMY im Mittelpunkt, die in ein marodes Luxusrestaurant gerät, welches sie mit dem Küchenjungen LINGUINI wieder zurück zum Erfolg bringt.

3. »The Departed« (Buch: William Monahan, Alan Mak; Regie: Martin Scorsese)
Der Film gehört zum Genre Thriller und ist eines der herausragenden Beispiele dieser Gattung der letzten Jahre. Der prominent besetzte Film erreichte weltweit ein riesiges Publikum. Erzählt wird die Karriere von zwei jungen Männern: BILLY COSTIGAN (Leonardo DiCaprio) wird zum Maulwurf im Syndicat des Mafiapaten COSTELLO (Jack Nicholson). Doch gleichzeitig hat Costello mit SULLIVAN (Matt Damon) seinerseits einen Agenten bei der Polizei. Die Wege der beiden Undercover-Agenten nähern sich immer gefährlicher an und kulminieren tragisch in mehreren Gewalteskalationen. Bedeutend ist hier noch die gleichzeitige Beziehung der beiden Protagonisten mit ein und derselben Frau, MADOLYN MADDEN (Vera Farmiga), einer Polizeipsychologin.

4. »Little Miss Sunshine« (Buch: Michael Arndt; Regie: Valerie Faris und Jonathan Dayton)
Diese Arthouse-Komödie startete 2006, wurde jedoch schnell weltweit ein Kultfilm. Erzählt wird die Geschichte der Familie HOOVER, die sich wegen ihrer Tochter OLIVE zu einem Schönheitswettbewerb in Kalifornien aufmacht. Die Familie wirkt zu Beginn ziemlich zerrüttet – bis sie zunehmend wieder zusammenfindet.

5. »Das Leben der Anderen« (Buch und Regie: Florian Henckel v. Donnersmarck)
Der Film kam 2006 auf den Markt und ist einer der wenigen deutschen Filme, die mit einem Oscar ausgezeichnet wurden. Das historische Gesellschaftsdrama wurde weltweit einer der meistbeachteten deutschen Filme der letzten Jahre überhaupt. In »Das Leben der Anderen« soll der Stasioffizier WIESLER (Ulrich Mühe) den Dichter DREYMAN (Sebastian Koch) und dessen Frau, die Schauspielerin Christa-Maria SIELAND (Martina Gedeck) beschatten. Aus dieser Aktion erwächst jedoch eine geheime Veränderung in Wieslers Haltung, die weder sein Vorgesetzter GRUBITZ (Ulrich Tukur) noch Minister HEMPF (Thomas Thieme) durchschauen.

6. »Keinohrhasen« (Buch: Anika Decker, Til Schweiger; Regie: Til Schweiger)
Diese Romantic Comedy wurde 2008 DER legendäre Publikumsliebling des deutschen Kinos. In diesem Film wird der Sensationsreporter LUDO DECKER (Til

Schweiger) dazu verurteilt, soziale Dienste in dem Kindergarten von ANNA GOTZLOWSKI (Nora Tschirner) abzuleisten. Aus der anfänglichen Ablehnung beider wird langsam Freundschaft und dann über Umwege die große Liebe.

7. »Der Rote Baron« (Buch und Regie: Nikolai Müllerschön)
Der Film war 2007 die seit Langem teuerste und aufwändigste Produktion deutscher Provenienz, stieß aber sowohl bei Kritik als auch beim Publikum überwiegend auf Desinteresse oder Ablehnung. Erzählt wird hier die Geschichte des deutschen Kriegsfliegers MANFRED v. RICHTHOFEN (Matthias Schweighöfer), der sich durch zahlreiche Abschüsse feindlicher Maschinen auszeichnet, am Ende aber selbst sterben muss.
Dieser Film steht hier ein für jene Prozesse, die in Gang kommen, wenn der Publikumsvertrag nicht oder nur teilweise erfüllt wird.

B. Ebenen des filmischen Erlebens

Das Wort ›Emotion‹ weist im Lateinischen wie im Englischen durch die Betonung des Wortstamms ›motion‹ auf Bewegung und Erregung hin, im Gegensatz zum eher statischen deutschen Wort ›Gefühl‹ oder dem heftigeren ›Affekt‹, aber auch der diffuseren ›Stimmung‹. Die Qualität der ›Bewegung‹ bzw. ›Erregung‹ trifft das, wovon hier die Rede sein soll, am genauesten.

Tatsächlich ist der Zuschauer beim Betrachten von Filmen generell mit mehreren verschiedenen Ebenen konfrontiert. Es ist wichtig, die Unterschiede genau zu erfassen.

1. Rationale Logik

Zunächst befriedigen Spielfilme ein rational-kognitives Bedürfnis nach Zusammenhang und Überblick. Die Zuschauer wollen verstehen, wie die Erzählung aufgebaut ist. Ist das, was die Geschichte behauptet, wahrscheinlich und kohärent? Wie verhalten sich die geschilderten Verhältnisse in Raum und Zeit? All das umfasst den sogenannten Plot, also die Handlungselemente und ihre logische Verknüpfung.

Die Dinge, um die es in Geschichten geht, sind vordergründig auf der rationalen Ebene angesiedelt: Normalerweise wird die Handlung einer Geschichte als logische Folge von Ursache-Wirkungs-Mechanismen beschrieben. Nehmen wir etwa die mögliche Handlungsbeschreibung:
›Ein Stasioffizier soll einen Dichter ausspionieren, um seinem Vorgesetzten einen Gefallen zu tun. Der Dichter wiederum versucht, einen regimekritischen Artikel zu schreiben, um den Selbstmord seines Freundes zu reflektieren. Der Offizier verliebt sich in die Frau des Dichters und hintertreibt dessen Bespitzelung, um die Frau zu retten.‹

In dieser Beschreibung liegt eine Kette von logischen Verknüpfungen vor, die den Sachverhalt äußerlich richtig beschreiben. Es finden sich aber keine Rückschlüsse darauf, welche emotionalen Qualitäten damit verbunden sind. Denn die emotionale Wahrnehmung einer Filmhandlung hat nichts mit Logik zu tun und berührt eine andere Ebene.

Am Ort des logischen Verstehens ist auch die Spannung zu Hause. Sie resultiert aus dem noch unbefriedigten Verlangen nach Überblick. Jeder Mensch will sich dort, wo er sich nicht auskennt, zunächst zurechtfinden – das betrifft auch Geschichten. ›Gespannt‹ sind Zuschauer deshalb in erster Linie, wenn ihnen wichtige Elemente vorenthalten werden: Wie wird es weitergehen? Wie mag sich das Puzzle zum Ganzen fügen? Wer war der Täter? Der Wunsch nach Überblick ist hier elementar.

In der Regel setzen sich Drehbuchautoren intensiv mit der rationalen Ebene auseinander. Denn jeder Plot erfordert eine Menge kniffliger Überlegungen. Bisweilen ähnelt das Drehbuchschreiben einem Schachspiel, das das Denkvermögen der Autoren aufs Äußerste beansprucht. Man darf aber darüber nicht vergessen, dass man sich dabei zunächst nur auf der Ebene der Logik bewegt.

1. »Titanic« stellt kaum Anforderungen an das logische Verständnis der Handlung. Die Auseinandersetzung mit intellektuellen Persönlichkeiten des 20. Jahrhunderts (Picasso, Freud, Einstein) setzt zwar etwas Bildung voraus, aber es entgeht einem nicht viel, wenn man mit den Namen nicht vertraut ist.

2. In »Ratatouille« braucht man ebenfalls nicht allzu viel Denkvermögen, um der Handlung zu folgen. Man muss lediglich die scheinbar völlig irrationale Behauptung akzeptieren, dass Ratten kochen und sich wie Menschen benehmen können. Gerade in dieser Prämisse liegt aber auch ein großer Reiz.
Dennoch sind auch die Intrigen um das Erbe des Starkochs Gusteau nicht immer leicht zu verstehen. Die Millionen von Kindern, die von diesen Zusammenhängen überfordert waren, hatten aber genügend andere Reize, an denen sie sich freuen konnten.

3. Im Krimi-Thriller »The Departed« muss man dagegen genau aufpassen, um die Zusammenhänge zu begreifen – und höchstwahrscheinlich bleibt vielen Zuschauern beim ersten Sehen auch einiges unklar. Die Exposition, die die Karrieren von Billy und Sullivan parallel erzählt, stellt hohe Anforderungen an das logische Denkvermögen. In kurzer Zeit werden zwei Welten exponiert, deren Gesetze man erst langsam begreift. Aber auch später gibt es eine Menge Schwierigkeiten, intellektuell zu folgen. Der Anteil der logisch-rationalen Elemente in »The Departed« ist also ungleich höher als in allen anderen hier behandelten Filmen.

4. Um »Little Miss Sunshine« kausallogisch zu verstehen, braucht es hingegen wenig Abstraktionsvermögen. Allerdings hilft es, zu wissen, wer Nietzsche oder Proust waren.

5. In »Das Leben der Anderen« ist ein gewisses Vorwissen hinsichtlich der Vorgänge innerhalb der Stasi nötig. Kompliziert wird es auch am Schluss, wenn Christa-Maria Sieland sich für einen Verrat schuldig fühlt, der in Wahrheit gar nicht aufgedeckt wird (was sie nicht wissen kann). Und wenn am Ende der Dichter Dreyman herausfindet, warum seine West-Kontakte nie aufgeflogen sind, braucht es einige logische Zwischenschritte, um nachzuvollziehen, wie er sich ein Bild der wahren Zusammenhänge machen kann.

6. In »Keinohrhasen« stellen sich recht wenige rationale Fragen. Der Verlauf der Story ist kinderleicht zu verstehen, und oft genug treiben nicht logische Verknüpfungen, sondern einfache Zufälle die Handlung voran (Anna wird von einem Autofahrer vom Rad geholt; Ludo kann die Liebeserklärung von Anna wegen eines zu lauten Schiffshorns nicht verstehen; Anna lernt zufällig den Schauspieler Jürgen Vogel kennen usw.).
Was die rationale Logik angeht, kann man sich hier fragen, warum bei Ludo nachts die Wohnungstür offen steht, so dass Anna einfach bei ihm eindringen kann. Eigentlich ist das unwahrscheinlich. Man hat aber am Erfolg des Films gesehen, dass das Publikum bereit ist, solche Ungereimtheiten einfach zu übergehen – wenn der Rest nur attraktiv genug ist.
Ein zusätzlicher Reiz besteht hier auch darin, dass man bestimmte Personen des öffentlichen Lebens im Film wieder erkennt.

7. In »Der rote Baron« wiederum sind die Zeitsprünge eine Herausforderung, vor allem aber auch die Kenntnisse des Kriegsverlaufs des Ersten Weltkriegs. Wer nicht weiß, wer Kaiser Wilhelm II. war und wie der Krieg verlaufen ist, verliert leicht die Orientierung. Zu großer Verwirrung kann es aber auch führen, wenn man bei den langen und verwickelten Szenen des Luftkampfes nicht mehr weiß, welche Maschine zu wem gehört und welche Armeen hier überhaupt aufeinandertreffen.

2. Sinnliche Erregung

Das Medium Film lebt vornehmlich von Bildern und Tönen. Im Kino und vor dem Fernsehschirm zählt in allererster Linie das, was man konkret auf der Leinwand sieht und hört: Action, Gewalt, Sex, tolle Landschaften, Musik, Geräusche usw. bilden zunächst die primäre Ebene der Wahrnehmung. Aber auch die Qualitäten der Inszenierung wie Schauspielerführung, Kameraarbeit, Lichtgestaltung oder des Schnitts bestimmen den Gesamteindruck. Diese Ebene ist die für die Wahrnehmung von Filmen augenfälligste. Sie basiert auf Erregung der Nerven und definiert die Tonalität und Stimmung.

Das, was Bilder und Töne in uns auslösen, sind zweifellos Gefühle. Das konkrete filmische Erleben wunderbarer Schönheit oder angsterfüllten Schauderns, erregender Zärtlichkeiten oder brutaler Gewalt kann kurzzeitig stark stimulieren. Das grundlegende Prinzip ist hier die Stimmungsübertragung: Menschen weinen und entwickeln Angst, wenn dies von der Leinwand her stimuliert wird, oder sie lachen, wenn sie andere lachen sehen. Und trotzdem sind diese Stimulationen nicht JENE Gefühle, von denen hier in diesem Buch die Rede ist. Denn die sinnlichen Erregungen sind in der Regel kurzlebig. Sie basieren auf einer reflexartigen Reizung der Nerven.

1. Was die sinnliche Erregung angeht, so werden in »Titanic« alle Register der zum damaligen Zeitpunkt technisch möglichen optischen bzw. akustischen Überwältigung gezogen.

2. In »Ratatouille« stehen den Filmemachern durch die Animationstechnik besondere Möglichkeiten zur Verfügung, das Publikum durch spektakuläre und nie gesehene Bilderfindungen zu faszinieren. Auch die Tonebene wird hier praktisch pausenlos intensiv benutzt, um die sinnlichen Reize zu steigern.

3. Auch in »The Departed« spielt der Aufwand der Inszenierung eine gewaltige Rolle. In diesem Film sind zusätzlich die Leistungen der ungewöhnlich vielen sehr bekannten Darsteller von großer Attraktivität.

4. »Little Miss Sunshine« ist dagegen ein eher kleiner Road-Movie mit wenig Action oder sonstigen optischen Reizen.

5. Auch von »Das Leben der Anderen« wird man schwerlich sagen können, dass die Schilderung trister Ostberliner Plattenbausiedlungen besonders attraktive sinnliche Aspekte mit sich bringt. Dem Erfolg hat dieser Mangel aber nicht geschadet.

6. »Keinohrhasen« wiederum versucht zumindest durch den Einsatz von Musik, aber auch durch viele ungewöhnliche Schauplätze und ›schöne‹ Bilder die an und für sich unspektakuläre Handlung sinnlich aufzuwerten.

7. In »Der Rote Baron« wurde sehr stark auf teure und optisch überzeugende Schauwerte gesetzt. Die Schilderung der Luftkämpfe ist oft erregend. Diese Ebene wird also für den mangelnden Erfolg des Films am Markt kaum verantwortlich zu machen sein – im Gegenteil. Die Sorgfalt der optischen Umsetzung steht im Gegensatz zu den problematischen Aspekten des Drehbuchs.

3. Sozial bedingte Emotion

Das emotionale Erleben von Filmen wird von einer dritten Ebene bestimmt. Diese hängt mit dem Bindungsverhalten des Menschen zusammen und ist sozial begründet. Um dieses emotionale Erleben geht es in diesem Buch.

Die Ebene, die dabei berührt wird, wird hier ›sozial bedingte Emotion‹ genannt. Sie hat mit Beziehungen zu tun, mit Zugehörigkeit, Liebe und dem Leben im sozialen Netz. Die Auslöser, welche sozial bedingte Emotionen hervorrufen, liegen verborgener als die sinnlichen Reize. Sie brauchen mehr Zeit, um sich im Zuschauer zu entfalten und mitzuteilen. Dafür erreichen sie auch andere Regionen des Erlebens.

Wenn im richtigen Leben das eigene Kind, ein geliebter Mensch, Freunde, der Chef oder gute Bekannte in Gefahr sind, also jemand, dessen Schicksal einem nicht gleichgültig ist, steigert sich die Intensität der inneren Anteilnahme, egal was dieser Person zustößt.

Genauso ist es im Film. Daher muss es schon im Drehbuch gelingen, zwischen dem Zuschauer und den handelnden Personen eine individuelle Bindung herzustellen. Erst dann entsteht im wahrsten Sinne des Wortes Mit-Gefühl der Zuschauer mit den Figuren des Films.

Filmische Kurzformen wie etwa der Musikclip oder der Werbefilm haben in der Regel kaum die Möglichkeit, starke Bindung zwischen den handelnden Figuren und dem Publikum herzustellen. Der abendfüllende Spielfilm aber wird zu weiten Teilen von der zwischenmenschlichen Ebene getragen. Sie definiert den ›human factor‹, von ihr hängt die Erfüllung des Publikumsvertrags ab. Die Beschäftigung mit dieser Ebene lenkt den Blick auf die Innenwelt der Story. Sie ist schwer zu beschreiben und taucht daher in Rezensionen fast nie auf. Dennoch ist diese Ebene für die Wirkung und Wahrnehmung des Films die eigentlich Wichtigste!

Sozial bedingte Emotion im Publikum zu stimulieren, ist in erster Linie Aufgabe der Autoren. Auf ihren Schultern ruht die grundlegende Verantwortung für das Gelingen des Films. Man kann nicht oft genug auf Billy Wilders Diktum zu sprechen kommen, dass die Grundlage eines filmischen Erfolgs auf drei Kriterien beruht: einem guten Drehbuch, einem guten Drehbuch und einem guten Drehbuch. Dieser Satz wird oft zitiert, aber, wie schon erwähnt, weiß niemand, was das ist: ›gut‹. Es lässt sich aber durch thf sehr wohl erklären, durch welche Faktoren Drehbücher in der Lage sind, Zuschauer zu berühren. Wenn dies gelingt, stehen die Chancen nicht schlecht, dass der Film dann als mehrheitlich

›gut‹ eingestuft wird. Leider wird in der öffentlichen Wahrnehmung irrigerweise meist der Regisseur als alleiniger Urheber genannt – in völliger Verkennung der tatsächlichen Wirkungsmechanismen von Filmen. Es sind die Autoren, auf deren Schultern das Gewicht des filmischen Erfolgs in erster Linie lastet! Entsprechend hoch ist die Verantwortung.

4. Humor

Eine übergeordnete Sonderrolle nimmt im seelischen Erleben der Humor ein. Er betrifft und vereint alle drei Erlebnisebenen. Dieses unerschöpfliche und viel diskutierte Thema soll aber hier nur der Vollständigkeit halber gestreift werden.

Grundlage des Humors ist generell ein Missverständnis. Menschen lachen, wenn sie überrascht erkennen, dass sich ein erwartetes Muster mit einem anderen, unerwarteten Muster überlappt.

Es ist lustig, wenn – wie in »Keinohrhasen« – ein Kind in einem Restaurant einen Kellner rammt und dieser zu Boden fällt. Es zeigen sich dabei zwei in sich geschlossene logische Kreisläufe: Das Kind will rennen, der Kellner das Tablett tragen. Wenn beide Muster kollidieren, entsteht etwas Unerwartetes, die Bruchlandung, und man lacht – weil das Missverständnis ans Licht kommt.

Daneben gibt es beim filmischen Humor immer auch eine sinnliche Komponente: Der Zusammenprall geht mit großem Scheppern und Getöse einher, er liefert ordentlich ›action‹ und ist somit ein Nervenkitzel. Stimmungsübertragung findet hier statt, indem die Stimmung auf der Leinwand heiter ist – sie überträgt sich dann aufs Publikum.

Im Humor ist aber meist auch eine zwischenmenschliche Ebene beteiligt. Im erwähnten Beispiel aus »Keinohrhasen« lacht das Publikum auch deswegen, weil soeben die Mutter des erwähnten Kindes ein Loblied auf die Segnungen der Kindererziehung gesungen hat. Der Zusammenstoß offenbart uns, dass die scheinbar perfekte Mutter ihr Kind eigentlich nicht unter Kontrolle hat. Er deckt eine kleine Lebenslüge auf. Und auch hier wird gelacht, weil wir etwas durchschauen, was zuvor nicht so klar war. Egal ob das Lachen auf Empathie oder auf Schadenfreude beruht – ein Stück Zwischenmenschlichkeit schwingt fast immer mit.

Der Humor im Film[4] vereint also alle drei Ebenen der filmischen Wahrnehmung – rationale Logik, sinnliche Erregung und sozial bedingte Emotion. Vielleicht wird er deshalb vom Publikum so sehr geliebt. Ein Film, bei dem man aus

4 Für eine deutlich detailliertere Beschäftigung mit dem Thema »Humor« sei auf Kerstin Stutterheim (2009) verwiesen: »Handbuch der Filmdramaturgie. Ein Bauchgefühl und seine Ursachen« (Potsdam 2009).

vollem Herzen lachen kann, hat das Publikum sicher auf seiner Seite. Daher ist und bleibt die Komödie die Königsdisziplin schlechthin.

1. In »Titanic« spielt Humor kaum eine Rolle. Abgesehen von ein paar pointierten Dialogzeilen wirkt der Film dem tragischen Fall entsprechend eher würdevoll und ernst.

2. In »Ratatouille« dagegen wird auf allen denkbaren Ebenen ein Feuerwerk der komischen Effekte abgebrannt. Natürlich hat hier der Animationsfilm, was den Slapstick, also die rein physische Ebene angeht, unerreichbare Vorzüge.

3. In »The Departed« wiederum spielt sich der (dem Thema entsprechend nur spärlich eingesetzte Humor) fast vollständig auf der Ebene der teilweise drastischen Dialoge ab.

4. »Little Miss Sunshine« bietet eine Menge Humor. Er ist zwischenmenschlich motiviert – praktisch alle Beziehungen des Films offenbaren eine liebenswerte, komisch übersteigerte Qualität des Absurden. Aber auch die Ebene des Slapstick kommt nicht zu kurz: Etwa wenn die Familie regelmäßig den defekten VW-Bus anschieben muss, oder wenn die Leiche des Opas durch ein Fenster entführt wird. Auch die Schilderung eines amerikanischen Schönheitswettbewerbs lässt in seiner Übertreibung das unfreiwillig Komische hervortreten.

5. »Das Leben der Anderen« wiederum ist tief ernst und liefert kaum Grund zum Lachen.

6. Im Gegensatz dazu steht »Keinohrhasen«, wo sich die rein physischen Lacher (ein Reporter bricht durch ein Glasdach und fällt auf eine Hochzeitstorte – usw.) mit den eher zwischenmenschlichen Pointen (Anna versucht verzweifelt, sich nicht einzugestehen, wie sehr sie in Ludo verliebt ist, während die Zuschauer das längst durchschaut haben) die Waage halten.

7. »Der Rote Baron« weist dagegen wieder nur selten echten Dialogwitz auf.

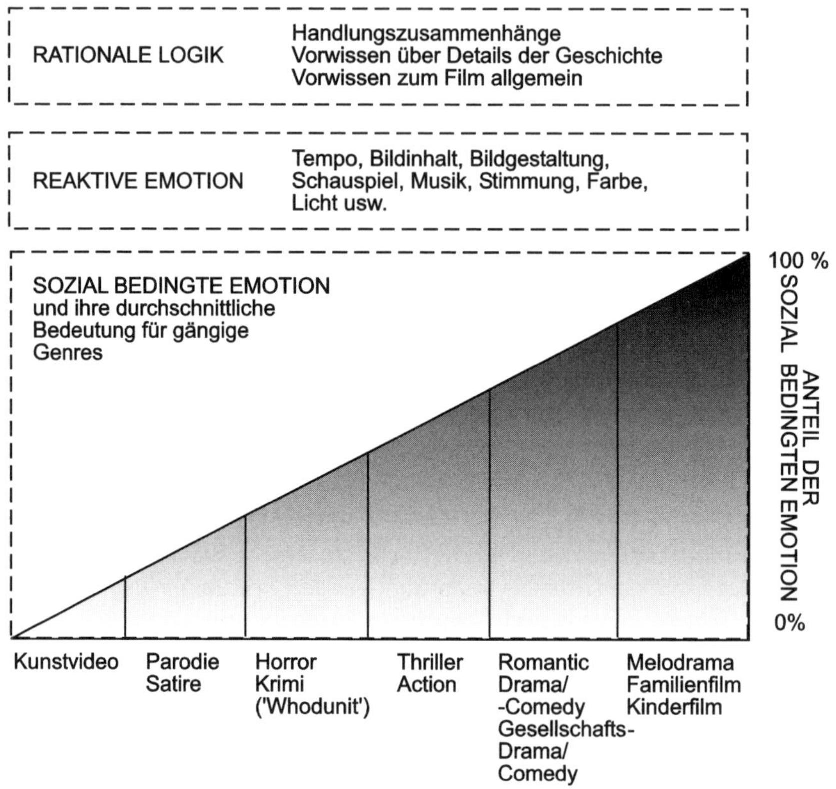

5. Filmische Genres und Erlebnisebenen

Filmische Genres[5] unterscheiden sich, wie oben schon angedeutet, prinzipiell in Bezug auf die Mischung der drei Erlebnisebenen.
Die rationale Ebene spielt in Krimis und investigativen Thrillern eine besonders wichtige Rolle, insbesondere bei der konventionellen Suche nach dem Täter bzw. den Tätern. Die Frage, wie alle Elemente der Geschichte zusammenhängen, entwickelt eine Spannung, die vor allem das logische Denken beschäftigt (wie etwa in »The Departed«).

5 Die hier vorgenommene Einteilung folgt den Genre-Arbeiten von Phil Parker: »Die kreative Matrix«, (Konstanz 2005). Parker unterscheidet mit Recht zwischen echten Genres und Settings. Genre bezieht sich demnach nur auf den Typ der erzählten Geschichte. Setting hat zu tun mit dem Raum, in dem sich die Geschichte abspielt. Insofern sind z. B. ›Thriller‹ oder ›Drama‹ Genres, ›Science Fiction‹ oder ›Western‹ aber etwa ›Settings‹ usw.

Auch Parodien und Satiren, die mit Stereotypen spielen und sich auf bekannte Vorbilder berufen, legen Wert darauf, dass man Konventionen und Regeln kennt und intellektuell versteht (ganz kurz wird das in »Keinohrhasen« gestreift, wenn wir reale Stars des deutschen Filmbusiness bei einem Live-Auftritt erkennen).

Schließlich verwenden auch Filme, die in fernen fantastischen Welten spielen, oft viel Zeit darauf, die Spielregeln der Gesellschaft, die sie schildern, ausführlich darzulegen, was häufig einige Anforderungen an das rationale Verständnis stellt (wie etwa in »Ratatouille«, wo wir die uns unbekannten Lebensformen der Ratten ausführlich geschildert bekommen).

Die sinnlichen Erregungen, die speziell von Bild und Ton ausgehen, werden von Actionfilmen, vom Horrorfilm und vom explizit sexuellen Film besonders stark in Anspruch genommen.

Die sozial bedingte Emotion, also der ›human factor‹ ist aber für ALLE filmischen Genres grundlegend. In einigen Fällen ist sie nur einer von mehreren wichtigen Faktoren, in anderen aber absolut entscheidend. Dies gilt z. B. für alle Formen von romantischen Geschichten oder bei Gesellschaftsdramen und -komödien. Besonders ausgeprägt findet man die sozial bedingte Emotion auch bei Melodramen oder Familien- und Kinderfilmen, die sich praktisch ausschließlich zwischenmenschlicher Fragen annehmen. Auch optisch unaufwendige Geschichten können daher ein großes Publikum anrühren, wenn sie den Prinzipien des Publikumsvertrags folgen.

Teil II
Die Paragrafen des Publikumsvertrags

Grundlagen

§ 1 Zugehörigkeit

Der Blick auf die Evolution zeigt, dass wir Menschen (wie auch alle unsere näheren tierischen Verwandten) immer schon Gruppenwesen waren und sind. Menschen leben beziehungsorientiert und sind auf den Kontakt zu anderen angewiesen (Aristoteles spricht vom *zoon politikon*, dem *politischen Wesen*). Diese Beobachtung definiert die sozial bedingte Emotion im Film. Sowohl die Figuren auf der Leinwand als auch die Personen im Zuschauerraum sind Wesen, die in sozialen Kategorien denken und fühlen. Menschen brauchen Zugehörigkeit – nicht nur die, die im Zuschauerraum sitzen. Auch die, denen sie auf der Leinwand begegnen.

Jeder sucht seinesgleichen, um grundlegende Bedürfnisse zu befriedigen: nach Wärme, Geborgenheit, gemeinsamer Arbeit, Anerkennung, Fortpflanzung, Familienleben usw. Menschen suchen Anerkennung, Beachtung, Integration und Liebe. Sie wollen ›mitspielen dürfen‹ und im Sozialverbund Einfluss nehmen.

Fast alle großen Gefühle beziehen sich direkt auf den sozialen Kontext. Begierde, Hass, Eifersucht, Sehnsucht, Zorn, Empörung, Freude, Verachtung, Enttäuschung... all diese Qualitäten haben mit Bindung und Leben im sozialen Netz zu tun. Es ist dabei nicht immer nur die Liebe, die dazu führt, dass Menschen etwas voneinander wollen. Schon das Bedürfnis nach Anerkennung, Macht, Zuwendung oder auch nach Geld genügt, um dem Publikum zu suggerieren, dass starke soziale Prozesse im Gang sind.

Sie erzeugen im Publikum emotionale Resonanz. Und je mehr die Geschichte eines Films diese Sehnsucht der Menschen nach Kontakt thematisiert, desto intensiver wird die Reaktion beim Publikum ausfallen.

Daraus folgt, dass Zuschauer Filme unwillkürlich nach bestimmten Fragestellungen abtasten: Wer will zu wem? Wer ist ausgestoßen, und wer integriert? Wo gibt es Anziehung, wo Abstoßung?

Das klingt trivial. Doch dadurch, dass jeder Mensch zutiefst im Innern weiß, wie stark das Verlangen nach Zugehörigkeit und sozialem Netz ist, fällt es leicht, auf Geschichten zu reagieren, in denen man dieses wiederfindet. Wenn es der Film schafft, starke Bewegungen im sozialen Netz zu gestalten, sind die Voraussetzungen für eine hohe emotionale Beteiligung erfüllt.

Auch Verbrechen und Amoral haben mit Fragen der Zugehörigkeit zu tun. Wer andern Menschen Unrecht tut, will vielleicht reich werden, um andern imponieren zu können, will Rache nehmen, oder sich Menschen vom Hals schaffen, die ihn in irgendeiner Form hindern oder quälen. All das hat mit dem Wunsch nach sozialem Status und Leben in Gemeinschaft zu tun.

Die Variationsmöglichkeiten des Themas Zugehörigkeit sind fast unendlich. Die Protagonisten von Geschichten können sich zur Mehrheit rechnen oder lieber bei der Minderheit bleiben; sie können sich zu Familien, Gruppen, politischen Idealen, Religionen, Staaten und vielem anderen bekennen oder aber bewusst ein Leben GEGEN die Gemeinschaft wählen.

Die Figuren einer Story gleichen somit bildlich gesprochen kleinen Partikeln, die in mehr oder weniger stark geladene magnetische Felder geraten. Starke Geschichten zeigen Menschen, deren Verlangen nach sozialem Kontakt gut spürbar wird. Die sozialen Kräfte wirken wie Anziehungs- und Abstoßungskräfte – und je stärker sie vermittelt werden, desto intensiver ist die Wirkung des Films.

Zuschauer haben dabei immer das GANZE des sozialen Netzes im Blick. Sie verfolgen alle Bewegungen der Figuren in Bezug auf deren soziale Dynamik: Wie stark ist die Sogwirkung zwischen Figuren, wie groß sind die Hindernisse? Erst die Anziehungs- oder Abstoßungskräfte zwischen Menschen und Gruppen erwecken das Interesse des Publikums. Im Vordergrund einer stimmigen Geschichte stehen immer Beziehungen.

Konkret bedeutet das für Drehbuchautoren, dass ihre Konzentration immer darauf gerichtet sein sollte, wie man die Beziehungen der Figuren möglichst deutlich macht. Je stärker sich ihre Figuren in sozialen Feldern bewegen, je mehr sie lieben, begehren und Anschluss suchen, oder im Gegenteil hassen und sich abgrenzen wollen, desto intensiver wird die Reaktion ausfallen.

FAZIT

- **Geschichten handeln von Zugehörigkeit zu anderen Menschen.**
- **Je dynamischer und erkennbarer sich die Figuren einer Geschichte auf andere hin oder von anderen weg bewegen, desto intensiver werden sie erlebt.**
- **Zuschauer betrachten und bewerten die Figuren emotional nach den Kriterien: Kontakt/Integration vs. Trennung/Ausgrenzung**

Beispiele:

1. »Titanic«
Der Film stellt zwei gegensätzliche soziale Welten vor: die Passagiere der ersten Klasse und die der dritten. Rose steht genau zwischen beiden Sphären. Sie gleicht also buchstäblich einem Partikel, das zwischen zwei verschieden gepolten Kräften in Anziehung und Abstoßung gerät. In ihrer Familie und der Klasse ihrer Herkunft fühlt sie sich unverstanden und isoliert. Sobald sie Jack kennengelernt hat, entsteht ein mächtiger Sog zu dem Mann, der sie versteht und ihr neue Möglichkeiten eröffnet. Im Unterdeck, wo er lebt, fühlt sie sich wohler. Diese Spannung definiert die Zugehörigkeitsthematik des Films.

2. »Ratatouille«
Zwischen Ratten und Menschen liegen naturgemäß Welten. Rémy, der Protagonist, steht genau dazwischen. Er will seiner Herkunft treu bleiben und hat den natürlichen Wunsch, in seiner Kolonie zu leben. Um aber seiner unbezwingbaren Leidenschaft fürs Kochen zu frönen, muss er sich in der Welt der Menschen bewähren. Rémy ist also ein Wanderer zwischen Welten – und auf beiden Seiten ist die Anziehungskraft groß. Kein Wunder, dass sich Rémy hin- und hergezogen fühlt. Die Zuschauer haben keine Mühe, dieses Dilemma nachzuvollziehen.

3. »The Departed«
Hier werden schon in den ersten Minuten zwei diametral gegensätzliche Welten exponiert: hier die mafiöse Welt um den Paten Costello – da die knallharte Sphäre der Cops. Die Hauptfiguren Billy und Colin werden von ihren jeweiligen sozialen Welten förmlich aufgesogen. Doch dann drehen sich die Anziehungskräfte zumindest für Billy um: Er wechselt von der Seite der Cops in die Welt der Mafia – will aber am Schluss um jeden Preis wieder zurück, um nicht als Maulwurf aufzufliegen. Letztlich sind beide Hauptfiguren einsame Geschöpfe, die nichts so dringend brauchen wie den Schutz ihrer sozialen Systeme.

4. »Little Miss Sunshine«
Die Anziehungskraft, die von einem Schönheitswettbewerb auf die kleine Olive ausgeht, ist unwiderstehlich. Olive MUSS dorthin, wo die neue Little Miss Sunshine gekürt wird. Dadurch entsteht für die ganze Familie (und den Zuschauer) ein gewaltiger Sog, der alle auf ein Ziel hin ausrichtet. Gerade durch Olives zerstrittene Familie entsteht ein großer Konflikt zwischen den Anziehungskräften. Insofern teilt sich die soziale Dynamik der sozialen Anziehungs-und Abstoßungskräfte deutlich mit.

5. »Das Leben der Anderen«
Auch hier liegen zwei unterschiedliche soziale Systeme vor. Der Protagonist Gerd Wiesler gerät aus der Anziehung seiner eigenen Gruppe zunehmend in den Sog einer fremden Welt. Er rückt peu à peu näher an die Welt des Schriftstellers Dreyman und seiner Frau Christa-Maria Sieland. Allmählich wird dem Zuschauer klar, dass hier jemand die Seiten wechselt. Da dies für Wiesler mit großen Risiken behaftet ist, wird die Dynamik, aber auch das Risiko dieses Sogs deutlich. Wiesler wird gleichsam von einem magnetischen Feld ins andere gezogen.

6. »Keinohrhasen«
Der Kontrast zwischen der Herkunftswelt des Sensationsreporters Ludo zu dem Milieu, in das er qua Gerichtsbeschluss gezwungen wird, könnte kaum größer sein: Statt zynische Reportagen zu schreiben, muss er nun einer Kindergärtnerin helfen. Hier ist die zunächst vorherrschende Kraft die Abstoßung. Der Job im Kindergarten ist Ludo am Anfang nur lästig. Aber unmerklich rutscht er in eine Anziehungskraft, die von Anna ausgeht und auch die Kinder mit einschließt. Die Sogwirkung wächst stetig an. Das führt so weit, dass Ludo schließlich bereit ist, die Welt seiner Herkunft, also die Zeitungsredaktion, zu verlassen und sich auf die Zugehörigkeit zu Anna zu konzentrieren.

7. »Der Rote Baron«
Es fällt schwer, hier von Zugehörigkeit zu sprechen. Manfred v. Richthofen fühlt sich in seinem Bataillon wohl, er hat als Flieger-Ass eine geachtete Stellung. Seine Stellung im sozialen Ganzen des Heeres ist unangefochten. Lediglich die Zuneigung zur belgischen Krankenschwester KÄTE bringt etwas zwischenmenschliche Bewegung in die Geschichte. Man kann aber nicht sagen, dass sich dadurch viel ändert. Insofern haftet dem Film auf der sozialen Ebene etwas Statisches an. Für die emotionale Resonanz ist dieser Mangel ein Problem.

§ 2 Geben und Nehmen, Austausch und Schuld

Zugehörigkeit fällt den Menschen (sieht man vom Säuglingsalter ab) nicht in den Schoß. Man muss etwas dafür einsetzen. Wer bei anderen Anschluss finden will, sollte auch etwas anzubieten haben. Die Integration eines Menschen passiert nicht einfach so. Sie gehorcht bestimmten Regeln.

Wer also z. B. in einer Firma oder in einer Schule oder jeden sonstigen Verbund aufgenommen werden will, muss beweisen, dass er sich dafür eignet. Immer geht es um Initiationen, also Aufnahmeprüfungen, die man bestehen muss. Das gilt auch für Zweierbeziehungen. Wer beweisen will, dass er den anderen wirklich begehrt oder liebt, muss Beweise liefern, die den anderen überzeugen. Zugehörigkeit bringt dem Einzelnen einerseits lebenswichtige Vorteile, aber sie kostet auch einen Preis.

Es herrschen hier – wie überall im sozialen Leben – die Gesetze von Geben und Nehmen. Erst wer dem sozialen Gegenüber etwas anzubieten hat, kann damit rechnen, auch integriert zu werden. Das ist am Arbeitsplatz so, wo man seine Leistung anbietet, aber auch im Liebesleben, wo die Qualitäten, die getauscht werden, subtiler und immaterieller sind. Das Geben und Nehmen des sozialen Lebens kann von der kleinen Aufmerksamkeit bis zur spektakulären Lebensrettung reichen. Das Prinzip bleibt immer gleich.

Auch diese Bemerkungen könnten allzu selbstverständlich wirken. Doch für Zuschauer sind gerade diese Transaktionen emotionale Auslöser. Geschichten erzielen umso intensivere Wirkung, je mehr sie mit Geben und Nehmen zu tun haben. Emotional wirksames filmisches Erzählen funktioniert grundsätzlich so, dass Tauschprozesse sichtbar und nachvollziehbar werden.

Auch da stoßen wir wie beim Thema Zugehörigkeit auf einen vermutlich evolutionsbiologischen Hintergrund. Einige Naturvölker verhandeln ihr soziales Leben z.T. auch heute noch ohne Geld[6]. Es geht hier um ein Prinzip, das in der Wissenschaft ›Reziprozität‹ (Gegenseitigkeit bzw. Wechselseitigkeit) genannt wird und bei dem das gegenseitige Teilen verpflichtend ist. Ohne diese intensiven Formen von sozialer Kooperation hätten diese Kulturen ihr Überleben nicht sichern können.

Das Prinzip der Reziprozität bildet immer noch den Kern der Solidargemeinschaft. Der gesellschaftliche Rang eines Menschen hängt davon ab, in welchem Maß er bereit ist, etwas zur Gemeinschaft beizusteuern. Großzügige Menschen sind beliebter als Geizige. Leute, die sich für ein Team oder ihre Firma, eine Aufgabe oder Idee engagieren, ernten früher oder später die Früchte ihrer Arbeit – oder zumindest hätten sie es, aus Zuschauersicht, verdient. Solange jedoch Personen nicht gewillt sind, etwas im wahrsten Sinne des Wortes anderen mit-zu-teilen, bleibt die Resonanz gering.

Wir Menschen als Zuschauer können quasi von Natur aus nicht anders, als den Transfer von Geben und Nehmen im Auge zu behalten. Wo getauscht wird, verhandelt, gegeben und geraubt, da ist die Aufmerksamkeit des Publikums unwillkürlich geschärft und groß.

In der Regel nähert man sich einem Film ja mit der trivialen Frage: Wovon handelt er? In dieser Formulierung liegt aber eine tiefere Wahrheit. Denn ›handeln von‹ hängt, wie die Sprache schon sagt, mit kaufmännischen Prozessen zusammen. Gerade wenn es zu unausgeglichenen Verhältnissen kommt, wo einer

6 Vgl. Irenäus Eibl-Eibesfeldt: »Die Biologie menschlichen Verhaltens«, 5. Auflage Vierkirchen 2004.

mehr gibt oder mehr nimmt als der andere, wird die emotionale Resonanz des Zuschauers besonders stimuliert. In der Regel liegt dort, wo etwas im Geben und Nehmen zwischen den handelnden Figuren nicht stimmt, der Kern der Story. Davon ›handelt‹ der Film dann: von Unrecht, Zu-kurz-gekommen-Sein, Kriminalität usw.

Wo der Austausch nicht ausgeglichen ist, da reden wir von Schuld. Sie ist entweder manifest – der eine schuldet dem anderen konkrete Leistungen – oder sie steht als Schuldgefühl im Raum. In beiden Fällen wird dieses Ungleichgewicht, dieser fehlende Ausgleich vom Publikum genau wahrgenommen. Schuld erzeugt also erst recht Spannung.

Es ist wichtig, dass man all das nicht nur materiell versteht. Natürlich geht es in Filmen wie immer im Leben oft um Geld oder sonstige greifbare Güter. Noch bedeutender sind aber fürs Erzählen immaterielle Werte: Anerkennung, Liebe, Kontakt, Mitgefühl, Unterstützung usw. Wenn Zuschauer erkennen, dass hier in einem Film viel Austausch herrscht, ist die innere Anteilnahme groß.

FAZIT

- **Jede Geschichte handelt vom Austausch zwischen Geben und Nehmen. Die verhandelten Güter können materiell oder immateriell sein.**

- **Wo gehandelt, begehrt, gefordert, geschenkt, geraubt wird, gerät die soziale Kompetenz jedes Menschen in Erregung. Wenn kein Austausch spürbar wird, bleibt das Empfinden gering.**

- **Je intensiver der Austausch der Werte bzw. der Schuld spürbar wird, desto mehr wächst die emotionale Beteiligung.**

Beispiele:

1. »Titanic«
Materiell steht hier der unendlich wertvolle Diamant ›Herz des Ozeans‹ im Mittelpunkt. Mit ihm soll die hübsche Rose von dem arroganten Cal gekauft werden, um ihre Mutter finanziell abzusichern.
Als Rose jedoch dem mittellosen Jack begegnet, tut sich ein immaterielles Geben und Nehmen auf: Jack setzt sich mit Rose und ihren inneren Wünschen auseinander. Er gibt ihr Mut, sich auf ihre eigenen Interessen zu besinnen – auf das, was ihr gehört und ihr zusteht. Dafür erhält Jack Roses Liebe. Am Ende schenkt er ihr sogar das Äußerste: Um sie zu retten, opfert er ihr sein Leben.

2. »Ratatouille«
Im Zentrum der Handlung steht hier ein klares Abkommen von Geben und Nehmen: Die geniale Ratte Rémy lässt den unbegabten Koch Linguini an ihren Kochkünsten teilhaben; dafür bewahrt der Küchenjunge das Tier vor dem Tod und akzeptiert es als Mitbewohner. Hier liegt der Austausch auf der immateriellen Seite. Daneben geht es jedoch auch noch um eine Menge Geld und Besitz in Form des Erbes des verstorbenen Kochgenies Auguste Gusteau.

3. »The Departed«
Hier dreht sich alles zunächst um die gewaltigen Gewinne, die die Mafia in Boston macht. Im Zentrum steht ein Tauschhandel, bei dem gestohlene Microchips nach China verschoben werden sollen. Gleichzeitig werden aber auch immaterielle Formen von Geben und Nehmen verhandelt. Billy muss sich, um sich als neues Bandenmitglied von Costello zu etablieren, als loyaler Krimineller erweisen. Er schenkt Costello die (scheinbar) bedingungslose Hingabe. Dafür wird er in dessen Gruppe aufgenommen. Dasselbe passiert mit Colin Sullivan im System des Bostoner Polizeiapparats. Beide müssen besonders viel bieten, um sich im jeweiligen System zu etablieren.

4. »Little Miss Sunshine«
Geben und Nehmen findet hier nur auf immaterieller Ebene statt. Die Familie ›schenkt‹ der kleinen Olive die Bereitschaft, große Strapazen auf sich zu nehmen, um an dem Schönheitswettbewerb teilzunehmen. Dafür verspricht die Mutter Olives Bruder die Ausbildung als Flugkapitän. Auch der suizidale Onkel ist bereit, Olive zuliebe mitzufahren. Er erhält dafür die emotionale Zuwendung, die er nach seinem Selbstmordversuch braucht. Der Großvater wiederum hat Olive sein Engagement als Choreograph zuteil werden lassen. Und Richard, der erfolgsversessene Vater, verliert zwar zunächst den Buchvertrag mit seinem Verleger – aber er gewinnt dafür den Kontakt zu seiner Familie und seiner entfremdeten Frau.

5. »Das Leben der Anderen«
Der Lauschangriff auf den Dichter Dreyman ist nicht irgendeine Routinesache. Wiesler erweist damit vielmehr seinem Freund Grubitz einen großen Gefallen; als Gegenleistung winkt die Beförderung. Doch als Wiesler zusehends in den Sog der Künstlerwelt gerät, hilft er still und ohne Gegenleistung Dreyman vor der Verfolgung. Am Ende entschließt sich Dreyman zu einem Akt der Kompensation: Er schreibt ein Buch und widmet es Wiesler.
Aber auch Christa-Maria Sieland ist Gegenstand eines Tauschhandels: Durch ihre Tablettensucht ist sie sexuell erpressbar geworden, am Ende verrät sie sogar ihre Liebe. Der Film ist weitgehend von Tauschgeschäften durchzogen.

6. »Keinohrhasen«
Zunächst hat Ludo nur etwas zu verlieren: Als Folge eines Gerichtsurteils muss er Stunden in einer sozialen Einrichtung absolvieren. Das, was er dort an Einsatz gibt, ist beträchtlich: Er kümmert sich rührend um die Kinder und erhält dadurch die Zuwendung von Anna. Um sie für sich zu gewinnen, muss Ludo am Ende noch mehr opfern. Er verliert seinen Job bei der Zeitung, um dafür etwas Wertvolles zu bekommen: die Zuwendung von Anna.

7. »Der Rote Baron«
Konkretes Geben und Nehmen ist hier kaum auszumachen. Man könnte sagen, dass Richthofen immer mehr Feinde vom Himmel holen will, also in einem etwas perversen Sinne etwas ›nehmen‹ will. Gleichzeitig behauptet er aber das Gegenteil, denn eigentlich geht es ihm nur um den sportlichen Wettkampf, nicht ums Töten – wodurch ein unaufgelöster Widerspruch entsteht.

§ 3 Soziales Ungleichgewicht und Empathie für Benachteiligte

Zuschauer sind Beobachter. Da sie auf jedes Ungleichgewicht im Geben und Nehmen sensibel reagieren, wird in der Regel jedes Unrecht genau registriert. An diesem Punkt tritt das Gefühl auf, das wir Empathie nennen und das für den ›human factor‹ essentiell ist. Das Mitgefühl mit dem Unglück anderer ist der eigentliche Schlüssel zum Verständnis der emotionalen Wirkung von Geschichten überhaupt.

Ohne Mitgefühl wäre kein Zusammenleben denkbar. Sie ist vielleicht die humanste Regung, die wir kennen. Man könnte auch in gesteigerter Form von ›Liebe‹ sprechen, wenn nicht dieses Wort arg belastet wäre. Die Empathie ist es, die für die sozial bedingten Emotionen grundlegend ist.

Man beobachtet das Entstehen dieser Emotionen schon bei Kindern etwa ab dem 18. Monat, wenn sie lernen, zwischen Du und Ich zu unterscheiden und den Impuls kennenlernen, anderen zu helfen oder Trost zu spenden. (Man findet diese Art von Empathie übrigens auch bei Menschenaffen und vereinzelten anderen Tierarten).

Es ist aber nicht nur die Entwicklung der Empathie allein, die grundlegend für unsere Wahrnehmung von filmischen Erzählformen ist. Etwa um das vierte Lebensjahr zeigt sich ein weiterer wichtiger Entwicklungsschritt: der gesamte Komplex der zwischenmenschlichen Fremdeinschätzung. Sie wird in der Entwicklungspsychologie ›Theory of Mind‹ genannt. Diese spezifisch menschliche

Fähigkeit ermöglicht es, Hypothesen anzustellen, was sich in anderen Menschen emotional abspielt. Jetzt erst ist es möglich, das Verhalten anderer zuverlässig einzuschätzen, Freund und Feind bewusst zu unterscheiden, fremde Beweggründe zu erkennen, Schuldgefühle zu entwickeln und auch Schuld zuzuschreiben. Mit der ›Theory of Mind‹ kommt die so wichtige Gerechtigkeit ins Spiel.

Die Fremdeinschätzung ist dafür verantwortlich, dass Zuschauer beim Betrachten von Filmen Partei ergreifen. Es handelt sich um so elementare Prozesse, dass diese sich meist unbewusst und unwillkürlich abspielen. Die Parteinahme des Zuschauers wird von der Story und ihren sozialen Prozessen definiert. Parteinahme ist DAS grundlegende Prinzip emotionaler Beteiligung an filmischem Erzählen.

Der Gerechtigkeitssinn führt dazu, dass das Mitgefühl intensiv wird, wenn anderen ein Unglück widerfährt. Bei Benachteiligung ist die Empathie größer als bei Mitmenschen, die von Glück heimgesucht werden. Die Beobachtung fremder Vorteile kippt hingegen schnell um in Neid und Rivalität.

Hier liegt auch der Unterschied zwischen Empathie und Sympathie. Erstere entsteht zwangsläufig als Reaktion auf ein soziales Ungleichgewicht oder ein Unrecht. Sympathie dagegen ist individuell: Jeder Mensch zieht einzelne Menschen, Gesichter, Verhaltensweisen anderen vor. Sympathie bleibt der privaten Vorliebe des Einzelnen überlassen und lässt sich nicht generalisieren. Empathie dagegen schon. Wenn Figuren nur deutlich genug benachteiligt erscheinen, entwickelt sich das Mitgefühl beim Betrachter fast zwangsläufig. Dies ist eine wichtige Quelle, aus der der ›human factor‹ schöpft.

All dies macht sich das Geschichtenerzählen zunutze. Die Empathie des Zuschauers gilt denen, die benachteiligt sind – materiell oder immateriell, durch soziale Prozesse bedingt oder vom Schicksal geschlagen.

Dabei hängt das Empfinden von den Relationen ab. Im Falle eines Films, der einen Diebstahl schildert, setzt die Empathie für den Bestohlenen ein. Ist dieser aber reich, wiegt der Diebstahl nicht so schwer. Hat der Bestohlene womöglich sogar seinerseits Schuld auf sich geladen, wird man es sogar begrüßen, dass ihm etwas genommen wird. Ist der Bestohlene jedoch arm, ist das Mitgefühl groß. Das Maß der Empathie hängt von den Relationen zwischen Geben und Nehmen ab – also der Gerechtigkeit.

Solche Prozesse sind nicht nur in materieller Hinsicht bedeutsam. Häufiger sind immaterielle, zwischenmenschliche, seelische Benachteiligungen Auslöser von Mitgefühl. Die Empathie gehört dem, der nicht erhält, was er aus Zuschauersicht verdient – Anerkennung, Respekt, Liebe oder Zuwendung. Auch eine Krankheit oder ein Unfall können empathieauslösend wirken.

Entscheidend ist, dass die betreffende Person an ihrer Situation nicht selbst Schuld trägt. Denn wer sich selbst in eine Schieflage bringt, darf nur bedingt auf Mitgefühl hoffen. Selbstverschuldete Benachteiligung zieht weniger Empathie nach sich. Ein häufiger Grund dafür, dass Drehbücher oder fertige Filme ihr Publikum nicht wirklich erreichen, liegt in versteckten Signalen, die dem Zuschauer das Gefühl geben, dass die Protagonisten eventuell für das Schlamassel, in dem sie stecken, selbst verantwortlich sind. In diesen Fällen lässt das Mitgefühl nach, und die Bindung zwischen Figur und Zuschauer verliert an Kraft.

FAZIT

- **Geschichten sollten ein möglichst klares soziales Ungleichgewicht entwickeln. Daraus entsteht im Publikum Empathie für die unverschuldet Benachteiligten. Sie ist die Grundvoraussetzung für emotionales Miterleben.**

- **Dieses Prinzip gilt sowohl im materiellen als auch im immateriellen (seelischen) Fall.**

- **Selbst verschuldete Benachteiligung schwächt das Mitgefühl.**

Beispiele:

1. »Titanic«
Rose ist benachteiligt – aber nur emotional, nicht materiell. Als einzige Tochter einer geltungssüchtigen Adligen findet sie zunächst keinen Weg, sich aus einer Verlobung zu lösen, in die sie gegen ihren Willen gezwungen wurde. Sie hat alleine keine Chance, dieser Vernunftehe zu entkommen. Ihr gehört das Mitgefühl – vor allem in dem Moment, in dem ihre Verzweiflung so weit anwächst, dass sie sich das Leben nehmen will.

2. »Ratatouille«
Rémy, die kleine kochwütige Ratte, wird in dem Moment schwer benachteiligt, in dem sie auf der Flucht von ihrer Kolonie getrennt wird und am Rande der Seine strandet. Das Gefühl von Ausgesetzt-Sein und Verlust der Zugehörigkeit zur eigenen Gruppe führen beim Zuschauer zu starkem Mitgefühl. Aber auch Linguini, die zweite Hauptfigur, wird sozial benachteiligt, weil sein Chef ihn um sein Erbe betrügen will.

3. »The Departed«
Billy Costigan ist ein bedauernswerter Mensch. Er will eigentlich aus seiner kriminellen Familie herausfinden und meldet sich deshalb bei der Polizei. Dort aber zwingt man ihn, sich als Spitzel beim gefährlichen Mafia-Boss Costello zu betätigen. Seine Einsamkeit ist mit Händen greifbar: Weder bei der Polizei noch in seinem neuen Umfeld hat er die Chance, der zu sein, der er ist. Daher gilt ihm bis zum Schluss die Empathie.

4. »Little Miss Sunshine«
Hier sind mehr oder weniger alle Figuren benachteiligt. Die kleine Olive ahnt nicht, wie wenig ihr Äußeres und ihre Tanzperformance den Anforderungen des Schönheitswettbewerbs genügen werden – wir Zuschauer aber schon. Ihr Vater Richard wird von seinem Verleger fallen gelassen. Ihr Onkel Frank hat einen Selbstmordversuch hinter sich. Dwayne leidet unter seiner Umwelt. Und Sheryl, die Mutter, ist beständig nur überfordert. Für den Zuschauer ist es leicht, mit diesen Menschen mitzufühlen.

5. »Das Leben der Anderen«
Der Film beginnt mit der Schilderung der unmenschlichen Folter, mit der die Stasi ihre Opfer traktiert. Die Empathie liegt beim benachteiligten Opfer.
Später wendet sich die Empathie dem Schriftsteller Dreyman zu. Er wird Opfer eines Lauschangriffs. Noch härter trifft es den Regisseur Jerska, der vom Regime willkürlich mit Berufsverbot belegt wird und daraufhin Selbstmord begeht. Viel später ist dann Gerd Wiesler, der Stasi-Mann, benachteiligt, nämlich sobald er degradiert wurde.

6. »Keinohrhasen«
Benachteiligt ist in diesem Fall nicht die Hauptfigur Ludo, sondern Anna, die Kindergärtnerin, die schon von Kindheit an Opfer von Hänseleien war. Sie erhält auch von Ludo lange Zeit nicht den Respekt, den sie verdient.

7. »Der Rote Baron«
Richthofen ist im Umfeld seiner Leute lange Zeit gar nicht benachteiligt. Im Gegenteil. Als umschwärmtem Fliegerass stehen ihm alle Türen offen. Zwischendurch kommt etwas Mitgefühl auf, als er eine Kopfverletzung davonträgt. Doch wirkliche Not leidet er nie.
Allerdings kommt im Falle dieses Biopics hinzu, dass der Zuschauer um den späteren Tod des Protagonisten weiß. Das Damoklesschwert der Sterblichkeit schwebt über Richthofen – und dieser Aspekt ist als Empathie-Auslöser wirksam.

§ 4 Anmaßende und Ambivalente

Jedes Kind versteht sofort, dass es im Märchen von Hänsel und Gretel nicht recht ist, wenn sich die Hexe nimmt, was ihr nicht zusteht. Ebenso klar ist, dass auch Aschenputtels Stiefmutter für sich und ihre Töchter zu Unrecht etwas nimmt, was ihr nicht gehört. Was in Märchen nur überzeichnet, also überdeutlich dargestellt wird, das zieht sich durch alle Geschichten.

In jedem sozialen System gibt es demnach nicht nur die Benachteiligten. Sondern auch diejenigen, die versuchen, sich MEHR zu nehmen als gerecht ist. Ihnen gilt gewissermaßen die Negativ-Form der Empathie (für die im Deutschen der eindeutige Begriff fehlt). Die Anmaßenden, also jene, die andere übervorteilen, sollen bestraft, ausgegrenzt, wenn nicht gar getötet werden, wie etwa die Hexe im Märchen. Was wiederum im konkret materiellen als auch im seelischen Kontext gilt. So entsteht der klassische ›Bösewicht‹.

In der orthodoxen Drehbuchlehre ist der Antagonist unverzichtbar. Man wird allerdings sehen, dass dies nicht so kategorisch gesehen werden kann. Es gibt durchaus erfolgreiche Filme, die ohne personifizierte Gegenspieler auskommen – niemals aber ohne ein antagonistisches, also als anmaßend erlebtes Prinzip (s. III A.4).

Die Tatsache, dass häufig gerade vom Bösewicht, vom Antagonist, eine große Faszination ausgehen kann, ist allerdings unbestritten. Ein Stück weit ist ja jede Überschreitung von Grenzen und Tabus immer spannend. Der Antagonist verkörpert oft die geheimen Sehnsüchte der Zuschauer: Einmal rücksichtslos sich alles nehmen, worauf man Lust hat – davon träumt jeder irgendwann. Nur wissen wir, dass das im normalen sozialen Kontext nicht lange gut geht, ohne auf Widerstand zu stoßen. Insofern kann der Kampf des Anmaßenden um seinen Vorteil vergnüglich und spannend sein – man ist ja nur Zuschauer. Darüber allerdings, dass der Bösewicht eigentlich am Ende doch mit Bestrafung zu rechnen hat, herrscht trotz alledem kein Zweifel. Hier reagieren außenstehende Betrachter unbestechlich.

Doch auch die anmaßende Figur ist nicht unbedingt dazu verdammt, gänzlich ›böse‹ zu sein oder zu bleiben. Die Welt – und damit auch die Welt des Films – ist nicht immer nur leicht in Schwarz und Weiß einzuteilen. Letztlich sind Menschen meistens ambivalent – sie haben positive und negative Merkmale. Für die Entwicklung und Läuterung von Protagonisten gibt es daher zahlreiche Möglichkeiten.

Wenn die Anmaßung eines Charakters bis zum Ende überwiegt, ist es schwer, die Figur positiv zu ankern. Ist sie aber ambivalent, also schillernd und aus ›guten‹ und ›bösen‹ Elementen zusammengesetzt, gibt es immer noch Wege, sie im Sinne des sozialen Ganzen im Laufe des Films zu ›bessern‹. (Ein berühmtes Beispiel ist Darth Vader aus der »Krieg-der-Sterne«-Hexalogie: Er wirkt zunächst wie ein brutaler Fiesling, entpuppt sich jedoch später als Opfer).

Eine spezielle Form von Anmaßung entsteht dann, wenn Figuren willkürlich und ohne ersichtlichen Grund Kontaktangebote abschlagen. Es handelt sich dann um eine passive Anmaßung, die zwar nichts fordert, aber auch nichts zu nehmen bereit ist. Auch sie wird vom Publikum negativ verbucht. Hier liegt oft der Grund dafür, dass Figuren vom Publikum unbewusst abgelehnt werden, obwohl sie von den Autoren eigentlich positiv angelegt waren: Wenn sie sich weigern, Zuwendungen anderer anzunehmen, erhalten sie mehr Ablehnung als Zustimmung.

Insgesamt beruht also Storytelling auf dem menschlichen Bedürfnis, Partei zu ergreifen – für oder gegen Figuren, Gruppierungen oder Sachverhalte. Je leichter es ein Drehbuch macht, Figuren parteiisch einzuordnen, desto intensiver wird die Reaktion ausfallen (wobei hier auch des Guten zuviel getan werden kann).

FAZIT

- **Figuren, die sich anmaßen, was ihnen nicht zusteht, wirken negativ. Negativ wirken auch Charaktere, die nur an sich denken und nicht an andere.**
- **Die negativen Figuren helfen jedoch der Geschichte als antagonistische Kraft, die die soziale Dynamik in Bewegung bringt.**
- **Ambivalente Figuren sind solche, bei denen sich Anmaßung und Benachteiligung mischen. Bei ihnen besteht die Möglichkeit zur ›Läuterung‹ und damit der Aufwertung aus Publikumssicht.**
- **Die Weigerung, Zuwendungen anderer anzunehmen, wird vom Publikum als passive Anmaßung abgelehnt.**

Beispiele:

1. »Titanic«
Der reiche Cal glaubt, durch materielle Geschenke und moralischen Druck seine Verlobte beherrschen zu können. Er gibt Rose ein bisschen von seinem Reichtum und verlangt dafür zu viel, nämlich die bedingungslose Unterwerfung. Er wird dadurch als negativ erlebt.

2. »Ratatouille«
Anmaßend und damit der Antagonist ist Skinner, der Geschäftsführer des Edelrestaurants Gusteau. Er verwehrt dem rechtmäßigen Erben Linguini seine Rechte,

um selbst in den Besitz des wertvollen Etablissements zu kommen. Als anmaßend wird auch der selbstherrliche Kritiker Anton Ego erlebt – allerdings nur so lange, bis eine Rückblende wiederum seine eigene Verletzlichkeit enthüllt. Anton Ego ist also eine ambivalente Figur, die sich im Laufe des Films läutert und am Ende – im Unterschied zu Skinner – nicht mehr als anmaßend erlebt wird.

3. »The Departed«
Hier hat man es – wie oft im Thriller – mit einem ganzen Spektrum von mehr oder weniger anmaßenden Figuren zu tun. Richtig unschuldig ist mit Ausnahme der Psychotherapeutin Madolyn keine einzige Figur. Dennoch finden sich Abstufungen. So stehen die teilweise zynischen Cops dem Mafiaboss Costello in Sachen Brutalität kaum nach. Dennoch tritt zunehmend hervor, dass es Costello immer nur um eines geht: ein möglichst großes Stück vom Kuchen, ohne jede Rücksicht auf Verluste. Am Schluss haben sich Costello, aber auch sein Ziehsohn Colin als rein anmaßend entlarvt.

4. »Little Miss Sunshine«
Die Hauptfiguren des Films sind alle benachteiligt. Insofern verzichtet dieser Film lange Zeit auf einen eigentlichen Antagonisten. Das antagonistische Prinzip wird lange nur durch den defekten VW-Bus verkörpert, der die Reise nach Kalifornien erschwert. Anmaßung kommt dann erst ins Spiel, als sich der gesamte Schönheitswettbewerb als spießige und intolerante Farce herausstellt.

5. »Das Leben der Anderen«
Gerd Wiesler wird in den ersten Szenen als kalter Bürokrat der Foltermethoden gezeigt. Dennoch wird man vermutlich seinen machthungrigen, schmierigen Vorgesetzten Gubitz als noch anmaßender einstufen; den Gipfel der Perversion erreicht Minister Hempf, der eine Abhöraktion in Gang setzt, nur um eine begehrte Schauspielerin sexuell zu erpressen. Im Lauf des Films wird Wiesler eine Wandlung über die Ambivalenz hin zu einer positiven Figur durchlaufen. Gubitz und Hempf hingegen bleiben bis zum Schluss negativ besetzt.

6. »Keinohrhasen«
Ludo, der Klatschreporter, wird von Beginn an als zwar charmant, aber anmaßend eingeführt. Seine Figur wandelt sich allerdings. Der eigentliche Antagonist ist hingegen Ludos Vorgesetzter, der cholerische Chef seines Nachrichtenmagazins.

7. »Der Rote Baron«
Eine eindeutig anmaßende Figur ist hier kaum zu erkennen (die Figur des Kaiser Wilhelm II. ist so selten im Bild, dass er kaum handlungswirksam wird). Es ist

eher so, dass man Richthofen selbst, also den Protagonisten, als anmaßend erlebt. Dadurch wird die Empathie des Publikums für ihn geschwächt.
Eine Zeit lang könnte man auch Richthofens Bruder LOTHAR als Gegenspieler sehen. Diese Spannung verliert sich jedoch. Ein echter Antagonismus liegt hier also nicht vor.

§ 5 Der Wunsch nach ausgleichender Gerechtigkeit

Aus allen bisher gezeigten Prinzipien ergibt sich, dass sich das Geschichtenerzählen zentral um einen bestimmten Begriff dreht: den der Gerechtigkeit. Der Zuschauer sitzt bequem und geschützt im warmen Dunkel oder zu Hause vor dem Bildschirm. Das Drama, das er beobachtet, durchlebt er nicht selbst. Die Handlung auf der Leinwand interessiert ihn erst in dem Moment, in dem eine Störung im Gleichgewicht von Geben und Nehmen eintritt, wodurch ein Unrecht entsteht. Dann setzt unwillkürlich seine Empathie ein und zieht ihn auf die Seite des Benachteiligten.

Alle Fragen, die um Geben und Nehmen kreisen, landen früher oder später bei dem Begriff des Ausgleichs. Erst wenn dieser ungefähr im Lot und stimmig ist, braucht man nicht mehr Partei für oder gegen eine der beteiligten Seiten zu ergreifen.

Sobald Geben und Nehmen nicht mehr ausgeglichen sind, spaltet sich die Welt auf in ›Gut‹ und ›Schlecht‹ bzw. in ›Benachteiligt‹ oder ›Anmaßend‹. Dann ist das Publikum emotional gebannt und gefordert: Denn Ungerechtigkeit ist für Zuschauer kaum zu ertragen. Dem Benachteiligten gilt dann die Empathie, während der, der sich auf Kosten anderer mehr nimmt als ihm zusteht, das Bedürfnis nach Strafe auslöst.

Überall, wo ein soziales Ungleichgewicht herrscht, steht der Begriff der Schuld im Raum. Die Spannung hält so lange an, wie das innere Gefühl von Ungerechtigkeit nicht ausgeräumt wurde. Gelöst ist der Konflikt erst dann, wenn diese – wie auch immer – wenigstens ein Stück weit zurückgezahlt wurde. Erst wenn am Ende eines Films ein Zustand erreicht wird, der der gefühlten Gerechtigkeit näher kommt, lässt die Spannung nach.

Auch eine schwere Krankheit oder eine Naturkatastrophe können als Form von sozialem Ungleichgewicht angesehen werden – selbst wenn hier niemand ›Schuld‹ trägt. In dem Fall geht es dann darum, in einer Geschichte mitzuverfolgen, wie die Figuren mit den schlimmen Konsequenzen dieses Ungleichgewichts umzugehen lernen. Fürs emotionale Erleben des Publikums ist es entscheidend, dass die Empathie auch hier denen gilt, die vom Schicksal benachteiligt sind.

Menschen wollen parteiisch sein. Das Kino bzw. das Fernsehen gibt ihnen dazu Gelegenheit. Dabei ist es gleichgültig, ob himmelschreiendes Unrecht im Raum steht, oder ob es um subtile Formen von Benachteiligung, Demütigung oder Respektlosigkeit handelt. Die Wahrnehmung des Publikums ist hier unbestechlich.

Die emotionale Spannung einer Geschichte beruht also aus der Differenz zwischen dem, was das Publikum innerlich wünscht, und dem, was die Geschichte an konkretem Ausgleich wirklich liefert. (Die Frage, wie sehr die Publikumswünsche auch tatsächlich erfüllt werden müssen oder nicht, sei dann später ausführlich besprochen. Vorläufig reicht es zu sehen, DASS diese unwillkürlichen Wünsche existieren.)

Menschen reagieren als außenstehende, nicht involvierte Beobachter von Konflikten meist sehr ähnlich – egal welchen weltanschaulichen, politischen oder religiösen Richtungen sie angehören. Jeder Mensch nimmt das Märchen vom Aschenputtel mit derselben Gut-Böse-Wertung wahr – vom Bettler bis zum Mafia-Killer, vom Neonazi bis zum Greenpeace-Aktivisten. Denn der Wunsch nach Gerechtigkeit und Ausgleich ist universell.

Nur über die Frage, WIE genau Gerechtigkeit in der Welt realisiert werden soll, herrscht Uneinigkeit. Der außenstehende Zuschauer, der selbst nicht einzugreifen braucht, erkennt jedenfalls genau, wo Geben und Nehmen nicht im Ausgleich sind – und was zu wünschen wäre, damit sich das ändert. Erfolgreiches Storytelling macht sich diesen elementaren Mechanismus zunutze und spielt damit.

FAZIT

- **Zuschauer wollen parteiisch sein. Soziales Ungleichgewicht erzeugt den Wunsch nach ausgleichender Gerechtigkeit und der Kompensation von Schuld.**

- **Sobald Empathie für Benachteiligte einsetzt, entsteht der Wunsch nach Aufwertung, Rettung, Lösung. Gegenüber jenen, die zu viel für sich wollen, entsteht der Wunsch nach Abwertung, Ausgrenzung, sogar Eliminierung.**

- **Von der Stärke dieses Wunsches hängt es ab, wie intensiv das Publikum der Geschichte folgt.**

Beispiele:

1. »Titanic«
Der Wunsch nach ausgleichender Gerechtigkeit konzentriert sich hier lange Zeit nur auf Rose und Jack. Das Unrecht, das den Liebenden von Seiten ihrer Familie widerfährt, verlangt nach Kompensation. Nach der Havarie aber entsteht Empathie auch für die Tausenden, die gegen den drohenden Tod im Eismeer ankämpfen, sowie denen, die unrechtmäßig am Besteigen der Rettungsboote gehindert werden. Ihnen wünscht man das Überleben.

2. »Ratatouille«
Das soziale Ungleichgewicht ist auf verschiedenen Ebenen spürbar: Zunächst wird Rémy von seiner Familie und Gruppe durch einen Zufall isoliert. Diese Trennung ist eher schicksalhaft. Niemand hat daran ›Schuld‹. Das soziale Unrecht besteht darin, dass Linguini um sein Erbe betrogen werden soll. Hier drängt die Empörung von Seiten des Zuschauers darauf, dass dem korrupten Restaurant-Chef Skinner Einhalt geboten wird.

3. »The Departed«
Dass sich Frank Costello als Boss der Mafia illegal bereichert, ist schlimm genug. Aber konkret spannend wird das Ungleichgewicht im Film, als sein Handlanger Colin Sullivan im Polizeiapparat Karriere macht und dadurch immer mächtiger wird. Denn so gerät der Empathieträger Billy in immer größere Gefahr. Da er die am wenigsten anmaßende Figur ist, entsteht der Wunsch, dass Billy rechtzeitig der Verfolgung durch Costellos Leute entkommen kann.

4. »Little Miss Sunshine«
Es ist Richard, der versucht, seinen eigenen Leistungsdruck der Familie aufzuzwingen. Das führt zu großem familiären Druck. Hier entsteht der dringende Wunsch, Richards Selbstgerechtigkeit ins Leere laufen zu sehen – und dieser Wunsch wird auch erfüllt.
Sobald die Familie in Kalifornien angekommen ist, wird deutlich: Der Schönheitswettbewerb erweist sich als verlogene Veranstaltung. An diesem Punkt entsteht der unwillkürliche Wunsch, dass die kleine Olive möglichst nicht ins offene Messer der öffentlichen Demütigung rennt.

5. »Das Leben der Anderen«
Das Unrecht liegt hier in der staatlichen Verfolgung Dreymans durch die Stasi. Verschärft wird das in dem Moment, in dem klar wird, dass Minister Hempf die Schauspielerin zum Sex zwingt. Gegen Ende wächst der Wunsch, dass Dreymans

Westkontakte nicht auffliegen und die verborgene Schreibmaschine unentdeckt bleiben möge.

6. »Keinohrhasen«
Das Unrecht besteht in der Anmaßung von Ludo, der sich über Anna, die Kindergärtnerin, die er schon früher immer nur gehänselt hat, lustig macht. Im Publikum entsteht der Wunsch nach Ausgleich. Sobald sich zeigt, dass Anna sich wirklich in Ludo verliebt hat, entsteht der Wunsch, dass beide zueinander finden.

7. »Der Rote Baron«
Es wird mehrfach auf das Unrecht des Krieges verwiesen. Insofern ist die emotionale Beteiligung des Publikums garantiert. Es gibt aber gleichzeitig keine Hoffnung, dass sich der Wunsch nach ausgleichender Gerechtigkeit erfüllen könnte. Der Krieg ist ja unabwendbar, und insofern kann sich eigentlich kein vernünftiger Wunsch nach einer guten Lösung entwickeln.

Bindungen

§ 6 Zwischen Sog und Bindung: Der Austausch

In § 1-5 wurden die grundlegenden Voraussetzungen für emotionale Parteinahme erläutert. Die Triebfeder allen Geschichtenerzählens ist demnach der Wunsch nach Zugehörigkeit mit allen seinen Konsequenzen. Er führt dazu, dass Menschen miteinander in Kontakt kommen, neue Verbindungen eingehen, alte verlassen, miteinander handeln und zwingend den Gesetzen von Geben und Nehmen unterworfen werden.

Doch das Modell, welches bisher beschrieben wurde, ist vergleichsweise statisch. Das Bild der Waage, die immer nur um die imaginäre Achse des Ausgleichs schwankt, beschreibt zwar das große Ganze, aber nicht den Prozess.

Im konkreten Fall eines Drehbuchs ist es jedoch nötig zu zeigen, wie soziale Bewegungen überhaupt in Gang kommen. Der Wunsch nach Zugehörigkeit der Protagonisten verändert das soziale Gefüge im Laufe eines Films beständig. Fast immer begegnen die Hauptfiguren neuen Menschen oder Konstellationen, aus denen sich neue Kontakte und Konflikte ergeben. Es entsteht Anziehung und Abstoßung, man wird getrieben oder gejagt, verfolgt oder begehrt.

Soziale Prozesse kreisen hier um zwei Pole: Auf der einen Seite trifft das Subjekt auf Neues. Dort erfährt es die Attraktion, den Sog, die Suche nach intensiverer, erfüllterer Zugehörigkeit. Auf der anderen Seite aber stehen die Kräfte, die die Figuren in ihren alten Strukturen zurückhalten und sie hemmen. Filmisches Erzählen spielt sich in diesem Spannungsfeld ab: Neue Beziehungen entstehen, während alte sich verändern, auflösen oder neu bestätigen.

Wenn in §1 die einzelne Figur mit einem Partikel zwischen unterschiedlich gepolten Kraftfeldern verglichen wurde, dann tritt jetzt die Frage in den Vordergrund, wie sich die Spannung zwischen Sog und Rückbindung optimal auf den Zuschauer überträgt. Denn in diesem Spannungsfeld liegen jene Konflikte, die die Geschichte und die Figur in Atem halten.

Erst wenn klar wird, wie sich der Sog zum Neuen niederschlägt, ist es möglich, den Konflikt mit den Rückbindungskräften des Alten intensiv zu verfolgen. Sobald sich die Spannung innerhalb der Figuren vermittelt, wird der Film emotional nachvollziehbar (wobei nicht jeder Film dem Schema ›Sog – Bindung‹ folgt; mehr dazu § 14: Vier Grundformen der Bewegung).

Menschen gehen in der Regel dort hin, wo sie sich gut einbringen können. Sie arbeiten gern dort, wo sie sich verwirklichen können; sie machen Geschäfte mit

Leuten, denen sie vertrauen; sie teilen gerne jede Art von Lust und Vergnügen mit denjenigen, bei denen sie auf Resonanz hoffen und die sie lieben.

Die entscheidende Größe hat hier wieder mit Geben und Nehmen zu tun und lautet ›Austausch‹. Entscheidend für die Frage, wie stark sich eine Figur mit anderen zu verbinden vermag, ist die Qualität dessen, was sie von sich selbst mitteilen und vom anderen zurückbekommen kann. Im Drehbuch wie im Leben wird immer etwas ›verhandelt‹ – entweder geht es um Deals im eigentlichen Sinn oder aber um seelische Qualitäten. Je mehr das Publikum diesen Austausch nachvollziehen kann, desto wirksamer wird die Geschichte sein.

D.h. Austausch kann auf einer materiellen Ebene stattfinden, wie etwa einem finanziellen Geschäft oder auch der handfesten körperlichen Unterstützung. Häufiger aber handelt es sich um subtile seelische Qualitäten, die getauscht werden. Sobald eine Figur mit einer anderen in Berührung kommt, die mehr zu bieten hat, also etwa respektvoller, einfühlsamer oder liebevoller ist als eine andere, kommt im Publikum das Gefühl auf, dass ein positiver Sog hin zum Neuen entsteht.

Um zu verdeutlichen, warum sich eine Person einer anderen Person oder einer Gruppe annähern will, sollte von den Autoren die Bereitschaft fürs Geben und Nehmen so intensiv wie möglich gestaltet werden. Wird hingegen Austausch vereitelt oder kommt Kontakt nicht zustande, entsteht eine negative Spannung.

Dies gilt auch für einseitige Beziehungen: Sobald einer nur gibt und der andere nur nimmt, kann von Austausch nicht mehr die Rede sein.

FAZIT

- **Filmisches Erzählen bewegt sich im Spannungsfeld zwischen alten und neuen menschlichen Beziehungen.**

- **Die Intensität des Sogs zum Neuen hängt davon ab, wie viel Austausch dort möglich ist – materiell wie immateriell.**

- **In der Spannung zwischen dem Sog zum Neuen und der Rückbindung an alte Bindungen liegt die Ursache für Konflikte.**

- **Wird Austausch unmöglich, entsteht eine negative Spannung.**

Beispiele:

1. »Titanic«
In den ersten Szenen wird bereits klar, dass Rose im Kreise ihrer Familie keine Chancen hat, sich und ihre Interessen zu verwirklichen. Sobald sie Jack kennen lernt, steigt die Möglichkeit zum Austausch jedoch sprunghaft an. Er erweist sich als Mensch, der das, wonach sie sich sehnt, auch zu bieten hat: Sensibilität, Weltoffenheit, Abenteuerlust, Kreativität. Indem dies filmisch zum Ausdruck kommt, versteht das Publikum sofort, dass von Jack eine starke Anziehung ausgeht.

2. »Ratatouille«
Rémy hat in seiner Herkunftsfamilie keine Chance, sich als Koch zu verwirklichen. Sobald Rémy jedoch ins Kraftfeld von Gusteaus Restaurant gerät, wird die Attraktion überwältigend: In der Kooperation mit Linguini kann er endlich das ausleben, was für ihn so wichtig ist. Es lockt eine ideale Form von Austausch. Der Sog ist unwiderstehlich.

3. »The Departed«
Frank Costello verschiebt Raketen-Abwehrwaffen an eine Gruppe von Chinesen. Alles, was ihm dabei hilft, ist für ihn von Nutzen; alles, was ihn daran hindert, versucht er zu eliminieren.
Auf einer anderen Ebene gibt es Austausch zwischen Costello und seinem Maulwurf Colin Sullivan. Je tiefer Colin in die Welt der Polizei eintaucht, desto intensiver wird die Beziehung zwischen Mentor und Schützling. Für Billy hingegen entsteht so lange ein Sog hin zu Costello, wie dieser sich ungewöhnlich großzügig und loyal gibt.

4. »Little Miss Sunshine«
Die kleine Olive will unbedingt ihre neu einstudierte Tanz-Choreographie zum Besten geben. Sie will sich bei einem Schönheitswettbewerb einbringen. Aus diesem Bedürfnis nach Selbstausdruck entsteht der Sog des Films.

5. »Das Leben der Anderen«
Als Wiesler in den Bann einer intensiven menschlichen Beziehung wie der zwischen Dreyman und Sieland gerät, erschließt sich leicht, wie stark für ihn die Attraktion sein muss. Wiesler will irgendwann einfach auch ›dazugehören‹ und in eine Welt eintauchen, in der Kommunikation kein Fremdwort mehr ist. Diesem Wunsch opfert er seine Karriere.

6. »Keinohrhasen«
Die Anziehung zwischen Ludo und Anna wird umso stärker, je besser sie sich über sich unterhalten, kooperieren und sich offen austauschen können.

7. »Der Rote Baron«
Der Austausch ist hier vorwiegend einseitig. Die Krankenschwester Käte versucht, Richthofen mehrmals beizubringen, welch grausames Spiel der Krieg ist. Von ihrer Seite ist die Bereitschaft zu Geben und Nehmen hoch. Doch Richthofen reagiert selten konkret und konsequent auf das, was er von Käte erfährt. Daher entsteht eigentlich kein echter Austausch, sondern eine einseitige Beziehung.

§ 7 Das Austauschmedium

Es hat sich gezeigt, dass soziale Prozesse umso überzeugender wirken, je stärker Geben und Nehmen zwischen den Figuren spürbar wird. Nun stellt sich die Frage: Wie vermittelt sich filmisch, dass ein Austausch wirklich auf Gegenseitigkeit stattfindet?

Hier hilft der Umweg über eine dritte Ebene: Die Intensität der Beziehung vermittelt sich umso leichter, je mehr die Ebene der Gemeinsamkeiten ins Spiel kommt. Es genügt nicht, zwei Menschen zu zeigen, die sich tief in die Augen schauen, um zu zeigen, wie gut sie sich verstehen. Wichtiger ist die Gestaltung eines gemeinsamen Pools von Interessen und Absichten.

Wer eine Schwäche für kulinarische Genüsse hat, wird sich gern mit jemandem verbinden, der ebenso gern genießt. Wer sich für Geschichte interessiert, kann sich für den begeistern, der ebenfalls eine Vorliebe dafür hat. Es sollte somit deutlich werden, WAS und WIEVIEL verhandelt wird – gleichgültig, ob es sich um gemeinsame Besuche einer Spielbank handelt, gemeinsame Reisen, gemeinsame literarische Aktionen. Auch eine gemeinsam erlebte Vergangenheit kann diese Funktion erfüllen

Daher ist es wichtig, dass auf Drehbuchebene ein Austauschmedium gefunden wird, das den Zuschauern ermöglicht, das Geben und Nehmen nachzuvollziehen. Denn nur dann steigen wir als Zuschauer wirklich intensiv auf den Film ein und entwickeln Empathie.

Umso wichtiger ist es für Autoren daher, ihren Figuren Bedürfnisse, Sehnsüchte, Träume oder einfache Interessen mit auf den Weg zu geben. Erst diese ermöglichen es dem Publikum, einen sozialen Sog zu verspüren. Wo hingegen keine erkennbaren Bedürfnisse der Protagonisten und damit die Voraussetzungen für Gemeinsamkeit vorliegen, bleibt das Publikumsinteresse unbefriedigt.

FAZIT

- **Jeder Austausch braucht immer auch ein Medium, also eine dritte Ebene der Gemeinsamkeiten zwischen den Figuren.**
- **Diese Gemeinsamkeiten können materiell oder immateriell sein.**
- **Je deutlicher wird, wie stark Figuren über dieses Medium kommunizieren, desto intensiver fällt die Wirkung aus.**

Beispiele:

1. »Titanic«
Das Austauschmedium liegt hier in Roses künstlerischen und intellektuellen Ambitionen. Sie ist eine kluge, gebildete Frau, der die Entfaltungsmöglichkeiten fehlen. Als sie auf Jack trifft, bietet sich ihr die ideale Ergänzung. Er ist ein wacher, abenteuerlustiger, vorurteilsfreier Maler, mit dem sie ihre Interessen an Kunst und Philosophie ungehindert ausleben kann.

2. »Ratatouille«
Auf der Ebene der kulinarischen Genüsse ist Rémy ein Genie. Der Austausch sowohl mit Linguini als auch mit dem Antagonisten Skinner oder mit dem frustrierten Kritiker Anton Ego funktioniert über diese Ebene.

3. »The Departed«
Das Austauschmedium ist zunächst auf materieller Ebene die Lieferung von illegalen Waffenexporten.
Zwischen Costello und Billy ist das Trägermedium der konkrete Schutz: Costello nimmt den jungen Mann unter seine Fittiche.
Auf erotischer Ebene tritt das Element des Austauschs am deutlichsten in Erscheinung: Sowohl Billy als auch Colin kommunizieren mit der Polizeipsychologin über ihre Gefühle. Die Offenheit dieses Austauschs ist für einen harten Krimi ungewöhnlich und hilft dem Film, attraktiver und menschlicher zu wirken als vergleichbare Genrefilme.

4. »Little Miss Sunshine«
Das Austauschmedium zwischen der kleinen Olive und ihrem Großvater ist die Tanz-Choreographie, die sie beide gemeinsam einstudieren.
Die Verbindung zwischen dem schweigsamen Dwayne und seinem lebensmüden Onkel Frank wiederum ist die Literatur. Dwayne liebt Nietzsche, Frank dagegen Proust – kein Wunder, dass sie sich am Ende gut verstehen.

5. »Das Leben der Anderen«
Das Austauschmedium ist auf den ersten Blick nicht leicht zu erkennen. Der Stasi-Offizier wird von dem repressiven System, in dem er lebt, in die Einsamkeit gezwungen. Diese Isolation erklärt, warum er sukzessive die Seiten wechselt. Der Austausch ist hier zunächst einseitig, denn er profitiert emotional von dem, was er während der Observation wahrnimmt – Dreyman und Sieland dagegen wissen davon nichts. Indem Wiesler dann aber lebenswichtige Hilfeleistungen erbringt, gleicht sich das aus.

6. »Keinohrhasen«
Das Austauschmedium sind hier die Kinder. Ludo entwickelt eine echte Fürsorglichkeit, die Anna zeigt, dass in ihm ein weicher Kern steckt. Als Anna das erkennt, öffnet sie sich ihm.

7. »Der Rote Baron«
Ein Trägermedium für den Austausch existiert nicht wirklich. Käte pocht auf die Unmenschlichkeit des Krieges. Richthofen dagegen beschwört seinen naiven Sportsgeist. Eigentlich reden sie aneinander vorbei. Daher bleibt auch die erotische Beziehung nicht plausibel.

§ 8 Loyalität, Illoyalität, Konflikt

Solange zwei Menschen ruhig und zufrieden kooperieren, einander unterstützen und darauf eingehen, was der andere braucht, ist die Welt aus Zuschauersicht in Ordnung. Diese Qualität der Loyalität ist im filmischen Erleben ein wertvolles Gut. In den meisten großen filmischen Erfolgen spielt Loyalität eine wichtige Rolle. Aber für sich genommen kann sie auch ziemlich langweilig wirken. Eine Story, in der alle loyal miteinander umgehen, entwickelt wenig Spannung.

Es wurde schon darauf hingewiesen, dass der eigentliche Kern des Geschichtenerzählens im Konflikt liegt: also in der ungerechten Verteilung von Geben und Nehmen. Schon im Märchen spielt die Stiefmutter oder die Hexe die Rolle des Antreibers. Ohne sie geht gar nichts.

Wer dem anderen nicht gibt, was dieser braucht, benötigt oder erbittet; wer Menschen gegen deren Willen verlässt oder hintergeht – der macht sich schuldig. Und gerade diese Schuld, dieses Unrecht setzt die Handlung in Gang. Illoyalität ist daher das eigentliche Ferment jeder filmischen Erzählung. Egal für wie gemein wir den Verräter halten – ohne ihn kommt keine Story in Gang, ohne die negativen Kräfte des Unrechts bleibt die Erzählung statisch und spannungsarm.

Darin liegt die Herausforderung an die Drehbucharbeit: Man muss die Illoyalität, den Verrat, das Verbrechen, die Gemeinheit suchen und steigern – um sie überwinden zu können und wenigstens zum Teil in Loyalität zu verwandeln. Denn aus Publikumssicht ist die Loyalität das eigentlich hohe Gut. Aber sie bewährt sich nur im Kontrast mit ihrem Gegenteil. Beide Qualitäten bedingen sich also gegenseitig und ergänzen sich.

Dass man nie allen Bindungen in gleicher Weise treu sein kann, wird jeder verstehen. Wer sich zu sehr für seinen Job engagiert, vernachlässigt die Familie oder Freunde. Wer in einer ›amour fou‹ aufgeht, riskiert den Bruch mit seinem sozialen Netz. Wer Gesetze übertritt, kann sich und andere ins Unglück stürzen. Dies sind elementare Erfahrungen. Sobald sie im Zuschauer angestoßen werden, kann mit empathischen Reaktionen gerechnet werden.

Starke Drehbücher brauchen demnach beides: große Loyalität und große Illoyalität. Der Austausch zwischen den Figuren, die sich nah und treu sind bzw. es im Lauf des Films werden, sollte so spürbar wie möglich sein. Gleichzeitig braucht die spannende Story aber auch die Gefahr, den Verrat, die Angst vor Entdeckung – kurz: das Unrecht.

FAZIT

- **Loyalität zwischen den Menschen ist im Drehbuch ein hoher Wert.**
- **Gleichzeitig ist Illoyalität der eigentliche Motor aller Stories, also ebenfalls unabdingbar.**
- **Je deutlicher das Wechselspiel zwischen Treue und Verrat spürbar wird, desto intensiver ist die emotionale Wirkung.**

Beispiele:

1. »Titanic«
Rose muss illoyal ihrer sozialen Schicht gegenüber werden, um zu Jack zu gelangen. Der Konflikt ist unvermeidlich und treibt die Handlung voran, denn die Angebote, die Jack ihr macht, kann sie einfach nicht ablehnen. Die Zuschauer unterstützen sie in ihrem Wunsch. Aber man versteht auch gut die Wut des ausgebooteten Verlobten Cal.

2. »Ratatouille«
Die Geschichte kommt lange Zeit ohne sozialen Konflikt aus. Doch sobald Rémy etwa in der Mitte des Films wieder auf seine Familie trifft, entsteht eine große Span-

nung: Man kann nicht Sterne-Koch sein und zugleich unter Ratten leben. Wie auch immer Rémy sich entscheidet – eine der beiden Seiten wird dies als Verrat verstehen müssen. Der Konflikt ist unvermeidlich und hält die Handlung in Schwung.

3. »The Departed«
Illoyalität ist das Hauptthema. Eigentlich verrät hier jeder jeden. Es existiert aber doch EINE Achse des Vertrauens zwischen Billy und dem Einsatzleiter Captain Queenan (Martin Sheen). Diese Loyalität wird nie gebrochen und bildet das unersetzliche Gegengewicht zu den vielen hinterhältigen Winkelzügen, mit denen sich die Figuren traktieren. Ohne dieses Element echter Zuneigung wäre der Film für ein größeres Publikum wohl zu düster und negativ ausgefallen.

4. »Little Miss Sunshine«
Die vielen Konflikte innerhalb der Familie sind – etwa verglichen mit den knalligen Auseinandersetzungen von »The Departed« – eher im mikroskopischen Bereich zu suchen. Trotzdem passiert Ähnliches: Richard versucht, den Austausch zwischen Olive und ihrem Onkel zu hintertreiben. Er wird daher vom Publikum als relativ illoyal erlebt. Es handelt sich nur um Nuancen, aber gerade sie halten die Handlung unter Spannung.

5. »Das Leben der Anderen«
Selbstverständlich werden die Aktivitäten der Stasi als unmenschlicher Verrat erlebt. Dreymans Arbeit an dem Artikel über Selbstmörder in der DDR samt der Zuarbeit seiner verlässlichen Freunde bildet dagegen die Achse der Loyalität. Zuletzt wandelt sich auch Wiesler zu einem loyalen unsichtbaren Helfer.

6. »Keinohrhasen«
Ludo schläft mit allen möglichen Frauen und vermeidet jede Verantwortung. Im Falle von Anna muss er allerdings erkennen, dass er auf diese Art nicht den Austausch bekommt, den er gerne hätte. Er muss also über seinen Schatten springen und loyal gegenüber seiner Geliebten werden.

7. »Der Rote Baron«
Richthofen fühlt sich wohl in der Welt, in der er lebt, und entwickelt wenig Sog oder soziale Dynamik. Lediglich sein Interesse an Käte hält ihn in Fahrt. Nachdem er aber niemandem untreu zu werden braucht, um sie zu gewinnen, hält sich der Konflikt in Grenzen.

§ 9 Bindung

Bisher standen die Sogkräfte im Vordergrund. Daneben existieren aber auch Rückhaltekräfte, die den Protagonisten an die Welt seiner Herkunft binden. Kein Mensch ist ein unbeschriebenes Blatt. Jeder lebt in einem Netz von Beziehungen, die ihn definieren und ein Stück weit auch unbeweglich machen können. Diese Kräfte stehen dem Sog neuer Beziehungen und dem neuen Austausch entgegen.

Man stelle sich vor: Ein Mann geht eine Straße entlang. Das Bild ist vorerst nicht besonders interessant: Man weiß nicht, wo er hingeht. Was beschäftigt ihn? Solange man ihn nicht in Kommunikation und Austausch mit anderen erlebt, ist er ein leeres Blatt. Die einzige emotionale Qualität, die sich eventuell vermittelt, ist seine Isolation.

Wenn man nun annimmt, dass er anderen Menschen begegnet, tun sich Möglichkeiten auf, ihn sozial zu verorten. Das leere Blatt beginnt, sich mit Information zu füllen: Wem begegnet er? Wird er sein Gegenüber respektvoll oder abschätzig behandeln? Wird er ihn oder sie küssen, beschimpfen, eine Waffe ziehen, oder kommt es zu sexuellen Handlungen? In jedem der Fälle verleiht die Begegnung eine Fülle von weiteren Informationen über ihn und seine Position im sozialen Netz. Erst jetzt bekommt man als Zuschauer die Gelegenheit, emotional Kontakt aufzunehmen, weil wir die Figur in der BINDUNG erleben.

Die Bindung bildet eine Rückhaltekraft, die dem Drang entgegenwirkt, Sogwirkungen nachzugeben. Weil wir gebunden sind, können wir uns nicht immer so bewegen, wie wir uns das vielleicht wünschen: Wer einen Liebespartner hat, kann diesen nicht ohne Konsequenzen wechseln; wer einem Arbeitgeber verpflichtet ist, kann nicht nach Belieben einen neuen Job annehmen; eine enge Freundschaft lässt sich nicht ohne weiteres beenden. Immer ist es die Bindung und mit ihr der ›Klebstoff‹ der Loyalität, die die Figur in einem bestimmten sozialen Kraftfeld zurückhält.

Wer also seine Charaktere dem Publikum näher bringen will, sollte ihnen Gelegenheit verschaffen, sich in möglichst vielfältigen Bindungen zu spiegeln. Die emotionale Wirkung ist umso größer, je intensiver man die Figuren im Kontakt mit anderen erlebt. Kein Mensch ist nur EINEM Menschen verbunden, jeder lebt in einer Vielzahl von Abhängigkeiten. Alles zusammen ergibt ein Netz. Je dichter dieses im Drehbuch gewoben ist, desto leichter fällt es dem Zuschauer, mit der Figur wirklich in Kontakt zu treten und sie empathisch mitzuerleben.

Hier liegt ein wichtiger Unterschied zwischen Film und Literatur. Der Schriftsteller hat Möglichkeiten, auch Einzelgänger und Isolierte in ihrem reich bewegten Innenleben zu schildern und zu motivieren. Daher existieren erfolgreiche Romane über Menschen, deren soziale Bindung äußerlich vielleicht schwach erscheint, die aber dennoch über ein reiches Innenleben verfügen. Dem Film sind diese Möglichkeiten nur bedingt gegeben (wenn er nicht auf innere Monologe zurückgreifen will). Der Drehbuchautor ist gezwungen, Bindungen szenisch, also im Austausch mit anderen Menschen zu visualisieren. Daher gibt es viele Literaturverfilmungen, deren Ergebnis enttäuschend bleiben musste, weil sich der literarische Reichtum der inneren Prozesse nur ungenügend filmisch umsetzt (S. Teil III, B.3 Literaturverfilmungen).

FAZIT

- **Je mehr die Figuren in Beziehung gezeigt werden, desto besser kann der Zuschauer sie emotional verorten.**

- **Je stärker die Qualität der Bindung, desto größer werden die Reibung und der Konflikt mit den Sogkräften.**

- **Je enger das Netz der sozialen Kontakte geknüpft ist, desto komplexer lässt sich die emotionale Resonanz steuern.**

Beispiele:

1. »Titanic«
Rose ist auf dem Schiff in vielfältiger Weise eingebunden. Da ist nicht nur ihre Mutter, nicht nur ihr Verlobter und dessen Bodyguard. Es gibt auch Kontakte zu den Schiffseignern und dem Kapitän, sowie zu Molly, der älteren Dame, die als Mentorin kurzzeitig eine wichtige Rolle spielt. Dieses Netz verhindert eine schnelle Kontaktaufnahme mit Jack und bindet sie zurück in eine Welt, die zu verlassen ihr nicht leicht fällt.

2. »Ratatouille«
Rémy entwickelt eine intensive Beziehung zum Kochgehilfen Linguini, und dadurch indirekt auch zur Köchin Colette sowie der gesamten Belegschaft der Küche. Rémys Bindung an die eigene Herkunftsfamilie wird aber ebenso intensiv spürbar. Irgendwann sind beide Kräfte ungefähr gleich stark, schließen sich aber gegenseitig aus – eine ideale Voraussetzung, um als Zuschauer Rémys Dilemma empathisch mitzuerleben.

3. »The Departed«
Billy wird in seinem familiären Umfeld gezeigt, das vorwiegend kriminell ist. Darüber hinaus kommt seine Abhängigkeit von den Vorgesetzten im Polizeidienst

detailliert zum Ausdruck. Je tiefer er in die Welt Costellos eindringt, desto stärker wird wiederum die Bindung an ihn und seine Leute.
Dazu kommt dann noch die erotische Beziehung mit der Polizeipsychologin Madolyn. Man erlebt Billy also als hochgradig sozial eingebunden – und diese Vernetzung droht, ihn schier zu zerreißen.

4. »Little Miss Sunshine«
Die Bindung der Figuren untereinander wird durch die familiäre Nähe stark betont. Doch jede Figur hat noch ihre eigenen fixen Ideen und Glaubenssätze, an denen sie hängt und die sie verteidigt (s. § 10 Bindungsebenen). Zwischen dem großen Ziel – der Fahrt nach Kalifornien – und den jeweiligen Interessen der Figuren herrscht große Spannung.

5. »Das Leben der Anderen«
Wiesler ist an sein eigenes System gebunden, doch sozial vernetzt ist er nicht. Im Kontrast dazu wird das reiche soziale Leben von Dreyman und seiner Freundin betont: Es gibt eine Menge Freunde, Kollegen und Weggefährten sowie die entstehende Bindung an einen westdeutschen Korrespondenten des SPIEGELs. Von Dreymans reicher Vernetzung geht für den einsamen Wiesler ein starker Sog aus, gegen den die Bindungskräfte der Loyalität zum System stehen.

6. »Keinohrhasen«
Ludo, der Klatschreporter, ist gut vernetzt. Er kennt Gott und die Welt, und sein Boulevardblatt fordert einen hohen Arbeitseinsatz. Sobald er jedoch zu Anna will, stehen ihm diese Bindungen und Loyalitäten massiv im Weg. Der Konflikt ist vorprogrammiert.

7. »Der Rote Baron«
An sozialer Vernetzung herrscht in diesem Film kein Mangel. Indem Richthofen der Star seiner Kompanie ist, fällt es ihm nicht schwer, mit jedermann in Kontakt zu treten. Aber echte Loyalität wird selten spürbar. Man könnte nicht sagen, wem gegenüber Richthofen eine wirkliche Bindung hat.
Käte dagegen wirkt isoliert. Von ihr kann man sich als Zuschauer fast gar kein Bild machen, weil sie keine Gefährten hat. Ein Loyalitätskonflikt entsteht auf keiner der beiden Seiten.

§ 10 Bindungsebenen

Bindung ist nicht gleich Bindung: Das Verhältnis zur eigenen Mutter ist nicht das Gleiche wie das zu einem Polizisten. Das Verhältnis zu einem Vorgesetzten zieht andere Konsequenzen nach sich als eine romantische Liebe. Freunde stellen andere Ansprüche als Lehrer. Schulen, Jobs, auch der Staat üben jeweils eigene Formen von Druck aus, denen jeder in irgendeiner Form ausgesetzt ist.

Entsprechend haben auch Loyalität und Illoyalität unter Umständen andere Gewichtungen. In jedem Leben existieren gleichzeitig verschiedene Qualitäten der Beziehung und der Loyalität. Und damit auch andere Gewichtungen von Treue und Verrat.

Die folgenden Abschnitte differenzieren die verschiedenen möglichen Beziehungsqualitäten. Jede Ebene wirkt wie ein Kraftfeld. Sie rührt an Erfahrungen, Sehnsüchte, Hoffnungen, die in der Regel allen Menschen bekannt sind. Jede hat ihre eigenen Forderungen und Prinzipien. Überall existiert Loyalität und Illoyalität, und jedes Mal hat dies andere Konsequenzen. Die Überlagerung und Schichtung der Bindungen machen den Charakter von Figuren und Geschichten transparent und mehrdimensional.

Die Reihenfolge, in der die Bindungen im Folgenden dargestellt werden, hat nichts mit einer Hierarchie von Wichtigkeiten oder Wertungen zu tun. Es geht darum zu zeigen, welch unterschiedliche Formen von filmischen Gestaltungsmöglichkeiten existieren. Für die Wirkung des Films kommt es aber letztlich darauf an, dass unterm Strich, rechnet man alle Ebenen zusammen, die Kraft der Loyalität die der Illoyalität überwiegt.

Wesentlich ist die Unterscheidung zwischen direkten Bindungen, wo konkreter menschlicher Austausch möglich ist, und indirekten Bindungen, bei denen der Austausch über Umwege geschieht.

§ 10 A Direkte Bindungen

Direkte Bindungen sind solche, bei denen sich ein konkreter zwischenmenschlicher Austausch beobachten lässt, d.h. man sieht im Film den Protagonisten im unmittelbaren Umgang mit den Figuren, mit denen er in Beziehung steht.

1) Familien

Die Familie ist die erste und im Leben für lange Zeit intensivste Bindungsebene überhaupt. Das gilt prinzipiell, egal, wie intakt die Familie in Wahrheit sein mag. Selbst Vollwaisen, die ihre Eltern nicht kennen, fantasieren Vater- und Mutterbeziehungen. Der Wunsch nach familiärer Geborgenheit ist zunächst elementar.

Daher ist die Familie letztlich die Keimzelle des ›human factor‹ aller Geschichten. So ist es kein Wunder, wenn Familienbindungen in erfolgreichen Filmen oft als emotionale Verstärker eingesetzt werden – denn zwangsläufig erschließt diese Ebene einen großen inneren Resonanzraum im Publikum.

Im positiven Sinn hat das Bild der funktionierenden Familie mit Schutz und Geborgenheit zu tun. Eine loyale Bindung an Eltern oder Kinder kann emotional wirken. Im Negativen kann es zu schmerzlichen Gefühlen des Verlassen- oder Verraten-Seins führen. Oft bekommen Familien, sobald Illoyalität Einzug hält, etwas Bedrückendes, ja Zerstörerisches. In jedem Fall rühren Familiengeschichten zwangsläufig an tiefe, weil frühkindliche emotionale Bereiche.

Die Zugehörigkeit zur Familie kann man sich nicht aussuchen. Zwar darf immer von einem grundsätzlichen Wunsch nach Zusammenhalt ausgegangen werden. Doch oft schlägt er in Widerstand und Abwehr um, denn Familien neigen dazu, den Einzelnen zu vereinnahmen. Dagegen müssen Kinder zwangsläufig aufbegehren und ihre eigene Rolle neu definieren. Jedes Erwachsenwerden besteht aus einem Balanceakt zwischen Loslösung einerseits und Bindung an die Familie andererseits.[7]

Das Verhältnis zwischen Eltern und Kindern ändert sich laufend. Ansprüche entstehen und werden revidiert, Erwartungen wachsen und werden enttäuscht.

Das Spannungsfeld zwischen Selbstbestimmung des Einzelnen und Familieninteresse ist somit fürs Geschichtenerzählen besonders ergiebig.

Die ungeschriebenen Gruppengesetze im Familienverband lauten:

- Jedes Familienmitglied hat das gleiche Recht auf Zugehörigkeit;
- Kinder haben ein Recht auf Fürsorge und Schutz durch die Eltern;
- Eltern haben ein Recht auf angemessene Achtung durch die Kinder.

Verhalten sich die Familienmitglieder diesen Gesetzen gegenüber loyal, so wird die Bindung als intakt erlebt. Werden sie verletzt, kommt im Publikum in der Regel Aversion gegen die Figuren auf, die gegen die ungeschriebenen Gesetze verstoßen.

Beispiele:

1. »Titanic«
Roses Familienbindung ist illoyal (was bei Hollywood-Filmen selten vorkommt). Die Mutter versucht, die Tochter zu verkuppeln. Aus Publikumssicht ist klar, dass Rose das Recht hat, sich aus dieser negativen Beziehung zu lösen.

7 In »Das Kraftfeld der Mythen« (3. Auflage, München 2004) erklärt Norbert Bischof die Ursprungsmythen der Menschheit aus dem Konflikt zwischen dem Wunsch nach nostalgischer Rückkehr in elterliche Geborgenheit und dem Wunsch nach Emanzipation.

2. »Ratatouille«
Die positive Familienbindung wird hier stark betont (was gerade für den Bereich Family-Entertainment wichtig ist, denn Kinder reagieren auf dieser Ebene besonders sensibel). Rémy hat ein loyales Verhältnis zu Vater und Bruder. Darin liegt sein Dilemma: Er will kochen UND zu seiner Familie gehören.

3. »The Departed«
Für die eigentliche Geschichte hat die Familienbindung kaum eine Bedeutung. Dennoch wird sie vom Drehbuch klugerweise betont, um Billy Costigans Loyalität zur Mutter, aber auch die Abneigung gegen den kriminellen Rest der Familie zu zeigen. Diese Akzentuierung der Loyalität zwischen Sohn und Mutter hat der emotionalen Wirkung des Films sehr geholfen.

4. »Little Miss Sunshine«
Dieser Film bewegt sich fast nur auf der Ebene der Familie. Zu Beginn wirkt diese zerstritten. Der Konflikt ist groß. Gegen Ende hingegen wird eine deutlich gesteigerte Form der Zusammengehörigkeit und Loyalität erreicht.

5. »Das Leben der Anderen«
Einer der seltenen Fälle, in dem Familienbindungen überhaupt keine Rolle spielen.

6. »Keinohrhasen«
Dramaturgisch wäre es nicht nötig gewesen, Ludos familiäre Einbindung zu betonen. Doch indem seine Schwester Lilli mit ihrem Kind (also Ludos Neffen) eine handlungswirksame Rolle spielt, erfahren wir viel über seinen Charakter und seine ambivalente, in letzter Konsequenz aber gutmütige Haltung gegenüber seiner Familie. Die Loyalität überwiegt.

7. »Der Rote Baron«
Die Familienbindung wird stark betont, und grundsätzlich läge hier ein großes Potenzial: Denn Richthofens Bruder Lothar spielt zwischenzeitlich eine antagonistische Rolle. Die Brüder sind entzweit und treiben auf einen großen Konflikt zu. Leider verläuft dieser im Sande, und insofern bleibt die familiäre Achse des Films relativ unbedeutend – weder im Loyalen noch im Illoyalen.

2) Freundschaften

Freundschaften kommen in der Entwicklung eines Menschen an Wichtigkeit direkt nach der Familie. Menschen brauchen Gefährten, Kameraden, Gleichgesinnte. Anders aber als in der Familie ist jeder frei, eine Freundschaft zu kündigen, wann und wie er will. Entsprechend sind Freundschaften weniger belastbar. Freunde müssen bestimmte Regeln einhalten, wenn sie nicht riskieren wollen, dass die Bindung zerbricht.

Zu den Prinzipien der Freundschaft gehört in besonderem Maß der Ausgleich von Geben und Nehmen. Eine Freundschaft ist dann vorbei, wenn der eine fast nur gibt, während der andere fast nur nimmt. Sobald Einseitigkeit vorherrscht, wird aus Freundschaft Abhängigkeit oder sogar Hörigkeit.

Entsprechend emotional erregend wirkt dann auch das Gegenteil, der Verrat. Für die katholische Kirche ist Judas der Verräter schlechthin. Denn sein Vergehen wiegt schwerer als das aller anderen, die sich an Christus‘ Tod schuldig gemacht haben.

Damit also eine freundschaftliche Beziehung im Drehbuch funktioniert, ist es nötig, das gegenseitige Füreinander-Einstehen möglichst reich gestaltet zu erleben.

Beispiele:

1. »Titanic«
Freundschaft wird in diesem Film nur gestreift. Jack hat zu Beginn noch einen Gefährten, doch dieser gerät zunehmend aus den Augen und aus dem Sinn. Insofern spielt diese Ebene hier kaum eine Rolle.

2. »Ratatouille«
Was sich zwischen der Ratte Rémy und dem Menschen Linguini abspielt, kann nicht als Freundschaft unter Gleichberechtigten gesehen werden, sondern bildet eine klassische Bindung zwischen ungleichen Partnern (§ 10 A.5). Ansonsten kommt Freundschaft hier nicht vor.

3. »The Departed«
Im hierarchischen System von Druck und Ausbeutung dieser Filmhandlung vermag sich die Idee der Freundschaft kaum zu entfalten. Daher spielt sie kaum eine Rolle.

4. »Little Miss Sunshine«
Diese Bindungsebene spielt keine Rolle.

5. »Das Leben der Anderen«
In die Beziehung zwischen Wiesler und seinem Vorgesetzten Grubitz spielen starke Aspekte von Freundschaft mit hinein. Wichtiger noch ist die Beziehung zwischen dem Autor Dreyman und dem Regisseur Jerska. Diese wird vor allem nach Jerskas Freitod wichtig, weil Dreyman ihm zuliebe einen Text über Selbstmorde in der

DDR schreibt. Dreyman versucht, seinem Freund auch nach dessen Tod noch loyal zu sein.

6. »Keinohrhasen«
Sowohl für Anna als auch für Ludo sind die Freunde Miriam und Moritz die wichtigsten Bezugspersonen. Die Gespräche und Reflexionen mit ihnen bilden eine wesentliche Größe. Besonders ergiebig ist der Austausch zwischen Anna und Miriam. Gegen Filmende werden die Freunde besonders handlungswirksam, als Moritz und Miriam das Liebespaar zusammenführen.

7. »Der Rote Baron«
Freundschaft wird in diesem Film zumindest theoretisch intensiv beschworen. Richthofen bildet zunächst mit Voss (Til Schweiger), Lehmann (Hanno Kofler) und Sternberg (David Mehmet) eine verschworene Gemeinschaft – und dennoch erlebt man die vier selten im Austausch.
Als dann Richthofen den Tod von Sternberg mit großer emotionaler Beteiligung beweint, ist man als Zuschauer von dem Gefühlsausbruch beinahe überrascht – denn zuvor war eine echte Bindung der beiden kaum spürbar geworden.

3) Gruppen

Jenseits von Familien und Freunden existieren Gruppierungen von Menschen, die sich ihre eigenen Regeln geben – Verbände, Vereine, Teams, Firmen, Konzerne. Wer zu ihnen gehören will, sollte die Spielregeln einhalten und sich in Hierarchien eingliedern.

Solche Bindungen können beflügelnd, aber auch erdrückend wirken. Jedes Team fordert grundsätzlich erst einmal Loyalität bzw. Unterordnung aller Beteiligten. Doch die Aufopferung für das Team ist nur begrenzt möglich. Irgendwann beginnt jeder Mensch, die eigenen Interessen zu vertreten. Und diese sind oft mit denen der Gruppe schwer vereinbar.

Entsprechend lebt jede Gruppe in einem sensiblen Gleichgewicht. Die Reibungen zwischen den hierarchischen Ebenen ergeben zwangsläufig eine Gruppendynamik, in der die Hackordnung ständig neu verhandelt wird. Alle brauchen einander. Aber sobald sich eine der Seiten zuviel herausnimmt, beginnt das Gleichgewicht zu kippen. Solche Prozesse sind schmerzhaft, gehören aber zum ›human factor‹ jeder Geschichte.

Man wird sehen, dass der Gruppendruck oft eine negative Kraft ausübt, gegen die sich der Protagonist zu behaupten hat. In einigen Fällen aber kann im Gegenteil auch der Moment der Aufnahme in die Gruppe (die Initiation) eine starke Wirkung entfalten.

Beispiele:

1. »Titanic«
Rose steht unter großem Gruppendruck: Sie muss den Anforderungen der First-Class-Gesellschaft genügen. Das Regelwerk der ›besseren Gesellschaft‹ wirkt wie ein Korsett. Hingegen erlebt sie im Unterdeck bei Jack's Leuten große Lebensfreude und viel Loyalität. Der Film rührt also einerseits konflikthafte und andererseits loyale Gruppengefühle auf.

2. »Ratatouille«
Die entscheidende Rolle spielt die Hackordnung innerhalb von Gusteaus Restaurant. Diese lässt Rémy nicht den Hauch einer Chance: Sobald ruchbar wird, dass eine Ratte in der Küche ist, muss sie sterben. Der Gruppendruck wird also zur tödlichen Bedrohung. Umso bedeutender ist der Moment, in dem sich die kleine Ratte als eigentlicher ›Chefkoch‹ outet. Ab diesem Punkt hat Rémy eine Art von Initiation erlebt: Innerhalb der Gruppe der Köche kommt ihm nun eine Art von Geltung zu, die zuvor völlig undenkbar schien.

3. »The Departed«
Hier sind zwei massive Formen von Gruppenzwang parallel spürbar: Innerhalb der Mafia herrscht ein erbarmungsloser Druck. Dasselbe gilt aber auch für den Polizeiapparat von Boston. In beiden Systemen bleibt dem Einzelnen kaum eine Möglichkeit zur individuellen Entfaltung. Im Falle der Mafia ist die Bedrohung sogar konkret tödlich. Entsprechend müssen Billy und Colin versuchen, gegenüber den Anforderungen der Gruppen so loyal wie möglich zu sein oder wenigstens so zu scheinen.

4. »Little Miss Sunshine«
Gruppendruck wird erst am Ende des Films spürbar – dafür umso deutlicher und negativ besetzt. Im verkrusteten Regelwerk des Schönheitswettbewerbs ist kein Platz für individuelle Gestaltung. Wenn schließlich die ganze Familie Hoover auf der Bühne tanzt, hat sie den Saal gegen sich. Umso wirksamer wird aber so die Solidarität innerhalb der Familie unter Beweis gestellt.

5. »Das Leben der Anderen«
Der Gruppendruck der Stasi bildet eine gewaltige, beängstigende Kraft. Nicht nur Dreyman muss diesen fürchten, wenn er für den Westen schreibt, sondern vor allem Wiesler muss aufpassen, dass niemand merkt, wie sehr er schon die Seiten gewechselt hat.

6. »Keinohrhasen«
Gruppendruck ist hier in Ludos Zeitungsredaktion zu spüren. Auch hier geht es um Emanzipation: Ludo und Moritz lassen sich aus der Zeitungsredaktion rauswerfen. Dadurch wird der Weg zu Anna frei.

7. »Der Rote Baron«
Die Spielregeln der Armee sind bestimmend. Fraglos trägt Richthofen durch seine fliegerischen Erfolge viel zu der Gruppe bei, und entsprechend hoch ist sein Renommee. Doch Richthofens Haltung dazu ist indifferent: Er ist zwar loyal, stellt aber die Regeln der Armee und des Kriegs nie konkret in Frage. Daher ist die Reibung zwischen ihm und der Gruppe kaum spürbar.

4) Sexuelle Partnerschaften

Der Komplex der körperlichen Beziehung – von der reinen Begierde bis zur großen romantischen Liebe – ist die wahrscheinlich am häufigsten angesprochene Bindungsebene der Kinogeschichte. Sexuelle Beziehungen ähneln zwar in gewisser Hinsicht der Freundschaft. Trotzdem sind die Spielregeln etwas andere.

Da die sexuelle Zugehörigkeit für Menschen ab der Pubertät vermutlich die Wichtigste und Lusterfüllteste ist, kommt hier dem Element des Austauschs erst recht die entscheidende Größe zu, aber auch der Loyalität. Sex ist nicht gleichbedeutend mit Liebe. Für die Gestaltung einer romantischen Bindung reichen Bettszenen nicht aus. Fürs Publikum ist vielmehr derjenige Mann der ›richtige‹ Partner für die Heldin, der ihr am meisten Angebote für echten Austausch bietet – und vice versa. Nicht die Intensität der körperlichen Lust ist ausschlaggebend, sondern die seelische Resonanz und die Bereitschaft, der oder dem Geliebten treu zu sein.

Begierde und Sexualität sind Formen von Austausch, deren Qualität sich dem Zuschauer zunächst nicht direkt mitteilt. Oft bleiben daher die Darstellungen von sexuellen Handlungen zwar sinnlich stimulierend, aber aussagearm für die Beziehung. Erst wenn klar wird, dass das Paar auch körperlich wirklich ein starkes Geben und Nehmen erlebt, kann Sex für die Beziehungsebene emotional relevant werden.

Jede sexuelle Bindung, die neu entsteht, ist auch deshalb emotional von Bedeutung, weil sie potentiell soziale Veränderungen nach sich zieht, und in deren Gefolge unter Umständen Verrat, Schuldgefühle, Trennungen usw. Zum andern steht zumindest bei heterosexuellen Beziehungen immer die Möglichkeit einer Schwangerschaft im Raum. Auch das ist fürs Publikumserleben wichtig.

Nicht selten ist die Liebe in größere Pläne und Projekte eingebunden. Das Spiel mit dem Austauschmedium ist hier, auf der Ebene der romantischen, erotischen Liebe, noch wichtiger als sonst: Wenn es den Autoren gelingt zu zeigen, auf welcher Ebene sich die Liebenden gut verstehen, kommt die Story zu großer Wirkung.

Wenn die Macht der Liebe dem Publikum vermittelt werden soll, muss sie bei den Partnern Kräfte freisetzen, die sich in sozialen Aktionen darstellen lassen. Es gibt daher kaum erfolgreiche Liebesgeschichten, in denen es ausschließlich um die Partnerschaft an sich geht. Meist spielen größere soziale Bewegungen mit hinein. Die Liebe ist immer auch ein soziales Projekt. Es geht um Dinge, die man gemeinsam vorhat und miteinander realisieren kann: Reisen, gemeinsame Unternehmungen, Abenteuer, oder, am naheliegendsten, Kinder.

Wenn Autoren vermitteln wollen, dass sich ein Paar im tieferen Sinn emotional gut versteht, müssen sie plausibel machen, warum genau dieses Paar und kein anderes sich gegenseitig so stark anzieht. Das Leben bietet heute meist viele Gelegenheiten für Begegnungen. Um herauszuarbeiten, warum sich aus dem Meer der tausend Möglichkeiten ausgerechnet dieses Paar gefunden hat, sollten spezifische Signale gesetzt werden, was genau sie aneinander fasziniert.

Die Sprengkraft der Liebe ist aus all diesen Gründen weit größer als die aller anderen Loyalitätsebenen. Weil die körperliche Begegnung die Intimste und zugleich am meisten in die Zukunft Gerichtete ist, wirkt der Verrat auf dieser Ebene am schmerzlichsten. Eine Liebe kann dazu führen, dass ganze soziale Netze zerrissen werden. Die Filmgeschichte erzählt davon.

Es existieren daher nicht wenige Geschichten, in denen die Sprengkraft der Sexualität als zerstörerisch gestaltet wird. Die uralte Verbindung von Sex, Schuldgefühlen, realer Schuld und Tod ist in der Filmwelt nach wie vor präsent. All dies kommt aber nur zur Wirkung, wenn die Liebe im Drehbuch zuvor via Austausch wirklich plausibel gemacht wurde. Fehlt hier der Austausch, bleibt das ›romantische‹ Gefühl aus und die Wirkung blass.

Beispiele:

1. »Titanic«
Das Drehbuch liefert die eindeutige Motivation, warum ausgerechnet Jack und kein anderer für Rose in Frage kommt. Er entspricht ihrer Sehnsucht nach künstlerischer Avantgarde, nach Risiko und Fernweh, nach Treue zu sich und den eigenen Idealen. Für beide ist die Liebe ein in die Zukunft gerichtetes Projekt. Die Rahmenhandlung macht klar, dass Rose dem Geist dieses Projekts auch treu geblieben ist. Die Loyalität zu Jack ist also nicht zu steigern. Dagegen ist Roses Konflikt mit ihrem Verlobten groß.

2. »Ratatouille«
Die Beziehung zwischen Linguini und der Köchin Colette wird im Laufe des Films zu einer echten romantischen, allerdings eher zweitrangigen Liebe. Hier herrscht trotz einiger Konflikte am Schluss Loyalität vor.

3. »The Departed«
Der Schilderung von zwei sexuellen Beziehungen mit ein und derselben Frau wird hier viel Zeit gewidmet. Mit großem emotionalem Gewinn! »The Departed« wurde innerhalb seines Genres so erfolgreich, da neben der harten Männerwelt auch Raum für emotionale Zwischentöne bleibt. Während Billy Costigan bereit ist, Madolyn wirklich offen von sich zu erzählen und er bis zum Schluss loyal bleibt, verstrickt sich Colin in Lügen und Scheinwahrheiten. Das führt am Ende dazu, dass sich Madolyn, dem Publikumswunsch entsprechend, nach Billys Tod von Colin abwendet und so ihre Loyalität zu Billy zum Ausdruck bringt.

4. »Little Miss Sunshine«
Die sexuelle Ebene spielt in diesem Film praktisch keine Rolle (höchstens in den Pornoheften des Großvaters und der anrüchigen Choreografie, mit der er sein Enkelkind auf den Wettbewerb vorbereitet).

5. »Das Leben der Anderen«
Die Liebesbeziehung zwischen Dreyman und Sieland ist von echtem Geben und Nehmen geprägt. Darin liegt einer der Schlüsselreize für Wiesler, der diese Beziehung belauscht. Eine solche Intensität von Beziehung kennt er nicht. Sie steht in schneidendem Kontrast zu dem trostlosen Sex, den er sich von einer Prostituierten erkaufen muss.
Allerdings passiert dann später gerade auf dieser Liebesebene auch eine schwere Illoyalität: Christa verrät der Stasi unter Druck das Versteck von Dreymans Schreibmaschine. Die Liebe ist groß – und ihr (letztlich nur eingebildeter) Verrat wiegt so schwer, dass sich die Schauspielerin aus Schuldgefühl das Leben nimmt.

6. »Keinohrhasen«
Das Thema ›Sex‹ wird ungewöhnlich oft und drastisch beschworen. Sowohl Ludo als auch Moritz werden bei heißem Liebesspiel gezeigt. Aber gerade die Bettszene zwischen Ludo und Anna bleibt ausgespart. Denn mehr als ein austauschbares ekstatisches Stöhnen hätte uns dies nicht erzählt. Wichtiger sind die emotionalen Konsequenzen. Die Intensität ihrer Gespräche teilt dem Publikum das mit, was die Protagonisten selbst nicht wahrhaben wollen: Dass sie sich nacheinander verzehren.

7. »Der Rote Baron«
Die Liebesnacht zwischen Manfred und Käte wird direkt im Anschluss an eine Szene gesetzt, in der Richthofen – und damit auch der Zuschauer – die Gräuel des Krieges erstmals ungeschminkt vorgeführt bekommt. Nach dieser schreckerfüllten Szene im Lazarett aber ist beim Publikum die Bereitschaft, unmittelbar danach in romantische Stimmung zu verfallen, besonders gering. Die Liebesbeziehung verfügt also nicht nur über wenig Loyalität, sondern vermag durch diese seltsame Verschränkung von Leid und Sex besonders wenig zu überzeugen.

5) Ungleiche Partnerschaften (Mentoren)

Wenn Menschen aus verschiedenen Kulturkreisen oder unterschiedlichen sozialen Schichten aufeinander treffen, sind die Reibungsflächen größer als bei gleichrangigen Beziehungen. Hier kennt keiner die Spielregeln des andern. Der ›human factor‹ der Auseinandersetzung wird dabei umso wichtiger: Wie gehen die ungleichen Partner miteinander um?

In diese Konstellation gehören alle hierarchischen Beziehungen, wie z. B. die zwischen Lehrer und Schüler, Mentor und Schützling, Herr und Knecht. Auch Menschen und Tiere bilden häufig ungleiche Partnerschaften. In extremen Fällen kann auch die Beziehung zwischen Täter und Opfer so weit gehen, dass eine echte Bindung entsteht. Immer geht es darum, fremde Spielregeln zu lernen und zu respektieren.

Wichtig werden in diesem Zusammenhang auch Fragen der Macht. In der Regel haben ungleiche Partner ungleiche Voraussetzungen. Daher reagiert das Publikum besonders sensibel auf jede Art von Ungleichgewicht – wenn etwa einer der Partner seine Macht einseitig auf Kosten des anderen ausspielt.

Umso wichtiger sind deshalb Toleranz, Neugier, Gegenseitigkeit. Meistens führen Begegnungen zwischen Menschen, die scheinbar durch unüberwindliche Gräben getrennt sind, zu neuen Möglichkeiten, neuer Sensibilität, reicherem Leben. Verrat dagegen wiegt in solchen Fällen besonders schwer, weil er über die Untreue hinaus mit Machtmissbrauch einhergeht.

Beispiele:

1. »Titanic«
Eine ungleiche Bindung ergibt sich zwischen Rose, Jack und der lebenslustigen Molly Brown, die den beiden kurzzeitig behilflich ist. Der Kontakt ist loyal. Darüber hinaus spielt diese Ebene kaum eine Rolle.

2. »Ratatouille«
Zwischen Linguini und Rémy entsteht ein Geben und Nehmen, das an Intensität kaum noch zu steigern ist. Mensch und Ratte könnten aber unterschiedlicher nicht sein: Beide haben ganz andere Fähigkeiten und Voraussetzungen. Der Film lässt sich viel Zeit zu zeigen, wie intensiv beide daran arbeiten, um eine funktionierende Kommunikation herzustellen. Dieses Erlernen einer neuen ›Sprache‹ (Rémy scheint Linguini gleichsam wie ein Puppenspieler zu führen) ist eines der verblüffenden Highlights des Films. Beide haben gleich viel davon: Rémy kann endlich nach Herzenslust kochen, während Linguini in dem Restaurant, wo er eigentlich gemobbt werden soll, endlich Anerkennung findet.

3. »The Departed«
Hier stehen gleich zwei hoch aufgeladene Mentoren-Beziehungen im Mittelpunkt. Zwischen Frank Costello und Billy entspinnt sich eine intensive Beziehung. Doch auch die Bindung zwischen Costello und Colin wird fast zärtlich geschildert – denn eine Rückblende enthüllt, dass Costello Colin bereits als Kind unter seine Fittiche genommen hat. Die Intensität dieser Bindung wird dann im Show-down zum Hauptthema, allerdings unter negativen Vorzeichen. Colin rechnet gnadenlos mit Frank ab. Damit verrät er seinen väterlichen Freund. Loyalität und Illoyalität sind also beide in etwa gleich bedeutsam.

4. »Little Miss Sunshine«
Zwischen Onkel Frank und dem trotzigen Dwayne entsteht eine immer intensivere Beziehung. Beide verstehen sich gut. Frank wird zusehends zum loyalen Mentor von Dwayne.

5. »Das Leben der Anderen«
Wiesler und Dreyman stecken in einer ungleichen Beziehung: Der eine weiß alles über den anderen, umgekehrt aber ahnt dieser nichts davon, dass er belauscht wird. In dieser ungleichen Verteilung liegt zunächst eine große Illoyalität. Dennoch entsteht hier eine intensive Beziehung, die am Ende in einem großartigen Geben und Nehmen kulminiert. Auf dieser Ebene konkurriert also ein schwerer Konflikt mit einer letztlich starken Bindung.

6. »Keinohrhasen«
Die Beziehung zwischen Erziehern und Kindern ist eine ungleiche – aber gerade in diesem Fall eine emotional besonders Ergiebige. Indem sowohl Anna als auch vor allem Ludo sich ihren Schützlingen immer loyal gegenüber verhalten, ist positives Mitgefühl beim Zuschauer garantiert.

7. »Der Rote Baron«
Echte ungleiche Partnerschaften weist dieser Film nicht auf. Man könnte höchstens die Beziehung zwischen Richthofen und dem General (Axel Prahl) so klassifizieren. Indem aber hier gar kein Austausch erkennbar ist, bleibt diese Ebene doch kaum berührt.

6) Feinde

Eine spezielle Form der Beziehung bildet mitunter diejenige zwischen Protagonist und Antagonist eines Films. Sobald sich starke Konflikte zeigen, kommt es vor, dass Menschen eine intensive Beziehung zueinander entwickeln, die nicht unmittelbar auf Austausch beruht. Hier steht vielmehr der Aspekt des Wettbewerbs im Vordergrund: ›Er/sie oder ich‹. Diese Beziehungen können emotional effektiv sein. Die Hassliebe ist ein spannendes Motiv. Und obwohl man hier nicht von Austausch im eigentlichen Sinne reden kann (höchstens von Austausch im negativen Sinn), ist dennoch die Loyalität dabei ein hohes Gut. Auch gegenüber Feinden kann sich ein starkes Maß an Bindung entwickeln – und in der Regel hilft das dem Film.

Bei Feinden kommt es zum Gegenteil von Austausch: zur Verweigerung. Rivalen arbeiten hart daran, dem Gegner NICHTS zukommen zu lassen, ihn von seinen Ressourcen abzuschneiden. Auch diese Anstrengung kann für die Wirkung des Films gewinnbringend sein. Feindschaft ist also nicht gleich Feindschaft: Wenn sie auf einer Art von Bindung beruht, wird sie trotz allem als loyal und emotional reich erlebt, während die kalte Gleichgültigkeit gegenüber dem Feind schwächer wirkt.

Jäger und Gejagte sind daher oft in einer hitzigen Beziehung von gegenseitigem Respekt oder intensiver Wertschätzung miteinander verbunden, die sich dann am Ende leicht zu einer neuen Form von Freundschaft oder Mentorenschaft umwandeln kann. Oder aber aus einer vormals intensiven Freundschaft ist Feindschaft geworden. Entscheidend ist auch hier die Qualität der Bindung.

Beispiele:

1. »Titanic«
Die Beziehung zwischen Roses Verlobtem Cal und ihrem Liebhaber Jack wird gegen Ende des Films zu einer besessenen Feindschaft, zumindest von Seiten Cals. Er lässt nicht locker und versucht sogar noch, Jack zu schaden, als er Rose längst verloren hat. Allerdings wird dieser Hass von Jack nicht erwidert, wodurch diese Beziehung nicht allzu bestimmend wirkt.

2. »Ratatouille«
Zwar existiert hier mit Skinner, dem betrügerischen Restaurant-Chef, ein Antagonist. Aber die Beziehung zwischen ihm und Linguini wird nur vorübergehend zu einer wirklichen emotional aufgeladenen Feindschaft.

3. »The Departed«
Handlungsbestimmend ist die Beziehung zwischen Colin und Billy. Sie wissen nicht, WER der jeweils andere Maulwurf ist, aber sie ahnen, dass etwas nicht stimmt. Nur die Zuschauer stellen diese Beziehung her und erleben sie stark und emotional hoch aufgeladen.

4. »Little Miss Sunshine«
Echte Feindschaften existieren nicht. Allerdings gibt es Larry Sugarman, Richards (angeblichen) Verleger, auf den er alle Hoffnungen setzt, und der sich als Zyniker herausstellt. Diese einseitig illoyale Bindung wirkt für Richard besonders demütigend und verleiht dem Film zusätzliche Spannung.

5. »Das Leben der Anderen«
Aus der Freundschaft zwischen Wiesler und seinem Vorgesetzten Gubitz wird im Lauf des Films eine Feindschaft. Die anfangs hohe Loyalität entwickelt sich in ihr Gegenteil. Gubitz' Enttäuschung über den Verrat ist groß, was sich in Wieslers harter Degradierung niederschlägt.

6. »Keinohrhasen«
Echte Feinde haben Ludo und Anna kaum. Allerdings gibt es einen widerlichen Taxifahrer, der am Ende abgestraft wird. Mehr als ein kleiner Gag ist das allerdings nicht.

7. »Der Rote Baron«
Die Beziehung zwischen Richthofen und Roy Brown ist intensiv gestaltet. Beide sind Feinde, und am Ende wird Brown den Deutschen töten. Dennoch wird die Beziehung mehr wie eine sportliche Rivalität unter fairen Gegnern behandelt. Dadurch entsteht hier eine positive emotionale Wirkung – vor allem wenn am Ende des Films Brown Richthofen die letzte Ehre erweist.

§ 10 B Indirekte Bindungen

In einigen Fällen werden Bindungen nicht durch konkrete Interaktion mit anderen Figuren deutlich, sondern nur indirekt, also über Spiegelungen und Symbolisierungen. Es gibt in diesem Fall kein konkretes figürliches Gegenüber, und insofern kann man hier nicht von Austausch sprechen.

Das bedeutet aber nicht, dass diese Bindungen weniger wichtig sind. Auch auf diesen Ebenen ist es entscheidend, ob man auf Loyalität oder Illoyalität stößt. Denn auch gegenüber symbolischen Vermittlungen von Abwesenden oder von Ideen kann man sich respektvoll oder respektlos verhalten.

1) Verstorbene

Häufiger als man zunächst annehmen möchte, spielen in Filmen Tote eine Rolle. Der Rückbezug auf Menschen, die nicht mehr unter den Lebenden weilen, entwickelt eine hohe emotionale Qualität.

Hier ist zwar kein direkter Austausch mehr möglich. Trotzdem kann man Verstorbenen gegenüber loyal oder illoyal sein. Wenn also z. B. Kinder dem Lebensideal ihrer Eltern oder Großeltern treu bleiben, erhöht diese Treue eventuell die Wirkung. Daher spielt der Rückbezug auf Verstorbene bei vielen berühmten Filmen eine große Rolle.

Die Bindung an Verstorbene erinnert den Zuschauer zudem an die eigene Sterblichkeit. Indem dieser Gedanke mit starken Emotionen einhergeht, kann diese Bindungsebene unter Umständen wirkungsvoll eingesetzt werden.

Beispiele:

1. »Titanic«
In der Szene, in der Rose von ihrem Selbstmordversuch abgehalten wird, bezieht sich Jack auf seinen verstorbenen Vater. Er trifft dabei unbewusst auf Roses emotional empfindlichsten Punkt, denn auch sie vermisst ihren toten Vater.
Deutlicher noch ist allerdings das hohe Maß an Loyalität, das Rose bis zum Lebensende ihrem verstorbenen Geliebten bezeugt. Die Szene, in der sie dem längst verstorbenen Geliebten den Diamanten opfert, gehört sicherlich zum emotional Wirksamsten des ganzen Films.

2. »Ratatouille«
Für Rémy ist der verstorbene Meisterkoch Gusteau ein vertrauenswürdiger Mentor. Obwohl er nicht mehr lebt, verselbstständigt sich das Bild des Meisters und spricht zu Rémy. Diese Beziehung ist handlungswirksam und führt fast durch den gesamten Film. Die Bindung an einen Toten hat hier einen hohen Stellenwert.

3. »The Departed«
Nach Billys Tod erweist seine Geliebte Madolyn ihm an seinem Grab die letzte Ehre. Ihm zuliebe wendet sie sich von Colin ab. Diese Geste hat eine hohe emotionale Qualität und entspricht der Wunschvorstellung des Publikums.

4. »Little Miss Sunshine«
Im Verlauf des Films stirbt der Großvater. Aber für die Familie ist er eben nicht ›gestorben‹. Und wenn am Ende Richard zu Olive sagt, ihr Opa wäre stolz auf sie gewesen, wirkt dieser Rückbezug auf den Verstorbenen besonders stark.

5. »Das Leben der Anderen«
Aus Respekt vor dem durch Selbstmord verstorbenen Regisseur Jerska nimmt sich Dreyman vor, einen Artikel über Selbstmörder in der DDR zu schreiben. Dies ist ein Ausdruck großer Loyalität.

6. »Keinohrhasen«
Diese Bindungsebene spielt keine Rolle.

7. »Der Rote Baron«
Der Film beginnt mit einem waghalsigen Manöver, bei dem Richthofen und seine Freunde gefallenen Feinden die Ehre erweisen. Alle diese Freunde von Richthofen sterben früher oder später in dem Film. Der Rückbezug auf sie führt sicherlich zu emotionalen Reaktionen beim Zuschauer. Am Ende betrauert Käte gemeinsam mit Roy Brown, Richthofens Gegner, den gefallenen Flieger. Auch in dieser Szene vermag der Film durchaus zu berühren.

2) Ideelle Bindungen

Menschen streben nicht nur nach Zugehörigkeit zu anderen, sondern auch nach abstrakten Werten, Ideen und religiösen Idealen, die enorme Sogwirkungen entwickeln können. Wenn man Figuren eines Films daher als z.B. dynamische, zielorientierte, leidenschaftlich für Ideale glühende Wesen kennenlernt, bekommt die Geschichte ein emotionales Gewicht.

Wissenschaft, Kunst und Religion wenden sich immer an viele Menschen und haben daher auch potenziell einen großen sozialen Stellenwert: Wer Meisterwerke malt oder herausragende Musikstücke komponiert, wissenschaftliche Entdeckungen macht oder religiös Bedeutendes leistet, der tut das für die ganze Menschheit. Entsprechend hoch stehen diese Werte im Kurs.

Insofern sind viele Geschichten von einer ideellen Ebene mitbestimmt, die leicht für verstärkte Publikumsresonanz sorgen kann. Ein Theaterstück wie »Romeo und Julia« oder ein musikalisches Werk wie Mozarts »Requiem« haben sich seit Hunderten von Jahren auf das Erleben von Millionen ausgewirkt. Daher geht von diesen Leistungen, wenn sie filmisch erzählt werden, eine Aura aus, die das Erleben des Publikums erheblich zu steigern vermag.

Beispiele:

1. »Titanic«
Selbst wenn Zuschauer nur eine vage Vorstellung von Kubismus oder Psychoanalyse haben (Begriffe, die für Rose und Jack wichtig sind): Jedem im Publikum wird sofort vermittelt, dass die Liebenden für eine Idee des Fortschritts und der kulturellen Weiterentwicklung brennen. Beide sind an Ideale gebunden. Dadurch entsteht beim Zuschauer das Gefühl, dass sie etwas Wichtiges zu teilen haben.

2. »Ratatouille«
Die ideelle Ebene des Kochens und des Genusses ist hier an Bedeutung kaum noch zu überbieten.

3. »The Departed«
Ideelle Bindungen spielen hier keine Rolle.

4. »Little Miss Sunshine«
Mit Ausnahme der Mutter hat jedes Mitglied der Familie eine starke ideelle Bindung. Richard glaubt felsenfest an sein 9-Stufen-Programm; Frank ist der größte Spezialist für Marcel Proust; Dwayne hat wegen Friedrich Nietzsche aufgehört, mit der Welt zu kommunizieren; Olive will unbedingt Schönheitskönigin werden und ihr Opa arbeitet mit ihr an der Choreographie. Diese intensive innere Gebundenheit an bestimmte Ideen bringt diese wenig harmonische Familie im Lauf des Films immer mehr zum Leuchten.

5. »Das Leben der Anderen«
Dreyman kämpft zum einen um eine humanistische Weltsicht in seinen Theaterstücken, zum anderen um einen Artikel, den er im Westen veröffentlichen will; sein Freund Jerska schenkt ihm eine musikalische Partitur, die »Sonate vom guten Menschen«. Beim Mithören dieses Stückes erlebt der Stasi-Offizier Wiesler zum ersten Mal, dass es jenseits des Staatsdienstes auch höhere Werte geben kann. Diesem Moment kommt eine Schlüsselrolle im Film zu.

6. »Keinohrhasen«
Wenn am Ende des Films das Motiv ›Kindertheater‹ eine wichtige Rolle spielt, so schwingen auch dort ideelle Bindungen mit. Sie helfen den Zuschauern, die Figuren als interessierte und sozial engagierte Menschen kennenzulernen.

7. »Der Rote Baron«
Richthofen hängt der Idee einer ›sportlichen‹ Kriegsführung an – und insofern wird hier eine ideelle Bindung spürbar. Doch diese Ideen sind undurchführbar, Richthofen scheitert damit auf ganzer Linie. Insofern vermag hier diese Ebene der ideellen Bindung emotional wenig zu überzeugen.

3) Staat und Gesetz

Jeder Mensch wird als Bürger eines Staates geboren und unterliegt, zumindest auf dem Papier, dessen Gesetzen. Es ist kaum möglich, sich dieser Ordnung zu entziehen. Allerdings kann man gegen sie kämpfen, rebellieren oder einfach versuchen, sie zu ignorieren.

Wie solche Aktionen vom Publikum aufgenommen werden, hängt davon ab, ob die Gesetze dem unbeteiligten Beobachter gerecht erscheinen oder nicht. Dabei ist ›Gerechtigkeit‹ an sich ein utopischer Begriff, der sich der Objektivität entzieht. Trotzdem entsteht bei entsprechender Szenenführung im Zuschauer eine mehr oder weniger klare Vorstellung davon, wie der Ausgleich der verschiedenen Interessen auszusehen hat. Das Gesetz ist nur dann eine positive Größe, wenn es dem inneren Bild von Ausgleich entspricht: Polizisten z.B., die eine Diktatur vertreten, werden anders wahrgenommen als solche, die sich um Aufklärung von Verbrechen bemühen. Rechtsanwälte können illegal handeln und dennoch dem Wunschdenken des Publikums entsprechen, wenn es um ein höheres Gut geht.

Insofern gibt es in Bezug auf das Gesetz drei Möglichkeiten:

a) Die Geschichte spielt sich in einem Rahmen ab, der nie mit legalen Fragen kollidiert. Dann bleibt diese Bindungsebene unberührt.
b) Oder das Gesetz ist gerecht, und Verbrecher werden gejagt;
c) Oder das Gesetz ist ungerecht, und seine Vertreter verdienen Verfolgung.

Gesetz und Gerechtigkeit stehen in einem Spannungsverhältnis, das vom Autor ständig verändert, manipuliert und gesteuert werden kann: Ist der Polizist ›gut‹, ist es das Gesetz auch. Ist das Verbrechen ›böse‹ (wird also die Empathie für die Opfer geweckt), wirkt der Vertreter der Staatsmacht zunächst automatisch positiv. Es kommt auch vor, dass das Gesetz aus Publikumssicht ›gerecht‹ wirkt, aber der einzelne Vertreter korrupt ist.

Das unmittelbare Erleben der Empathie steht immer an erster Stelle. Die Buchstabentreue gegenüber dem Gesetz an sich hingegen bleibt abstrakt und unwesentlich.

Das beispielhafte Genre der Bindung an Gesetz und Staat ist der Polizei/Cop/Kriminalfilm. Polizisten haben einen speziellen Status, der ihre Emotionalität mit bestimmt: Hinter ihnen steht die Macht des Staates und der Gesetze. Das führt zu einem anderen Anspruch an Verantwortung und definiert ihre soziale Energie.

Entscheidend ist hier die Perspektive, aus der man auf den Staat und seine Organe blickt: entweder als Jäger oder als Gejagter.

Beispiele:

1. »Titanic«
Nach der Havarie mit dem Eisberg treten auf dem Schiff rein juristisch jene Gesetze in Kraft, die für solche Fälle vorgesehen sind: ›Rettung von Frauen und Kindern zuerst‹. Dies gilt ohne Rücksicht auf Klassenzugehörigkeit. Allerdings tritt dieses Gesetz nicht in Kraft, weil dennoch die reichen Passagiere bevorzugt werden. Gerecht wäre es, wenn alle Frauen und Kinder ohne Rücksicht auf ihren Stand gleich behandelt würden. Indem dies nicht passiert, entsteht im Publikum eine Empörung, die die Wirkung der Katastrophe erhöht.

2. »Ratatouille«
Am Ende schreiten die Gesundheitsbehörden ein, um das Restaurant, das von Millionen von Ratten geführt wird, zu schließen. Der Kampf gegen diese Behörden nimmt einen beträchtlichen Raum ein. Insgesamt wird hier die Exekutive zwar nicht als korrupt gezeichnet (man kann ja theoretisch gut verstehen, dass ein Restaurant, in dem sich Ratten tummeln, geschlossen werden muss!). Dennoch gehören hier die Vertreter von Staat und Gesetz zu den antagonistischen Kräften, die Konflikte schaffen, anstatt sie zu lösen.

3. »The Departed«
Der Kampf zwischen Gesetz und Gesetzlosigkeit ist das zentrale Thema. Aber die Umgangsformen in beiden Bereichen sind nur minimal verschieden. Trotzdem dürfte sich die Parteinahme der meisten Zuschauer mit der Zeit auf die Seite des Gesetzes neigen, weil das Treiben von Costello trotz seines Charmes als zunehmend anmaßend und negativ erlebt wird. Am Ende wirken die Vertreter von Staat und Gesetz trotz aller Einschränkungen deutlich loyaler.

4. »Little Miss Sunshine«
Unvergesslich ist die Konfrontation der Familie Hoover mit einem Verkehrspolizisten. Da die Familie die Leiche des Großvaters im Kofferraum transportiert, schwant dem Publikum nicht Gutes. Durch eine Verkettung von komischen Zufäl-

len allerdings geht der Kelch einer sicheren Verhaftung an den Hoovers vorüber. Diese Szene allein sichert dem Film hohe Sympathiewerte.

5. »Das Leben der Anderen«
Der Film ist ein Musterbeispiel dafür, wie staatliche Gesetze auch als heillos ungerecht erleben werden können. Der Stasi-Apparat der DDR handelt theoretisch gesetzeskonform – und ist doch für jeden Zuschauer erkennbar, dass diese Gesetze unmenschlich sind. Hier werden daher die Gesetzesbrecher als ›gut‹ eingestuft und die Gesetzeshüter als ›schlecht‹.

6. »Keinohrhasen«
Die juristische Ebene wird handlungsbestimmend, sobald Ludo durch ein Gerichtsurteil zum Sozialdienst gezwungen wird. Dieses Urteil ist gerecht – er hat es nicht anders verdient. Indem er sich allerdings streng an die Auflagen hält, handelt Ludo dem Gesetz gegenüber loyal.

7. »Der Rote Baron«
Im Falle eines Krieges herrschen andere Gesetze als zu Friedenszeiten. Die Legitimation des Krieges wird in diesem Film immer wieder diskutiert. Aber zu eigentlichen juristischen Konsequenzen führt das nie. Insofern bleibt diese Ebene unberührt.

4) Gegenstände

Ab und zu kommt es vor, dass einzelne Dinge oder Gegenstände so wichtig werden, dass ihnen eine emotionale Qualität zukommt. Am häufigsten geschieht dies bei Fotos, die an abwesende (oft auch tote) Menschen erinnern. Oder ein Gegenstand erhält so die Aura desjenigen, der ihn einst besessen hatte oder für den er von Wichtigkeit war. Man spricht hier von ›sozialer Aufladung‹.

Es gibt filmgeschichtlich berühmte Fälle, die dies belegen: So etwa in »Citizen Kane« die Bindung des jungen Charles Foster Kane an seinen Schlitten, der am Ende des Films verbrannt wird und sich so das Rätsel um den Begriff ›Rosebud‹ auflöst. Legendär wurde auch der Monolith im Film »2001 – Odyssee im Weltall«, oder die ungewöhnlich lange Rede, mit der in »Pulp Fiction« eine Armbanduhr sozial aufgeladen wird – was erst die gesamte Handlung in Gang setzt. Materielle Gegenstände können also effektive Stellvertreter für abwesende Menschen bzw. Figuren sein und entsprechend starke Wirkung beim Zuschauer erzielen.

Beispiele:

1. »Titanic«
Hier ist es der wertvolle Edelstein, der in der Rahmenhandlung mit einer scheinbar wertlosen Zeichnung konkurriert. Die Zeichnung erinnert an Jack und die glücklichen Zeiten, die er mit Rose geteilt hat. Trotz seines hohen materiellen Werts ist nicht der Stein für den Zuschauer von emotionaler Bedeutung, sondern die Zeichnung.
Eine wichtige Rolle spielen aber auch die Fotos, die indirekt zeigen, wie lebendig und erfüllt das Leben von Rose nach dem Untergang der Titanic noch war.

2. »Ratatouille«
Sozial aufgeladene Gegenstände spielen hier kaum eine Rolle.

3. »The Departed«
Echte soziale Aufladung von Dingen fehlt. Allerdings sind Mobiltelefone handlungswirksam: Wenn am Ende des Films das Handy eines Mannes klingelt, der zuvor ermordet wurde, stellt sich an diesem Punkt durchaus eine schaurige emotionale Wirkung ein.

4. »Little Miss Sunshine«
Der defekte VW-Bus der Familie ist ein Musterbeispiel für soziale Aufladung. Das Gefährt wird zur Metapher für die defekte, aber dennoch notwendige Familienbindung. Der Bus, der sich nur mit gemeinsamer Anstrengung zum Starten bringen lässt, übernimmt fast die Rolle eines stummen Akteurs.

5. »Das Leben der Anderen«
Hier spielt eine Schreibmaschine mit rotem Farbband eine große Rolle. Wenn diese am Ende der Filmhandlung nicht an dem Ort ist, an dem die Stasi-Leute sie suchen, ist deren Fehlen ein Moment großer emotionaler Zustimmung. Auch ist ganz am Schluss des Films ein Fingerabdruck aufgrund des roten Farbbands ein freundschaftliches Signal, das Wiesler Dreyman hinterlässt. Es wird hier also über den Umweg von Gegenständen emotional wirksam kommuniziert.

6. »Keinohrhasen«
Das titelgebende Stofftier ist ursprünglich nur ein verunglückter Bastelversuch von Ludo. Doch später im Film wird es zu einem Gegenstand, der die Liebe von Anna zu Ludo repräsentiert: Man sieht, wie sie mit dem Kuscheltier einschläft. Wenn anschließend Ludo einen Versöhnungsversuch unternimmt, wirbt er gerade mit dem Keinohrhasen um ihre Gunst. Dieser Gegenstand ist also stark aufgeladen.

7. »Der Rote Baron«
In diesem Film spielt die rote Farbe, mit der Richthofen seine Maschine streichen lässt, eine gewisse Rolle. Es gibt aber keine Szene, in der dieses Motiv weitergeführt und zu emotionaler Wirkung geführt würde. Wichtiger noch ist ein Schal, den Richthofen einem verwundeten Flieger abnimmt, und über den er mit seiner Geliebten Käte in Kontakt kommt. Hier ist allerdings durchaus eine Art von emotionaler Qualität spürbar.

5) Geld

Im täglichen Leben geht es oft ums Geld. Im Bereich filmischen Erzählens ist das anders. Häufig bleiben finanzielle Aspekte des Storytellings eher ausgespart. Zwar ist Gier ein beliebtes Motiv und die Schilderung von Reichtum und Luxus aus vielerlei Gründen attraktiv. Diese Gründe gehören aber in den Bereich der sinnlichen Erregung (schwelgerischer Luxus im Bild ist ein ästhetischer Faktor), oder aber es wird die Neugier der Zuschauer befriedigt.

Hinsichtlich sozial bedingter Emotion ist die Frage, wer am Ende viel Geld bekommt und wer nicht, oft von untergeordneter Bedeutung. Tragender sind zwischenmenschliche Konflikte, für die Geld eher der Aufhänger als die innerste Triebfeder ist.

Geld hat einen abstrakten Wert. Es ist nur eine zukünftige Verheißung: Wer es hat, wird es ausgeben können (oder auch nicht). Dieses Moment des Verborgenen, des Zukünftigen macht es für die Arbeit im Film wenig attraktiv. Sozial gesehen ist Geld passiv, latent, unsinnlich. Solange wir nicht sehen, was Menschen mit ihrem Vermögen anstellen, bleibt es eine virtuelle Größe.

Der Aspekt der Käuflichkeit gehört darüber hinaus in den Bereich des Betrugs und ist daher negativ besetzt. Reiche können sich Zugehörigkeit erkaufen. Nicht, weil sie menschliche Zuwendung zeigen, sondern weil sie es sich leisten können. So kann Geld ein Moment der Täuschung in sich bergen: Wer es hat, braucht nicht authentisch zu sein. Wenn Geld in einer Geschichte eine Rolle spielt, dann ist häufig auch ein Gefühl von Käuflichkeit, Erpressung, Bestechung mit im Spiel.

Für die Zuschauer wird der finanzielle Vorteil für Figuren erst dann positiv besetzt, wenn vermittelt wurde, wofür das Geld konkret gebraucht wird. Erst sobald sich zeigt, dass das Geld für jemand wichtig ist (wie etwa in »Lola rennt«), dann bekommt die Jagd nach materiellen Werten ihren emotionalen Sinn.

Beispiele:

1. »Titanic«
Cal will seine Verlobte mit dem Diamanten sowohl ›kaufen‹ als auch mundtot machen. Deshalb erlebt man es zwar als dramatisch, aber nicht unbedingt negativ, wenn der Diamant am Ende der Handlung im Meer versinkt. Der Diamant ist zwar materiell kostbar, aber emotional nicht so wertvoll wie die Zeichnungen, die uns an Jack erinnern.

2. »Ratatouille«
Gier spielt hier eine große, negative Rolle: Der Restaurantchef Skinner versucht, Linguini, den rechtmäßigen Erben, um dessen Besitz zu bringen. Dieses Motiv gehört natürlich zum Thema ›Geben und Nehmen‹ und bietet gute Voraussetzungen, um als Zuschauer emotional Partei zu ergreifen. Aber das Geld im eigentlichen Sinn ist in diesem Film unbedeutend.

3. »The Departed«
Im Krimi geht es traditionell oft ums Geld. Aber auch hier bleiben die Reichtümer abstrakt und für die Handlung eher unwichtig. Unterm Strich sind die zwischenmenschlichen Verhältnisse wichtiger als die materiellen Transaktionen.

4. »Little Miss Sunshine«
Die Hoovers haben erkennbar wenig Geld. Doch thematisiert wird dies nie. Zwar spielen die Versuche von Richard, einen Buchvertrag zu bekommen, eine große Rolle. Doch dabei geht es mehr um Zugehörigkeit und Anerkennung als um Geld.

5. »Das Leben der Anderen«
Finanzielle Erwägungen spielen hier überhaupt keine Rolle.

6. »Keinohrhasen«
Geld ist hier eine reine Nebensache. Ludo verdient offenbar gut, und man kann so sein luxuriöses Leben gut ins Bild setzen. Aber konkrete finanzielle Themen bleiben außen vor.

7. »Der Rote Baron«
Auch hier spielt Geld keine Rolle.

6) Universelle Werte und Moral

Universelle Werte und Prinzipien des Menschseins sind in unserem Kulturraum durch die zehn Gebote formuliert. In anderen Kulturen gibt es vergleichbare Regelwerke. Generell gilt dabei: Das Leben selbst ist das höchste Gut. Wo immer Menschen körperlich verletzt oder gefährdet werden, ist dies ein Verstoß gegen eine universelle Moral. Prinzipiell ist Leben zu schützen. In allen Gesetzen und Kulturen der Welt hat diese Regel – bis auf Widerruf – Gültigkeit. Verletzte haben ein Anrecht auf Hilfe. Das Leben muss weitergehen. Daher heißt es in Notfällen auch immer: Kinder und Frauen zuerst.

Man mag einwenden, dass diese Gesetze auch oft im großen Stil gebrochen werden, etwa in Diktaturen oder im Falle eines Krieges. Doch selbst Diktaturen und kriegführende Parteien gehorchen in ihrer inneren Hierarchie den obigen Prinzipien. Das Leben im inneren Kreis der Macht verlangt generell dieselbe Einhaltung der Regeln des Zusammenlebens. Es kann sein, dass es einigen wenigen Mächtigen gelingt, sie zu brechen. Trotzdem bleiben sie für die Mehrheit verbindlich.

Sobald allerdings gewalttätige Konflikte ins Spiel kommen, tritt eine andere Ebene in Kraft: das KRIEGSRECHT. Wenn im Film Krieg oder Bürgerkrieg thematisiert werden, sind die Regeln dem Publikum vertraut: Verletzt und getötet werden ›dürfen‹ Menschen erst dann, wenn sie Vertreter der kriegsführenden Partei, also Soldaten sind.

In Filmen stehen solche Fragen, die das Zusammenleben der Menschheit insgesamt betreffen, oft im Raum. Themen wie Völkerverständigung oder ökologische Probleme haben einen hohen emotionalen Stellenwert. Aber auch Komplexe wie der Umgang mit Behinderten, Abtreibung, Organverpflanzungen, Gentechnologie sind dieser Ebene zuzurechnen, auf der Grundbedingungen des Lebens behandelt werden. Noch dringlicher ist die Frage nach dem Fortbestand der Menschheit bei Naturkatastrophen oder allgemein Bedrohungen für breite Bevölkerungsschichten. Solche Themen haben einen großen Anteil an ›human factor‹ und wirken emotional erregend.

Beispiele:

1. »Titanic«
Der Versuch, die Gefahren und Mächte der Natur völlig zu beherrschen, gilt als menschliche Anmaßung. Daher verstößt der Schiffseigentümer auch gegen Grenzen der Menschheit, indem er sich brüstet, ein unsinkbares Schiff in Auftrag gegeben zu haben.

Nach der Kollision mit dem Eisberg rückt ein anderes Thema in den Vordergrund: Welches Menschenleben ist rettenswert, welches nicht? Die emotionale Beteiligung bei solchen Fragen ist immens. Indem auch hier Unrecht geschieht, werden die universellen Werte in diesem Film eher verletzt als respektiert – was sich emotional beim Zuschauer erheblich auswirkt.

2. »Ratatouille«
Eigentlich moralische Werte kommen nicht zur Sprache. Allerdings wird die menschliche Rasse aus dem Blickwinkel von Ratten reflektiert. Rémy kann den menschlichen Wesen etwas abgewinnen. Da wir Zuschauer selbst Menschen sind, hat diese Wertschätzung auch eine emotional positive Qualität.

3. »The Departed«
Das organisierte Verbrechen ist aus Zuschauersicht wie eine Krankheit, die die Gesellschaft von innen her auffrisst. Man interessiert sich also dafür, ob man diesem gefährlichen System Herr werden kann oder nicht. Die Antwort fällt recht negativ aus. Aber dass es Leute wie Billy gibt, die sich der Bekämpfung der Mafia mit Leib und Seele hingeben und dafür sterben, ist gleichwohl ein moralisch positives Zeichen von Loyalität gegenüber universellen Werten.

4. »Little Miss Sunshine«
Allgemeine Menschheitswerte stehen hier nicht zur Debatte.

5. »Das Leben der Anderen«
Es wird demonstriert, dass in der DDR massiv Grundwerte verletzt wurden. Schon in den ersten Szenen des Films werden die Foltermethoden systematisch gezeigt. Aus der Illoyalität dieses Staatssystems gegenüber Grundfragen der Moral zieht dieser Film seine Spannung. Gleichzeitig macht er Hoffnung: Es gibt auch in Unrechtssystemen immer wieder Einzelne, die sich der Menschlichkeit verschreiben.

6. »Keinohrhasen«
Der Sensationsjournalismus ist keine Katastrophe, die die Welt in den Abgrund stürzen wird. Trotzdem wird spürbar, wie zynisch sich Ludo und Moritz zu Beginn der Handlung in ihrer Welt bewegen. Diesen Mangel an Moral legen beide im Verlauf der Handlung ab. Insofern werden hier relevante Wertefragen angeschnitten.

7. »Der Rote Baron«
Die Krankenschwester Käte hebt immer wieder darauf ab, dass im Krieg die Humanität mit Füßen getreten wird. Das Publikum gibt Käte Recht. Richthofen muss einsehen, dass sein Ideal des sportlich-fairen Luftkampfs eine Illusion war. Aber

eine Konsequenz daraus ergibt sich nicht. Richthofen ändert nichts an seinem Verhalten und seinem kriegerischen Engagement, und so bleibt die Unmenschlichkeit des Kriegs als unaufgelöste Dissonanz im Raum stehen.

FAZIT ZU § 10

- **Es existieren folgende mögliche Ebenen der DIREKTEN Bindung:**

  an Familien
  an Freundschaften
  an Gruppen
  an sexuelle Partnerschaften
  an ungleiche Partnerschaften
  an Feinde

- **Es existieren aber auch folgende mögliche Ebenen der INDIREKTEN Bindung:**

  an Verstorbene
  an Ideen und ideelle Werte
  an Staat und Gesetz
  an Gegenstände
  an Geld
  an universelle Werte und Moral

- **Je mehr Ebenen bespielt werden, desto größer ist die Wahrscheinlichkeit einer starken emotionalen Reaktion.**

- **Auf jeder Ebene ergibt sich ein Verhältnis zwischen Loyalität und Illoyalität. Während Erstere dem Publikumswunsch entspricht, ist Letztere als konflikthafte Kraft handlungswirksam.**

- **In der Summe aller Bindungsebenen sollte daher die Loyalität gegenüber der Illoyalität überwiegen.**

§ 11 Treue zu sich selbst

Das Leben in der Gemeinschaft verläuft zwischen zwei Polen. Auf der einen Seite steht die Gesellschaft im weitesten Sinn. Sie übt Druck oder Sog auf den Einzelnen aus, sie zwingt ihn zu Loyalität oder Verrat. Das vorige Kapitel hat die diversen möglichen Spielarten ausgearbeitet, in denen der einzelne Mensch Ansprüchen von anderen ausgesetzt ist.

Auf der anderen Seite aber steht das Individuum mit seinem ureigensten Befinden. Es ist allein dem eigenen Wohlergehen, den eigenen Zielen und Visionen verpflichtet. Denn vor und neben anderen Bindungen hat jeder Mensch einen Bezug zu sich selbst. Alle Kräfte der Bindungsebenen richten sich auf ein Subjekt, ein ›Ich‹. Sie werden dort aufgefangen wie die Speichen eines Rades in der Nabe. Die Treue zu sich selbst bildet also das große Gegengewicht gegen alle Bindungen und Anforderungen der sozialen Umwelt.

In diesem Kapitel steht somit auch der Protagonist selbst im Vordergrund. Die Verpflichtung des Einzelnen gegenüber dem eigenen Wohl bildet das Gegengewicht zu allen anderen sozialen Faktoren. Die Selbstbehauptung ist im Leben genauso wichtig wie die Loyalität gegenüber anderen. Wer sich vollständig den Ansprüchen anderer beugt, ist verloren. Daher ist Treue zu sich selbst ein hohes Gut.

Sogar das Übermaß an Treue zu sich selbst kann vorübergehend attraktiv wirken. Es kommt vor, dass eine Figur zunächst attraktiv und sympathisch wirkt, obwohl sie objektiv betrachtet anmaßend oder ›böse‹ ist (man erinnere sich an Jack Nicholson in »Besser geht‘s nicht«!). Dies ist dann der Fall, wenn diese Figur wenigstens sich selbst treu bleibt und ihre Interessen durchsetzt. In jedem Menschen lebt der mehr oder weniger verborgene Wunsch, einmal Klartext zu reden und nach Herzenslust anmaßend zu sein. Wer das schafft, braucht Mut. Er kann sich folglich vorübergehend des Respekts seiner Mitmenschen sicher sein (nicht unbedingt aber ihrer Zustimmung).

Die oft beobachtete schaurig schöne Attraktivität des Bösen hat hier ihre Wurzeln. Sie verkörpert die verborgene Lust am Ungebärdigen und Unbeugsamen gegenüber der Gesellschaft.

Die Überbetonung der Bindung an sich selbst aber wird im Lauf der Zeit leicht zum Egoismus, der dann auf Ablehnung stößt. Deshalb stoßen solche Figuren erzählerisch schnell an die Grenzen des sozialen Widerstands. Dann müssen sie sich entweder ändern oder mit Konsequenzen rechnen.

Ein guter Ausgleich, die richtige Mitte zwischen dem ›Ich‹ und den ›Anderen‹ ist erst dann erreicht, wenn beide Interessen zu ihrem Recht kommen. Dazu bedarf es einer starken Selbstbehauptung des Protagonisten als auch der starken Loyalität gegenüber anderen. Viele kraftvolle Geschichten kreisen um diesen Ausgleich.

So findet man im Wesentlichen drei Möglichkeiten im Umgang mit dem Thema:
a) Entweder der Figur mangelt es an Treue zu sich selbst. Dann muss sie versuchen, mehr Rückgrat zu entwickeln.
b) Oder die Figur hat zuviel davon – wer zu sehr auf sich selbst hört, wird anmaßend und egoistisch.
c) Je ausgeglichener aber Figuren das Verhältnis zwischen Eigeninteressen und Ansprüchen anderer austarieren, desto höher steigt die Figur in der Publikumsgunst.

FAZIT

- **Als Gegenkraft zum Druck, den andere Bindungen ausüben, sollten Figuren sich selbst treu sein. Andernfalls werden sie von den Ansprüchen anderer erdrückt und wirken willenlos oder fremdbestimmt.**

- **Wer allerdings zu sehr auf sich selbst orientiert lebt, gerät auf die Seite des Egoismus und der Anmaßung. Das mag auch bei einer Figur vorübergehend attraktiv wirken – sollte aber auf die Dauer nicht so bleiben.**

- **Idealerweise steht auch bei Figuren die Treue zu sich selbst in einem Gleichgewicht mit den Ansprüchen anderer.**

Beispiele:

1. »Titanic«
Rose gibt zu Beginn des Films den Glauben an sich selbst auf. Sie will sich ins Meer stürzen. Sie leidet unter einem Mangel an Treue zu sich selbst. Erst im Kontakt mit Jack findet sie Selbstvertrauen. Dass sie sich dieses daraufhin bewahrt, wird erkennbar, wenn man sie im Alter von 101 Jahren in der Rahmenhandlung sieht.

2. »Ratatouille«
Die Figur des Linguini ist eher mit schwachem Selbstvertrauen ausgestattet. Im Verlauf der Handlung lernt er durch die Unterstützung von Rémy, sich gegen die Widerstände von Seiten der Köche durchzusetzen.

3. »The Departed«
Der Mafia-Pate Frank Costello führt ein Leben, das auf niemanden Rücksicht zu nehmen braucht. Ein Stück weit geht davon eine große Attraktion aus. Dennoch wird seine rücksichtslose und selbstherrliche Art zunehmend unerträglich. Entsprechend rennt Costello in den Untergang.

Allen anderen Figuren aber ist die Treue zu sich selbst verwehrt. Sie sind vollständig dem Gruppendruck unterworfen.

4. »Little Miss Sunshine«
Anfangs haben fast alle Figuren zu viel Treue zu sich selbst: Jeder folgt seinen eigenen fixen Ideen. Im Verlauf der Handlung muss jeder ein Stück seiner fixen Ideen aufgeben, um zur Kooperation zu finden. Am deutlichsten zeigt sich das in der Szene, in der Dwayne erfahren muss, dass er farbenblind ist und nicht zur Luftwaffe kann. In diesem Augenblick will er nichts mehr mit der Familie zu tun haben. Nur seiner Schwester zuliebe lässt er sich umstimmen, doch weiter zu fahren. Er gibt die Treue zu sich selbst ein Stück weit auf und opfert sie dem Gemeinschaftsgefühl.

5. »Das Leben der Anderen«
Gerd Wiesler ist zu Beginn ein kleines Rädchen im Stasi-Räderwerk ohne jede persönliche eigene Note. Doch je länger der Film dauert, desto intensiver erlebt man mit, wie er allmählich zu sich selbst findet.

6. »Keinohrhasen«
Anna fehlt es zunächst an Durchsetzungskraft. Der Zuschauer findet jedoch zunehmend Gefallen daran mitzuerleben, wie sie ihre Zurückhaltung aufgibt und lernt, ihre Interessen durchzusetzen.

7. »Der Rote Baron«
Manfred v. Richthofen hat kein Problem mit der Treue zu sich selbst. An Ich-Bezogenheit mangelt es ihm nicht. Es gibt aber auch niemanden, mit dem er deswegen in Konflikt geraten würde. Insofern steht ein Konflikt zu diesem Thema gar nicht zur Debatte.

§ 12 Konflikt, Entscheidung und der Preis

Das Wort ›Drama‹ hängt mit dem altgriechischen ›draen‹ zusammen. Es bedeutet in etwa so viel wie: Handeln oder Tun. Dramen sind Geschichten über Leute, die sich entscheiden müssen.

Im Drama geht es also um ein entschiedenes Handeln – und das Wort ›Drama‹ umfasst hier alle, wirklich alle filmischen Genres. Häufig läuft die Entwicklung einer dramatischen Handlung auf einen Moment zu, in dem der Konflikt nur noch durch eine mutige Entscheidung zu lösen ist.

Dabei gibt es zwei unterschiedliche Formen von Konflikt:

1) Im einen Fall liegt er auf ein und derselben Bindungsebene. Dies liegt dann vor, wenn sich eine Frau zwischen zwei Männern entscheiden muss, oder wenn eine Freundschaft auf ein Entweder-Oder hinausläuft.
2) Genauso oft aber befindet sich der Konflikt auch zwischen den Bindungsebenen – etwa wenn man zwischen einer Liebe und einer Freundschaft wählen muss, oder wenn z. B. die Entscheidung für einen Mentor dazu führt, dass man Gesetze übertreten muss und daher dem Staat gegenüber illoyal wird.

Was unterm Strich in allen Fällen zählt, ist die Bereitschaft der Protagonisten, eine Wahl zu treffen. Man muss dabei aber auch bereit sein, einen Preis zu zahlen. Die dramatische Kraft der Entscheidung hängt davon ab, wie hoch dieser Preis tatsächlich ist.

Im realen Leben ist das nicht anders: Der Job, den man mit links erledigt, reicht in Sachen Befriedigung und Stolz nicht an die Aufgabe heran, die zur echten Herausforderung wird. Die Bedeutung eines One-Night-Stands ist nicht zu vergleichen mit der Beziehung zu einem Partner, der erst lange umworben werden musste oder mit dem man gemeinsam schwere Zeiten bestanden hat. Der Dieb, der an der nächsten Ecke gefasst wird, ist Routine. Der Polizeieinsatz aber, der das scheinbar unauflösbare kriminalistische Rätsel in mühevoller Kleinarbeit aufzuklären vermag, kann filmreif sein.

Im Wort ›Ent-scheidung‹ steckt ja das ›Scheiden‹ schon drin: Um etwas Wertvolles zu erhalten, muss man auch etwas Wertvolles hinter sich lassen können. Erst wer viel hergibt, bekommt auch viel. So ermisst sich die Werthaltigkeit eines Ziels, einer Aufgabe, einer Tat immer auch an dem Einsatz, den jemand investiert. Insofern lässt sich die dramatische Kraft einer Entscheidung an Gewicht steigern, indem man den Preis erhöht, den sie kostet.

Entscheidungen können allerdings nur gefällt werden, wenn die Figuren dabei auch mutig und handlungsbereit sind. Sie sollten aktiv, frei und kompetent genug sein, um sich den Herausforderungen zu stellen. Vollkommen unbewegliche Figuren dagegen haben kaum Möglichkeit zur Entwicklung oder Entscheidung.

Die insgesamt elf Bindungsebenen sowie ihr Gegenstück, die Bindung an sich selbst, eröffnen ein weites Feld von Spielarten des Sich-Entscheidens. Die Zuschauer übertragen die Bindungen der Protagonisten auf sich: Jede Geschichte ist immer auch eine Simulation kniffliger Situationen, die man für sich selbst durchspielt. ›Was wäre, wenn ich an seiner oder ihrer Stelle wäre?‹

FAZIT

- **Das Publikum will Figuren sehen, die sich entscheiden müssen.**
- **Das Mitgefühl des Zuschauers für Protagonisten in Gewissenskonflikten ist besonders stark.**
- **Jede Entscheidung ist im Drama so viel wert wie der Preis, den sie kostet. Je höher dieser ist, desto emotional wirksamer fällt die Wahl aus.**

Beispiele:

1. »Titanic«
Rose wird vor eine Reihe schwerer Entscheidungen gestellt: z. B. als sie im Rettungsboot sitzt, während ihr Geliebter Jack dem Untergang entgegensieht. Soll Rose der Familienbindung gehorchend bei ihrer Mutter bleiben? Oder soll sie Jack in den drohenden Tod folgen? Eine schwere Frage.
Der Preis aber, den Rose später bezahlen muss, ist dann schier unerträglich hoch: Ihr eigenes Überleben kostet den Verlust ihres Geliebten. Umso kostbarer erscheint es dann, dass sie ihr Leben offensichtlich sinnerfüllt gelebt hat.

2. »Ratatouille«
Rémy ist nicht zu beneiden: Im Moment seiner Triumphe als Chefkoch im Restaurant stößt er wieder auf seine Familie – und die erwartet natürlich von ihm seine Rückkehr. Beides zugleich geht (vorläufig) nicht. An diesem Punkt muss er sich entscheiden. Rémy schafft es, einen Weg zu finden, der beide Seiten zufriedenstellt und integriert. Am Ende ist er Chefkoch von ZWEI Restaurants: einem für Menschen und einem für Ratten.

3. »The Departed«
Billy Costigan steht gegen Ende der Handlung vor der folgenreichen Entscheidung: Wann und wie kann er aus der tödlichen Bindung an Costello wieder aussteigen? Tut er das, riskiert er sein Leben und enttäuscht seinen Boss; wenn er aber bleibt, sind seine Tage ebenfalls gezählt. Die Entscheidung, sich doch aus dem Staub zu machen, kostet Captain Queenan (Martin Sheen), den einzig loyalen Menschen im ganzen System, das Leben.

4. »Little Miss Sunshine«
Wenn Richard Hoover am Ende auf die Bühne springt, um mit seiner Tochter zu tanzen, bekennt er sich zum Verlierer-Sein. Sein Dogma des ›Winner-Seins‹ lässt er in diesem Moment hinter sich. Das ist für ihn ein hoher Preis.

5. »Das Leben der Anderen«
Wiesler trifft hier über einen langen Zeitraum letztlich die Entscheidung, Dreyman zu helfen. Dafür wird er am Ende von den DDR-Behörden hart bestraft: Als degradierter Funktionär darf er nur noch stupide Arbeiten verrichten. Das aber war ihm seine Form der Hilfestellung wert.

6. »Keinohrhasen«
Ludos Entscheidung für Anna geht damit einher, dass er seinen Job verliert. Mehr als das: Er muss letztlich seine gesamte Lebensform ändern, um mit ihr zusammenbleiben zu können. Das ist hart – aber er bekommt seine Geliebte.

7. »Der Rote Baron«
Manfred v. Richthofen zahlt am Ende den Preis, dass er im Kampf stirbt. Aber musste er sich jemals für irgendetwas wirklich entscheiden?! Eigentlich nicht. Daher fehlt dem Film das eigentliche dramatische Moment.

§ 13 Commitment

Das Thema ›Austausch‹ wurde nun bereits in vielen Einzelheiten beleuchtet. Zum Schluss dieses Abschnitts soll nochmals entschieden darauf hingewiesen werden, wie wichtig es ist, dass die Figuren sich an sozialen Prozessen INTENSIV beteiligen.

Denn Figuren, die an ihren Mitfiguren oder ihrer Mitwelt gleichgültig vorbeileben, sind nicht in der Lage, Zuschauer innerlich zu mobilisieren. Ihr ›human factor‹ ist gering. Erst Figuren, die intensiv in Bezug zur Außenwelt stehen, sprechen Betrachter an. Sie sollten glühen, brennen, sich mitteilen wollen.

Die Qualität, um die es dabei geht, lässt sich im Deutschen nur umständlich umschreiben. Das Englische kennt dagegen das adäquate Wort: ›commitment‹. Figuren in starken Geschichten sind committed, d.h. bereit, etwas einzusetzen und einen Preis dafür zu bezahlen. Je mehr sich Figuren sozial betätigen, binden, zu Austausch bereit sind, desto mehr werden sie emotional akzeptiert.

Dies stellt für Autoren eine große Herausforderung dar. Denn je vernetzter Figuren gestaltet werden, desto schwieriger wird es, sie in die Richtung der gewünschten Handlung zu lenken. Der bequemere Weg (leider oft beschritten) besteht darin, die Protagonisten mit nur wenigen Nebenfiguren auszustatten und ihnen wenig innere Dynamik mit auf den Weg zu geben. Das ermöglicht es, die Figuren fast willkürlich hin- und herzuschieben, gleichsam als Schachfiguren auf einem Brett. Aus Publikumssicht werden diese Bewegungen aber als unzusammenhängend erlebt. Die Figuren bleiben konstruiert, unecht, leblos. Der emotionale Ertrag ist gering.

Sobald hingegen die Figuren ›commitment‹ aufweisen, also eine innere Kraft und Zielrichtung haben, der sie folgen, ist die Aufmerksamkeit des Publikums garantiert.

FAZIT

- **Zuschauer wollen Figuren in starker, intensiver Bindung erleben – egal an was oder wen. Charaktere sollten ›committed‹ wirken.**

- **Ausschlaggebend sind die Dichte und/oder die Intensität der Bindungen.**

Beispiele:

1. »Titanic«
Sowohl Rose also auch Jack brennen für das, was sie erstreben und vor sich sehen. Sie geben sich nicht einfach so mit einem bequemen Dasein zufrieden, sondern sind bereit, für ihre Ziele viel zu opfern.

2. »Ratatouille«
Auch Rémy stellt von Beginn an seine Besessenheit für Fragen der haute cuisine unter Beweis. Vehementer als in diesem Film lässt sich ›commitment‹ wohl kaum darstellen.

3. »The Departed«
Indem für alle Beteiligten ständig das Leben auf dem Spiel steht, liegt das ›commitment‹ in der Natur der Sache. Jede der Hauptfiguren muss ununterbrochen um ihr Leben fürchten. Umso spannender ist es für uns Zuschauer zu sehen, wie souverän sie ihre Doppelrollen spielen.

4. »Little Miss Sunshine«
Alle Figuren sind ›committed‹, nicht nur die kleine Olive. Ihr Papa kämpft um sein Neun-Stufen-Programm. Die Mama kämpft um den Zusammenhalt der Familie. Onkel Frank will der national größte Proust-Kenner sein usw. Gerade diese Vehemenz aller Figuren verstärkt die emotionale Beteiligung des Publikums.

5. »Das Leben der Anderen«
Gerd Wiesler wird in den ersten Szenen als gewissenhafter, mit seiner Aufgabe identifizierter Mann geschildert. Das hilft dem Zuschauer, zumindest teilweise mit ihm positiv in Kontakt zu kommen – obwohl er einem unmenschlichen System dient. Aber auch Georg Dreyman bringt später mit dem SPIEGEL-Artikel ein hohes Maß an ›commitment‹ auf. Und seine Frau nimmt ihren Verrat so ernst, dass sie dafür ihr Leben opfert. Drastischer kann man kaum handeln.

6. »Keinohrhasen«
Zu Beginn ist Ludo eine Figur, die nur commitment für die eigene Karriere, aber nicht für andere Menschen an den Tag legt. Umso deutlicher wird dann später seine Wandlung spürbar, als er einiges tut, um zu beweisen, wie viel ihm an Anna liegt.

7. »Der Rote Baron«
Der Mangel an sozialer Intensität ist für diesen Film ein erhebliches Handicap. Denn indem sich Richthofen nie wirklich erkennbar für andere Menschen interessiert oder einsetzt, entsteht von Beginn an ein schaler Beigeschmack.

§ 14 Vier Grundtypen sozialer Dynamik

Vorläufig wurde das Thema Zugehörigkeit anhand einer einzigen spezifischen Bewegung diskutiert: Der Sogwirkung, die von einer attraktiven neuen Begegnung ausgeht. Sie bringt die Figur in Konflikt mit ihren bisherigen Bindungen. Insgesamt finden sich aber vier Grundtypen:

a) Zur Bindung hin
(Etwas erlangen wollen)

Tatsächlich ist diese bereits ausführlich beschriebene Bewegung zwar häufig; es existiert aber auch das genaue Gegenteil:

b) Von der Bindung weg
(Entkommen wollen)

Wann immer das Leben unerträglich wird, die Bewegungsfreiheit eingeschränkt, das Recht auf Selbstbestimmung verletzt wird, ist die Konsequenz Aufbruch und Flucht.

Der Preis für eine solche Befreiung besteht in aller Regel darin, dass man auch Wertvolles und Liebgewonnenes zurücklassen muss. Nur dann wird deutlich, dass für die Flucht auch wirklich etwas auf dem Spiel steht. Wenn es hingegen ein Leichtes ist, einen Menschen oder eine Gruppe aufzugeben, stellt sich die Frage, warum man diese Bindung überhaupt eingegangen ist.

Erst wenn die Trennung mit einem hohen Preis verbunden ist, wird die Werthaltigkeit der Bewegung groß. Dies gilt genauso für einzelne Personen wie für Gruppen, Teams, Partner, Arbeitsplätze, Städte, Länder. Jede Geschichte, die von Flucht und Entkommen handelt, folgt diesem Schema. Jedes Entkommen wird also umso wirkungsvoller, je schwerer es ist, die ursprüngliche Bindung hinter sich zu lassen.

Die zwei bisher geschilderten Möglichkeiten waren AKTIVE Bewegungen, in denen die Hauptfigur aus eigenem Antrieb einer bestimmten Richtung folgt. Es gibt jedoch spiegelbildlich dazu auch zwei PASSIVE Bewegungsrichtungen. Die Figuren sind dann zu etwas gezwungen, was sie eigentlich gar nicht wollen. Auch für sie gibt es gute Beispiele.

c) In die Bindung gezwungen

(Etwas durchstehen müssen)

Es kommt vor, dass Personen in Situationen gepresst werden, die sie nicht freiwillig suchen. Man muss in diesem Fall Konstellationen aushalten, durchstehen, überdauern. Die Höhe des Preises hat hier mit den Reibungskräften zu tun, die entstehen. Das gezwungene Zusammenleben ist nur dann emotional spannend, wenn es zu Aversionen und Auseinandersetzungen kommt.

Wenn z. B. ein Aufzug stecken bleibt und sich zwei frisch Verliebte darin befinden, werden sie der Situation womöglich einigen Reiz abgewinnen, und entsprechend ist dann die Konfliktspannung nicht hoch. Sind dagegen Fremde eingeschlossen, ist die Situation schwieriger. Sobald aber dieselbe Situation unter Menschen eintritt, die miteinander verfeindet sind, kann die Reibung maximale Werte erreichen. Daraus entsteht dann die emotionale Spannung, die das Publikum sucht.

Geschichten, in denen Figuren schlimme Erfahrungen durchleben müssen, um zu ihrem Ziel zu gelangen, haben mit dieser Form von Bewegung ebenso zu tun wie das klassische ›odd couple‹ – jene scheinbar unvereinbaren Charaktere, die durch die Situation zur Kooperation genötigt werden, um sich dann allmählich anzunähern.

d) Aus der Bindung verjagt

(Entkommen bzw. etwas wiedererlangen müssen)

Eine Figur, die aus ihrer Gruppe verjagt wird, sollte unter allen Umständen versuchen, entweder zu entkommen oder – wenn ihr Unrecht geschehen ist – die

Wiederaufnahme zu erreichen. Verbrecher auf der Flucht befinden sich in dieser Lage, aber auch unschuldig Gejagte.

Dabei macht es natürlich einen fundamentalen Unterschied, ob die vertriebene Figur aus Sicht des Publikums zu Recht oder zu Unrecht ausgestoßen wurde. In jedem Fall steht und fällt die Intensität einer solchen Bewegung mit dem Maß, in dem die betroffene Person noch an ihrer bisherigen Gruppe hängt.

Wer seinen Arbeitsplatz gekündigt bekommt, den er ohnehin gerne verlassen hätte, der kann nur froh sein. Eine solche Bewegung ist erzählerisch belanglos, sie wirkt sich auf die Empathie des Betrachters nicht aus. Wer hingegen den Job verliert, an dem sein Herz oder seine Existenz hängt, zahlt einen hohen Preis, und in diesem Fall ist die Empathie hoch.

Viele Krimis, aber auch Verfolgungsjagden Unschuldiger folgen diesem Schema. Wichtig ist daher immer die Gestaltung der Kräfte, die den Protagonisten mit der Gruppe, aus der er verjagt wurde, noch verbinden.

FAZIT

Es existieren vier soziale Bewegungsmuster:

- **Zur Bindung hin**
- **Von der Bindung weg**
- **In die Bindung gezwungen**
- **Aus der Bindung verjagt**
- **Alles, was die Figuren für ihre Ziele aufgeben müssen, freiwillig oder unfreiwillig opfern oder zurücklassen, sollte dem Publikum auch vermittelt werden.**
- **In der Regel folgt ein Film nicht nur einem dieser Grundtypen, sondern kombiniert sie.**
- **Für Autoren ist es hilfreich, sich über den Bewegungstyp ihrer Geschichte bewusst zu sein und die entsprechenden Signale zu betonen.**

Beispiele:

1. »Titanic«
Die Bewegung von Rose hin zu Jack zieht zwangsläufig auch eine Flucht nach sich: Beide müssen dem Zugriff von Cal und dessen Bodyguard entkommen. Der Preis besteht darin, dass Rose ihrer Mutter und deren Kreis den Rücken kehren muss. Indem sie sich aber auf einem Schiff befinden, sind sie gleichzeitig in der Situation der Eingesperrten, die in eine Bindung gezwungen sind. Insofern bildet »Titanic« eine Kombination der vier Hauptbewegungen.

2. »Ratatouille«
Rémy muss alles tun, um in Gusteaus Restaurant aufgenommen zu werden. Der Preis dafür besteht darin, quasi unsichtbar zu sein und nie die öffentliche Anerkennung für seine Leistungen zu ernten. Rémys Bewegung ist überwiegend ein ›Hin zu‹ Linguini und ›Hin zu‹ der Küche. Sobald ihm die volle Aufnahme gewährt wird, ist diese Bewegung abgeschlossen.

3. »The Departed«
Hier sind beide Protagonisten in Bindungen, die sie eigentlich nicht freiwillig eingegangen sind. Beide sind gezwungen, sich fremden Welten anzupassen, um nicht als Agenten aufzufliegen. Der Druck könnte kaum größer sein. Am Ende entscheidet sich Billy, Frank Costello zu verlassen. Von diesem Moment an ist er der Gejagte.

4. »Little Miss Sunshine«
Der Film folgt äußerlich schnörkellos einem ›Hin zu‹. Olive will zum Schönheitscontest. Gleichzeitig aber ist für alle Familienmitglieder der VW-Bus auch ein Ort des Eingesperrtseins. Sie fühlen sich miteinander unwohl, was zu Eskalationen führt. Jeder muss einen Teil seiner Ziele aufgeben. Am Ende werden sie aus dem Hotel verjagt – sind aber eine verschworene Gemeinschaft geworden.

5. »Das Leben der Anderen«
Wiesler erlebt in seiner Situation als Voyeur ein immer stärkeres ›Hin zu‹ Dreyman und seiner Frau. Dafür verliert er die Zugehörigkeit zu seinem System. Andere Bewegungen kommen hier kaum vor.

6. »Keinohrhasen«
Zunächst gerät Ludo ganz und gar nicht freiwillig in Annas Kindergarten. Er befindet sich in der klassischen Situation des Gezwungenseins. Erst später drängt sich dann das ›Hin zu‹ Anna in den Vordergrund. Dafür gibt er seinen Job auf.

7. »Der Rote Baron«
Hier fällt es schwer zu sagen, welcher Bewegungstyp im Vordergrund steht. Denn eigentlich fehlt die soziale Dynamik weitgehend.

Der Gemeinschaftsfaktor

§ 15 Beiträge und Zuwendungen

Der scheinbar banale christliche Satz ›Geben ist seliger als nehmen‹ findet im Kino jenseits aller moralischen und religiösen Dogmen seine Bestätigung. Es gibt kaum attraktive Protagonisten, die nicht viel für andere geben. Wer hingegen teilt und sich anderen anbietet oder sich für eine Gemeinschaft einsetzt, dem gilt die Zustimmung des Publikums.

Im täglichen Leben mag das anders sein. Da denkt jeder vorwiegend an sich selbst. Die meisten Menschen sind verstrickt in Fragen, die nur ihre eigenen Interessen betreffen. Doch die Beziehung zwischen Zuschauer und Leinwandgeschehen ist eine andere. Die Betrachter sind nicht wirklich ins Leben der Figuren verwickelt. Sie haben kein eigenes Interesse am Geschehen der Geschichte. Als Beobachter honorieren Menschen daher immer die, die sich für andere stark machen.

Dabei gibt es zwei Formen von ›Geben‹: einmal im Kontext des normalen Austauschs. Wenn ich etwas kaufen will, muss ich etwas investieren, also z. B. Geld. Damit wird eine Schuld beglichen. Davon handelt § 1-13.

Wenn aber jemand etwas gibt, wofür er keine Gegenleistung erwartet, ist die Wirkung höher. Eine solche Zuwendung verlangt keine Gegenleistung, sie ist ein Beitrag für andere und genügt sich selbst. Es braucht sich nicht um etwas Großes, Bedeutendes oder materiell Wertvolles zu handeln. Das schlichte Angebot, sich jemandem zu öffnen und anzuvertrauen, genügt. Jede Art von Zuwendungen zu anderen wird positiv verbucht.

Aus der Drehbuchlehre von Christopher Vogler ist die wichtige Rolle der Helfer des Helden vertraut[8]. Ohne sie wäre der Protagonist machtlos. Aber auch in Geschichten, die nicht dem Schema der Heldenreise folgen, findet man Figuren, die bereit sind, sich für andere zu engagieren, weil diese Qualität des ›human factor‹ Attraktivität ausstrahlt.

Allerdings sollte eine Bedingung erfüllt sein: Gegenseitigkeit. Wer andere mit Gütern beschenkt, die diese nicht haben wollen, ist kein Wohltäter, sondern entweder dumm oder aufdringlich.

Das Wort ›dumm‹ trifft z. B. auf all jene einseitig Liebenden zu, die glauben, ihre Frau, ihren Mann, ihre Kinder oder wen auch immer kaufen und mit Geschenken halten zu können. In der Regel geht das schief. Der Zuschauer erkennt das bald. Er verbucht solche unwillkommenen Beiträge als negativ.

8 S. Christopher Vogler: »Die Odyssee des Drehbuchschreibers«. 5. Auflage, Frankfurt/Main 2004

Häufiger sind einseitige Beiträge für andere, also Zuwendungen, die der andere gar nicht will, betrügerisch gemeint. Es handelt sich dann um Bestechungsgelder, moralische Erpressungsversuche oder Köder, die Menschen in eine Falle locken sollen.

FAZIT

- **Figuren, die positiv wirken sollen, werden durch Beiträge für andere aufgewertet.**
- **Beiträge wirken aber nur dann positiv, wenn sie auf Gegenseitigkeit beruhen. Sobald sie dem Beschenkten unwillkommen sind, ist der Effekt gegenteilig.**

Beispiele:

1. »Titanic«
Jack lernt Rose über freiwillige Hilfsangebote kennen. Zum einen bringt er sie von ihrem Selbstmordplan ab. Zum andern hilft er ihr, diesen Versuch zu vertuschen. Dafür verlangt er keine Gegenleistung. Das gegenseitige Sich-Helfen kulminiert in jener Situation im Eismeer, in der Jack zugunsten von Rose auf sein eigenes Leben verzichtet.

2. »Ratatouille«
Wenn gegen Ende Tausende von Ratten gemeinsam helfen, um Rémys Traum vom eigenen Restaurant zu erfüllen, ist das ein freiwilliger Beitrag. Die Ratten haben selbst nichts davon. Sie tun das nur, um einem der Ihren zu helfen.

3. »The Departed«
Freiwillige Beiträge für andere sind in diesem knallharten Milieu eher unglaubwürdig. Der Einzige, der sich ein generöses Verhalten leisten kann, ist Frank Costello – und er wird mehrmals als ausgesprochen freigiebig geschildert. Dies hilft dem Film. Denn auf diese Art unterbleiben simple Gut-Böse-Zuschreibungen. Je sympathischer der Bösewicht wirkt, desto mehr Spaß macht es, ihm beim Untergang zuzusehen.

4. »Little Miss Sunshine«
Die gesamte Reise der Familie Hoover ist ein einziger Beitrag für andere. Niemand außer Olive hat zunächst etwas davon. Und doch ist jeder – wenn auch widerwillig – bereit, der kleinen Olive diesen Liebesdienst zu gewähren. Diese freiwillige Zuwendung sichert dem Film eine hohe emotionale Beteiligung.

5. »Das Leben der Anderen«
Das, was Gerd Wiesler für den Dichter Dreyman tut, wird er nie zurückbekommen. Er investiert etwas in eine Sache um ihrer selbst willen. Dieser Akt wird als ergreifend erlebt.
Aber auch wenn Dreyman am Ende einen ganzen Roman schreibt, um ihn Wiesler zu widmen, wird dies als arbeitsintensiver Versuch der Kompensation gewertet: Dreyman wählt die sozial weitreichendste Variante und schreibt ein ganzes Buch, um seinen Respekt für Wiesler zum Ausdruck zu bringen. Auch dafür kann er keinen unmittelbaren Ausgleich erwarten.

6. »Keinohrhasen«
Die Verbindung zwischen Ludo und Anna kommt in Gang, als beide ein Kind ins Krankenhaus fahren. Noch wirkungsvoller ist es, dass Ludo als Klatschreporter bei einem Empfang ausgerechnet Anna zur schönsten Frau des Abends erklärt. Dafür riskiert er seinen Job. Er tut dies nur, um seine Liebe unter Beweis zu stellen. Dieser Liebesbeweis wird zum Schlüssel für den letzten Akt des Films.

7. »Der Rote Baron«
Beiträge für andere sind in diesem Film kaum zu finden.

§ 16 Gemeinschaftsgefühl und sozialer Zugewinn

Im Kino träumen wir den längst verloren geglaubten Traum von der geglückten Gemeinschaft. Schließlich sind Menschen evolutionsbiologisch seit jeher auf funktionierende Stammesgemeinschaften angewiesen. Die unbewussten Sehnsüchte der Zuschauer zielen daher auf funktionierende soziale Verbände ab. Je mehr diese wachsen und sich vergrößern, desto stärker fällt die emotionale Resonanz aus. Die Filmgeschichte ist voll von Beispielen dafür, wie mitreißend das Wachsen von sozialen Verbänden wirken kann.

Generell haben alle Vorstellungen und Utopien von Glück etwas mit Verbundenheit zu tun, mit Menschen, mit Tieren, der Natur oder Gott. ›Gemeinsam sind wir stark‹, sagt der Volksmund. Die Untersuchung erfolgreicher Geschichten zeigt, dass Menschen diesen Satz immer wieder bestätigt sehen wollen.

Man mag einwenden, dass viele großartige Filme Einzelgänger und einsame Wölfe ins Zentrum stellen. Nur ist es so, dass diese in der Regel nicht allein bleiben, sondern sich auch dort in den allermeisten Fällen Gemeinschaft und Kooperation, also ein sozialer Zugewinn einstellt.

Damit ist nicht gesagt, dass nicht auch Trennungen für Filmhandlungen durchaus wichtig sein können. Oft stellt sich heraus, dass Verbindungen möglicherweise falsch oder verräterisch sind, dass sie auf Illoyalität beruhen oder einer Lebenslüge entspringen. In solchen Fällen ist der harte Schnitt angebracht. Trotzdem ist die Utopie der geglückten Gemeinsamkeit das letztlich höhere Gut – zumindest im Kino.

Das erklärt die große Wucht von Bewegungen, in denen die Zahl der Beteiligten immer mehr zunimmt. Wenn eine Geschichte sozialen Zugewinn zu zeigen vermag, das heißt, wenn sich trotz aller Konflikte neue Freundschaften und Gruppierungen bilden können, dann ist die Voraussetzung gegeben, dass dies vom Publikum positiv angenommen wird. Sobald Menschen in Kontakt treten können, die vorher durch Herkunft oder Kultur oder Vorurteile voneinander getrennt waren; sobald Barrieren niedergerissen, Hemmungen, Blockaden, Teufelskreise durchbrochen wurden – dann ist der ›human factor‹ durch den sozialen Zugewinn erfüllt.

FAZIT

- **Das Verlangen nach Gemeinschaft und sozialem Zugewinn gehört zu den stärksten emotionalen Auslösern im Publikum. Wo immer dieser Wunsch berücksichtigt wird, ist die Resonanz positiv.**

Beispiele:

1. »Titanic«
Rose fühlt sich nicht nur zu Jack hingezogen. Sie entdeckt durch ihn gleichzeitig im Unterdeck eine neue Welt, in der es rau, rustikal, aber auch herzlich zugeht. Sie findet hier eine Gemeinschaft, die über die reine Zweierbeziehung hinausgeht. Rose wird in ein neues soziales Netz integriert.

2. »Ratatouille«
Wenn gegen Ende Tausende von Ratten in einem Restaurant durch emsige und erfindungsreiche Arbeit den Betrieb eines teuren Sterne-Lokals aufrechterhalten, dann wird hier ein Gemeinschaftsgefühl suggeriert, das kaum zu steigern ist. Der Zuschauer betrachtet die Ratten wie Menschen, nicht wie ekelerregende Nagetiere. Das Zusammenwirken um EINER Sache willen ist hier an Wirkung kaum zu übertreffen.

3. »The Departed«
In der Schilderung der beiden rivalisierenden Gruppen – hier die Mafia, dort die Cops – kommt immer wieder ein starkes Gemeinschaftsgefühl auf. Vor allem der

brisante Moment, in dem Rüstungsgut gedealt werden soll, entfaltet eine starke Wirkung der Gemeinschaft.
Zu einem sozialen Zuwachs kommt es am Schluss allerdings nicht. Im Gegenteil. Die Protagonisten massakrieren einander. Im Kontext einer so harten Story wäre ein kuscheliges Ende auch sicher fehl am Platz. Diese Einbuße ist genrebedingt und führt dazu, dass Thriller kaum mit ähnlichen Ergebnissen rechnen können wie Filme der Kategorie des Family-Entertainments. Trotzdem geht von dem Ende des Films durch die loyale Achse Madolyn-Billy etwas Versöhnliches aus.

4. »Little Miss Sunshine«
Zahlenmäßig ist am Ende die Familie Hoover um ein Mitglied ärmer. Aber das Zusammengehörigkeitsgefühl ist doch erheblich gewachsen. Und der tote Opa ist ja ideell immer noch anwesend.

5. »Das Leben der Anderen«
Dreyman wird im dritten Akt als einsamer Mann dargestellt, ebenso Gerd Wiesler. Ein Zuwachs ist also zahlenmäßig nicht zu erkennen. Trotzdem endet der Film mit einem Zusammenwachsen und der Bildung einer neuen virtuellen Gemeinschaft zwischen Wiesler und Dreyman, die emotional unwiderstehlich wirkt.

6. »Keinohrhasen«
Nicht nur Anna und Ludo sind ein Paar geworden, sondern auch ihre Freunde Miriam und Moritz. Das Finale findet vor einem großen Publikum statt. Der soziale Radius – ohnehin schon immer groß – hat sich noch einmal erweitert.

7. »Der Rote Baron«
Gemeinschaftsgefühle sind zwischenzeitlich durchaus spürbar, etwa während der Luftkämpfe. Doch die meisten Figuren des Films sind am Ende tot. Der Film endet in totaler Vereinsamung. Schlechte Voraussetzungen für einen Publikumserfolg.

§ 17 Soziale Relevanz

Man stelle sich vor: Ein Film zeigt eine Figur, die in einem Auto sitzt. Der Anlasser ist defekt, der Wagen springt nicht an. Die Szene an sich scheint vorerst bedeutungslos. Wenn aber der Wagen in einem Tunnel steht und sich dahinter der Verkehr staut, erhält das unbedeutende Bild des blockierenden Wagens Brisanz. Auf dem Fahrer lastet mit einem Mal der Druck Hunderter ungeduldiger Fahrer. Wagen und Fahrer geraten in die Gravitation eines sozialen Feldes. Das Publikum übernimmt diese Kraft für sich, es fühlt den Druck der Masse auf den Einzelnen.

Aus einer Banalität kann also eine wuchtige Szene werden, wenn sie für viele Menschen wirksam wird. Noch größer wäre die Spannung, wenn etwa eine Hochschwangere im Wagen säße. Dieser Dynamik könnten sich die Zuschauer dann auf keinen Fall mehr verschließen.

Diese Wirkung machen sich emotional starke Drehbücher zunutze. Wo die Handlung das Schicksal von vielen Menschen berührt, erhöht sich das Gefühl der sozialen Relevanz und damit auch die Intensität des ›human factor‹. Das Verlangen, bei großen sozialen Geschehnissen dabei zu sein, das Interesse für Gemeinschaften und der Drang, sich mit ihnen zu identifizieren, laden die Geschichte energetisch auf. Viele berühmte Schlüsselszenen der Filmgeschichte bedienen sich der emotional verstärkenden Wirkung größerer Menschenmengen.

Es gibt auch Stories mit nur wenigen handelnden Figuren. Dennoch können auch diese emotional hoch wirksam werden, wenn sie Dinge verhandeln, die für viele andere Personen wirksam werden.

FAZIT

- **Die Wirkung von Geschichten hängt unter anderem davon ab, wie groß die soziale Relevanz des Themas ist. Je mehr Figuren in einer Handlung involviert und davon betroffen sind, desto größer ist die emotionale Energie.**

- **Zentrale Szenen entfalten vor großen Menschenmengen die größte Spannung. Geständnisse, Offenbarungen, Enttarnungen funktionieren umso besser, je mehr Öffentlichkeit sie erfahren.**

Beispiele:

1. »Titanic«
Das Schicksal von 2.200 Personen sowie das Wissen darum, dass viele davon sterben werden, lädt die gesamte Thematik mit kaum zu steigernder sozialer Relevanz auf.

2. »Ratatouille«
Das teure Restaurant verleiht dem Geschehen eine starke soziale Aufladung. Wenn etwas in der Küche nicht klappt, sind stets viele Menschen betroffen. Daher steht einiges auf dem Spiel: Sollte das Restaurant geschlossen werden, sind die Auswirkungen für viele Menschen groß.

3. »The Departed«
Von der Frage, wer den Machtkampf zwischen Mafia und Polizei gewinnt, hängt indirekt das Schicksal von ganz Boston ab. Doch auch durch die Szenenführung

selbst wird immer wieder betont, wie viele Figuren von den Entscheidungen der Einsatzleiter betroffen sind.

4. »Little Miss Sunshine«
Die soziale Relevanz dieser kleinen Geschichte ist gering. Hier liegt einer der Gründe, warum dieser Film trotz erstaunlichem Markterfolg nicht an die großen Blockbuster heranreichen konnte.

5. »Das Leben der Anderen«
Hier steht eine ganze Staatsform zur Debatte. Das Treiben der Stasi hat Auswirkungen auf Millionen von Menschen. Wir sehen sie nicht, aber wir erkennen, wie weit der Einfluss dieser Staatsmacht reicht. Insofern betrifft die Story indirekt weit mehr als nur die handelnden Figuren. Der emotionalen Wirkung des Films hilft diese Aufladung.

6. »Keinohrhasen«
Hinter den Hauptfiguren sind die vielen Kinder präsent, und die Frage, ob Ludo und Anna ein Paar werden, berührt diese Kinder durchaus konkret. Insofern hilft die soziale Relevanz der Story bei der emotionalen Aufnahme durch das Publikum.

7. »Der Rote Baron«
Die soziale Relevanz dieses Films ist einerseits kaum zu übertreffen: Das Schicksal ganz Deutschlands ist während des Ersten Weltkriegs vom Glück Richthofens abhängig. Andererseits hat Richthofens Wirken keine Auswirkung auf den Ersten Weltkrieg, und insofern bleibt die emotionale Resonanz dann doch gering.

§ 18 Soziale Felder im Hintergrund

Emotionale Wirkung entfalten soziale Felder nicht nur, wenn man sie als Zuschauer sieht und sie dadurch unmittelbar als Teil des Geschehens erlebt. Auch Verstrickungen außerhalb der unmittelbar sichtbaren Handlung oder des Bildes können im Publikum Resonanzräume öffnen und die emotionale Energie unterstützen. Vernetzungen im Hintergrund, also in der Backstory, die lediglich verbal oder symbolisch angedeutet werden, helfen, den ›human factor‹ von Figuren innerlich zu verorten.

Biografie und Herkunft einer Person können einiges erzählen. Eine Figur, die aus dem Krieg heimkehrt, weckt andere Gefühle als jemand, der lediglich seine Ferienreise beendet. Wer aus einer großen Adelsfamilie stammt, wird innerlich anders verortet als ein armes Arbeiterkind. Machthaber wecken andere Assoziationen als kleine Beamte. In den meisten Fällen sieht man die sozialen Felder zwar nicht direkt, aber man spürt sie.

Es genügt oft, eine Figur durch kleine Requisiten oder Details sozial zu verorten, so dass spürbar wird, wer hinter ihr steht, mit wem sie lebt, an welche Beziehung sie gebunden ist. Wenn Figuren eine Geschichte im Hintergrund haben, die schon vor Beginn der Handlung eingesetzt und sie geprägt hat, kommt die emotionale Energie dieser Felder der Wirkung zugute.

FAZIT

- **Soziale Felder, die nicht im Bild zu sehen, jedoch im Hintergrund der Figuren zu spüren sind, können die Geschichte bereichern. Sie verstärken den Resonanzraum des Publikumserlebens.**

Beispiele:

1. »Titanic«
Als sich Rose in die Fluten stürzen will, erzählt ihr Jack von seiner Kindheit und seinem Vater. Dadurch werden sein menschlicher Hintergrund, seine Vorgeschichte greifbar; ein Gefühl von Nähe, Geborgenheit und Glück entsteht. Auch Jacks Vorgeschichte als Künstler und Zeichner verleiht ihm Profil.

2. »Ratatouille«
Der kometengleiche Aufstieg des Restaurants von Gusteau wird im Film liebevoll ausgemalt. Streng genommen könnte die Handlung auf diesen Aspekt verzichten. Aber je mehr wir ahnen, welche Lebensleistung in diesem Betrieb steckt, desto intensiver spüren wir den drohenden Verlust, sollte er geschlossen werden.

3. »The Departed«
Der Film verwendet viel Zeit darauf, die Hintergründe vor allem von Billy und Colin auszumalen und differenziert auf ihre Vorgeschichte einzugehen. Dadurch wird insbesondere Billy eine empathisch nachvollziehbare Figur.

4. »Little Miss Sunshine«
Sowohl die unglücklichen Umstände, die zu Franks Selbstmordversuch führten, als auch die Atmosphäre, in der Richards Neun-Stufen-Programm zu scheitern droht, werden genau geschildert. Auch das Vorleben des Opas wird emotional spürbar. Die Figuren haben viel verborgenes Eigenleben, ohne dass wir es konkret sehen. Das hilft der Story.

5. »Das Leben der Anderen«
Die sozialen Felder im Hintergrund werden durch die Theatererfolge von Dreyman und Sieland definiert. Keiner von beiden ist ein unbeschriebenes Blatt – vielmehr sind sie Berühmtheiten. Dieser Aspekt lädt die Geschichte mit sozialer Energie auf.

6. »Keinohrhasen«
Durch den Sensationsjournalismus werden zahlreiche Nebenstories angestoßen, die für sich betrachtet kaum von Bedeutung sind. Aber sie geben uns ein präzises Bild des Lebens, das Ludo und Moritz zu Beginn führen. Es ist von flüchtigen und oberflächlichen Reizen bestimmt.

7. »Der Rote Baron«
Hier wird vor allem der Einfluss der mächtigen und offenbar wohlhabenden Familie Richthofen betont. Für das Verständnis der Titelfigur werden diese Felder jedoch kaum je handlungswirksam.

Übergeordnete Aspekte

§ 19 Täuschung und Wahrheit

In den bisherigen Abschnitten ging es vorwiegend um das Hauptthema ›Gerechtigkeit‹. Fürs Geschichtenerzählen ist die Parteinahme in der Tat die zentrale Kategorie schlechthin. In Bezug auf die sozialen Verhältnisse stehen die Beurteilung der Güter und damit die Frage nach Ausgleich oder Schuld immer im Vordergrund. Menschen wollen in allererster Linie Partei ergreifen – und das tun sie, sobald der Aspekt Gerechtigkeit berührt wird.

In allen Fragen der Moral oder Religion aber tritt der Begriff der Gerechtigkeit meist in Kombination mit dem der Wahrheit auf. Beide Ideen sind aufeinander bezogen und schwer zu trennen. Die Voraussetzung für jedes Urteil, das man trifft, ist die lückenlose Kenntnis der Sachverhalte. Ohne Wahrheit keine Gerechtigkeit – oder, umgekehrt: Solange die Wahrheit nicht auf dem Tisch liegt, bleibt eine soziale Schieflage, eine Illoyalität im Raum.

Daher spielen die Motive der Täuschung, Lüge, des Betrugs oder auch Selbstbetrugs im Geschichtenerzählen eine enorme Rolle. Sie alle sind Varianten der Anmaßung. Und entsprechend groß ist das Bedürfnis nach Ausgleich: Wo gelogen oder getrickst wird, da drängt das natürliche Verlangen der Zuschauer auf Aufdeckung und Offenbarung der wirklichen Sachverhalte.

Aber es verhält sich hier genauso wie mit allen Formen von Anmaßung und Illoyalität: Gleichzeitig verleiht die Abweichung von der Norm, also das Ungleichgewicht und das Unrecht der Geschichte auch die Spannung. Lügen sind also erzählerisch ergiebig, und entsprechend finden sich auf Anhieb viele Filmbeispiele für vergnügliche Hochstaplereien, tolldreiste Lügengeschichten usw., die große Erfolge wurden.

Man darf aber nicht vergessen, dass jeder Betrug auf seine Offenbarung hindrängt. Bleibt diese aus, ist ein wichtiger Teil des Publikumsvertrags nicht erfüllt.

Dass dies für jene unübersehbare Zahl von Krimis gilt, in denen es stereotyp immer nur um die Aufdeckung des Falles geht, dürfte selbstverständlich sein.

Wichtiger ist, dass die Aufdeckung der Wahrheit auch in einem verborgenen, seelischen Sinne von größter Wichtigkeit ist. Oft tragen Figuren Geheimnisse oder unausgesprochene Motive mit sich herum. Häufig gibt es im Film Momente, in denen es nötig ist, Klartext zu sprechen. Meist erfordert das Mut. Die Wahrheit muss im Film auf jeder Ebene auf den Tisch – in der eher rationalen Aufdeckung von logischen Zusammenhängen ebenso wie im zwischenmenschlichen Bereich. (Allerdings gibt es Fälle, in denen das Publikum Gefallen daran findet, wenn am Ende die scheinbar erreichte Aufklärung doch wieder in Frage gestellt wird, etwa im Horror- oder Mystery-Genre.)

Generell sind Szenen, in denen wichtige Geständnisse gemacht werden, von zentraler Bedeutung. Der Legende nach sagte Martin Luther: ›Hier stehe ich, ich kann nicht anders.‹ Das besagt: ›Ich bin nicht mehr, aber auch nicht weniger, als was ich bin.‹ Die Wirkung dieses Satzes hat Jahrhunderte lang vorgehalten. Denn dieses Eingeständnis der vollen Identität, das Authentische des Einzelnen, wiegt schwer.

Allerdings ist die Lüge an und für sich gesehen auch wieder kein schweres Verbrechen. Lügen haben zwar ›kurze Beine‹, können aber verzeihlich wirken. Der Unterschied zwischen einem Mord, der sofort gestanden wird, und einem, den der Täter zu vertuschen sucht, ist nicht allzu groß. Die Tat selbst ist das eigentliche Verbrechen, weniger die Lüge drum herum.

Eine Lüge oder Täuschung kann zudem in Relation zu schwereren Vergehen legitim sein: Wer täuscht, um an wichtigere Güter heranzukommen, dem wird verziehen.

Lügen sind demnach relativ milde Vergehen, die auch wieder gerade gerückt werden können und die immer im Kontext des sonstigen sozialen Geschehens beurteilt werden müssen. Dass aber am Ende die Wahrheit ans Tageslicht sollte, daran führt in der Regel kein Weg vorbei.

FAZIT

- **Täuschung und Lüge sind beliebte, weil unterhaltsame Varianten der Anmaßung.**
- **Die Berechtigung von Täuschung und Betrug hängt von den Relationen des Unrechts ab – zur Aufdeckung eines größeren Unrechts sind Lüge und Täuschung erlaubt.**
- **Zuschauer dulden aber nicht, dass Lügen in Geschichten unaufgedeckt bleiben. Wo immer Täuschung im Spiel ist, sollte sie im Verlauf der Handlung aufgelöst werden.**
- **Identität und Authentizität sind hohe Güter.**

Beispiele:

1. »Titanic«
Für die emotionale Einordnung von Jacks Charakter dient es z.B., dass er den Mut hat, in einer fremden Umgebung zu seinen Überzeugungen zu stehen. Er legt früh die Karten auf den Tisch, wer er ist und wofür er steht.
Das Thema ›Wahrheit‹ wird allerdings später im Film noch wichtiger, als sich herausstellt, wie weit es mit der angeblichen ›Unsinkbarkeit‹ des Schiffes her ist. Da wird vertuscht und manipuliert, um die Passagiere im Unklaren darüber zu lassen, wie ernst die Lage ist.

2. »Ratatouille«
Dass Linguini im Restaurant ›Gusteau‹ auf einmal zum Chefkoch avanciert, beruht auf einer gewaltigen Täuschung: In Wahrheit wird er von einer kleinen Ratte gesteuert. Diese Wahrheit muss früher oder später ans Licht – und es wird ein Moment großen Erschreckens von Seiten der Köche. Keiner von Linguinis Kollegen rechnet damit, dass ausgerechnet ein Nagetier das Kochgenie des Jahrhunderts sein soll. Umso wichtiger ist der Moment der Entdeckung dieser unbequemen Wahrheit.

3. »The Departed«
Lügen spielen hier – wie in den meisten Thrillern – die Hauptrolle. Sowohl Billy als auch Colin hintergehen die Leute, mit denen sie zusammenarbeiten. Bei beiden geht es darum, auf keinen Fall aufzufliegen.
Aber es besteht doch ein erheblicher Unterschied: Colin hat sich als Vertreter der Mafia bei der Polizei eingeschlichen. Das macht seine Lügen anmaßender, und entsprechend ist der Publikumswunsch nach Aufdeckung seines Doppelspiels größer. Im Gegensatz dazu ist Billy dabei, ein gewaltiges Unrecht aufzudecken. Daher besteht kein Wunsch nach seiner öffentlichen Enttarnung, im Gegenteil. Dieselbe Lüge – die Agententätigkeit undercover – wird also im unterschiedlichen Kontext unterschiedlich bewertet.

4. »Little Miss Sunshine«
Die Lügen dieses Films sind, dem Genre der Komödie entsprechend, subtiler als etwa die im Krimi-Kontext. Wenn am Mittagstisch der Familie Hoover der Familienvater zu verhindern sucht, dass Olive die Wahrheit über ihren Onkel Frank erfährt, wird das als Anmaßung erlebt. Auch später ist es vor allem Richard, dessen Lebenslügen im Zentrum stehen. Denn er wagt es nicht mitzuteilen, wie schlecht es um sein Neun-Stufen-Programm steht. Insofern liegt in der Figur Richards die größte Konfliktspannung.

5. »Das Leben der Anderen«
Natürlich ist das Ausspionieren unbescholtener Bürger eine gewaltige Anmaßung – weil es geheim und hinterrücks passiert. Entsprechend drängt der Publikumswunsch bis zum Ende darauf, dass Dreyman erfährt, was mit ihm passiert ist. Dieser Wunsch wird auch erfüllt. Er erfährt sogar, WER ihn ausgehorcht hat. Und auch, dass diese Person ihn gleichzeitig vor Schlimmerem bewahrt hat. In dieser Enthüllung steckt eine große Befriedigung.

6. »Keinohrhasen«
In Komödien geht es häufig um kleine Lügen und vor allem um den Selbstbetrug. Es amüsiert das Publikum zu sehen, wie sich Anna einredet, nichts von Ludo zu wollen – erkennt man doch genau, dass das Gegenteil der Fall ist. Auch Ludo muss sich eingestehen, dass er sich etwas vormacht, wenn er so tut, als würde ihm Anna nichts bedeuten. Es hilft der emotionalen Anteilnahme, dass Ludo schließlich seine Gefühle auf der Bühne eines voll besetzten Theaters enthüllt. Indem hier viele Menschen Zeugen sind, wird die soziale Relevanz erhöht. Für Ludo kostet es umso mehr Mut. Und entsprechend glaubwürdig wirkt dann sein Geständnis.

7. »Der Rote Baron«
Lüge oder Täuschung spielen hier keine Rolle.

§ 20 Wettbewerb

Neben ›Wahrheit und Gerechtigkeit‹ ist das Thema der Rivalität, des Wettstreits und des Kampfs um Macht und Anerkennung eine dritte Universalie menschlichen Sozialverhaltens. Wo um soziale Hierarchien gekämpft wird, ist das Interesse des Betrachters groß.

Inzwischen werden Wettkämpfe weniger in direkten physischen Duellen, sondern eher auf der symbolischen, virtuellen Ebene wie z.B. dem Sport ausgetragen. Das schmälert die Attraktion jedoch keineswegs. Im Gegenteil. Überall gibt es Wettkämpfe, und das Interesse ist dort am größten, wo es um den Meister schlechthin, den Weltmeister und Champion geht. Menschen wollen grundsätzlich sehen, wer der Erste oder Beste ist. Sogar in der Geschichtsschreibung gibt es erbitterte Kämpfe, wer wohl der wahre Erfinder des Rundfunks oder wer als Erster am Nordpol gewesen sein mag.

Es ist vor allem das Fernsehen, das sich dieses Spieltriebs der Menschen bedient und ein unübersehbares Feld von Gameshows und Contests ins Leben gerufen hat. Aber auch im Spielfilm haben diese Themen ihre Faszination. Das Motiv der Rivalität reicht hier vom kleinen Gerangel bis zur großen Inszenierung dramatischer Kriegsgeschehen und erweist sich stets als wirkungsvoll.

Man muss also den Wettkampf einerseits als starkes erzählerisches Motiv ernst nehmen. Insbesondere bei jungen Zuschauern sind Wettkämpfe und Siege von entscheidender Wichtigkeit. Andererseits schlägt Ehrgeiz im Film schnell in Anmaßung um, wenn ihm andere soziale Verpflichtungen geopfert werden. Sobald also jemand für eine bestimmte übersteigerte Ambition über Leichen geht, verliert er die Publikumsgunst – egal wie weit er damit kommt. Insofern liegt Rivalität oft nahe an der Illoyalität.

Daher geht es im Film meist nur vordergründig darum, Wettbewerbe zu gewinnen. Wichtiger noch ist der soziale Kontext, in die sie eingebettet sind. Insofern trifft man häufiger auf Filme, in denen sich Ambition und Ehrgeiz als fragwürdig erweisen und negativ bewertet werden. Denn nur wenn die Rivalität mit ausgeglichenen sozialen Bindungen und Fairness einhergeht, wird sie positiv gewertet.

Hier werden einmal mehr die Themen ›Wahrheit und Gerechtigkeit‹ relevant. So, wie im Sport erbittert gegen das Doping gekämpft wird, weil das Zuschauerinteresse schlagartig nachlässt, wenn man nicht mehr weiß, wer ›in Wahrheit‹ der Stärkste ist, so wird auch im Film die Suche nach dem Besten in seiner Disziplin regelmäßig von der Frage überlagert, wie glaubwürdig ein Ergebnis ist, und wie sehr es auf Anmaßung und brutaler Verdrängung beruht.

Wer also einen Wettbewerb durch Täuschung gewinnt, dem schlägt auch im Storytelling die Empörung des Zuschauers entgegen. Erst wer seinen Ehrgeiz sozial verträglich auslebt, dem gehört die Publikumsgunst.

FAZIT

- **Der Kampf um den ersten Platz, egal in welchem Wettkampf, ist stets ein emotional wirksames Motiv.**
- **Allerdings gilt eine gewonnene Auseinandersetzung immer nur dann als Sieg, wenn sie auch auf ehrliche Weise zustande gekommen ist.**
- **Ehrgeiz und Ambition werden in dem Moment zu negativen Kräften, in dem die sozialen Bindungen in Mitleidenschaft gezogen werden.**

Beispiele:

1. »Titanic«
Die tödliche Tragödie ist nur auf den perversen Geltungstrieb eines größenwahnsinnigen Schiffsbauers zurückzuführen. Diese Anmaßung spielt eine große, negativ gefärbte Rolle: Denn allein dem Wahn, einen neuen Rekord aufstellen zu wollen, ist das ganze Unglück geschuldet.

2. »Ratatouille«
Der Wettbewerb um kulinarische Sterne ist ein stark wirksames Motiv. In diesem Streben spielt Skinner eine (negative) Hauptrolle. Sein Ehrgeiz ist zu groß. Hingegen geht es Linguini und Rémy nur darum, gut zu kochen und ihre sozialen Verhältnisse in Ordnung zu bringen.

3. »The Departed«
In der Rivalität zwischen den Cops und der Mafia schwingt ein rein sportliches Motiv mit: Wer wird wen zu Fall bringen? Das erbitterte Ringen um diesen Wettkampf wirkt sich auf die Spannung des Films stark aus.

4. »Little Miss Sunshine«
Der Ehrgeiz spielt eine Hauptrolle. Olive will unbedingt den Schönheitswettbewerb gewinnen, und ihr Vater treibt sie dabei auch noch an. Doch alles kommt anders. Richard muss lernen, verlieren zu können. Aus Publikumssicht ist das das höhere Gut.

5. »Das Leben der Anderen«
Gubitz will die Abhöraktion bei Dreyman nur ausgeführt haben, um auf der Karriereleiter weiter nach oben zu steigen. Daher wirkt er noch ein klein wenig negativer als Wiesler, dem es in seinen Aktionen wenigstens noch um die Sache an sich und nicht um seine eigene Karriere zu gehen scheint. Karrierismus allein ist im Storytelling prinzipiell schlecht angesehen.

6. »Keinohrhasen«
Auch hier wird das Motiv ›Wettbewerb‹ fragwürdig dargestellt, wenn Ludo um jeden Preis Fotos von Stars machen will und dafür alle Grenzen überschreitet. Das ›Höher, Schneller, Weiter‹ im Medienbetrieb wird genüsslich hinterfragt. Letztlich muss Ludo lernen, seine Ambitionen zurückzunehmen.

7. »Der Rote Baron«
Wettbewerb wird hier zu einer fragwürdigen Angelegenheit – wenngleich womöglich gegen die Intentionen der Filmemacher. Die Zuschauer sind nicht begeistert

von den vielen Abschüssen Richthofens, weil sie das Leid und Elend derer sehen, die sterben mussten. Als Fliegerass mag Richthofen eine einsame Koryphäe gewesen sein. Aber diese Qualität zählt dramaturgisch in dem Fall nicht viel. Es kommt vielmehr auf die sozialen Kompetenzen an. In dieser Hinsicht vermag Richthofen nicht zu glänzen.

§ 21 Erfüllung und Verweigerung von Publikumswünschen

Nachdem die Grundbedingungen emotionalen Erzählens im Wesentlichen geklärt sind, lässt sich auf eine wichtige, schon früher gestellte Frage zurückkommen: Wie weit sollen die Wünsche des Publikums erfüllt werden? Ist jede Handlung zum Happy End verpflichtet, wie manche Drehbuchlehren behaupten?

Nein. Sonst wären einige der stärksten und erfolgreichsten Filme von vornherein zum Scheitern verurteilt gewesen. Das sogenannte ›Happy End‹ ist nur EINE mögliche Variante erfolgreichen, publikumswirksamen Erzählens.

Denn das beste Ende für den Protagonisten ist nicht unbedingt auch das Beste für das soziale Netz. Und umgekehrt.

Man wird hier auf die Grundlagen des Publikumsvertrags zurückverwiesen: Das Interesse des Zuschauers ist in erster Linie sozial orientiert. Daher interessiert sich das Publikum am Ende der Geschichte genauso für die Gruppe und das Umfeld wie für den Protagonisten selbst. Die unmittelbare Erwartung jedes Zuschauers zielt darauf ab, soziale Probleme und Konflikte als lösbar zu erleben. Die Beschäftigung mit Unlösbarem ist dagegen eher frustrierend. Attraktiver sind Geschichten, in denen blockierte, verfahrene Prozesse wieder in Fluss gebracht werden.

Die Wunscherfüllung bezieht sich daher nicht nur auf das Schicksal der Protagonisten, sondern in erster Linie auf das Gesamtniveau des sozialen Gefüges.

Es gibt Fälle, da droht den Protagonisten der Untergang, je weiter sie sich in ihrer Verstrickung fortbewegen. Solche Geschichten können spannend, lustvoll und publikumsnah sein. Möglicherweise geht von Figuren, die ungeschriebene Gesetze des Zusammenlebens permanent übertreten, ein spezieller Reiz aus. Trotzdem fordern solche Helden ihre Bestrafung heraus. Dem sozialen Ganzen geht es hinterher besser. In solchen Fällen entspricht der Untergang des Protagonisten dem Publikumswunsch am besten, auch wenn der ›Bösewicht‹ attraktiv gewesen sein mag.

Es gibt Fälle, in denen Protagonisten scheitern oder sterben, obwohl ihnen die Empathie des Publikums gehört und sie positiv besetzt sind. Man kann das vordergründig als Verweigerung gegenüber den Publikumswünschen verstehen. Wenn die Verstorbenen aber den Überlebenden eine wichtige Idee hinterlassen haben und ihr Andenken lebendig bleibt, kann diese Entwicklung vom ›human factor‹ her voll befriedigend wirken (sehr eindrucksvoll in »Einer flog über das Kuckucksnest«).

Diese Betrachtung macht mit der simplen und falschen Einteilung von ›Happy End‹ und ›Unhappy End‹ Schluss. Entwicklungen innerhalb einer Handlung müssen mit dem Blick aufs Ganze übereinstimmen. Dann kann auch ein ›trauriges‹ Ende befriedigend wirken.

Umgekehrt kann vollständige Wunscherfüllung auch zu Monotonie oder mangelnder Glaubwürdigkeit führen. Die rosarote Brille ist so unredlich wie die pechschwarze. Der übertriebenen Wunscherfüllung tritt bei verantwortungsvoller Anwendung des ›human factor‹ immer die Höhe des Preises entgegen, den Figuren für ihre Ziele bezahlen müssen. Stimmiges Erzählen bewegt sich daher stets zwischen Wunscherfüllung und -verweigerung und bleibt nie nur auf einer Seite.

Zuletzt muss auch die Frage nach Erfüllung oder Verweigerung der Publikumswünsche abhängig vom Genre betrachtet werden. (Mehr dazu in § 25 Publikumsvertrag versus Kunstvertrag sowie in Teil III, B.1).

FAZIT

- **Konflikte sollten sich wenigstens teilweise als lösbar erweisen. Deshalb sollte das soziale Netz am Ende eine Aufwertung erfahren.**

- **Die Wunscherfüllung sollte mindestens so eine große Dimension einnehmen wie die Wunschverweigerung, am besten eine noch Größere.**

- **Es kann befriedigend wirken, wenn Protagonisten scheitern oder sterben, solange dadurch für das soziale Ganze ein Gewinn erzielt wird.**

- **Reine Wunscherfüllung kann ebenso verfehlt wirken wie die Wunschverweigerung.**

Beispiele:

1. »Titanic«
Wie konnte ausgerechnet dies der erfolgreichste Film aller Zeiten werden, wo er doch bekanntlich mit über tausend Toten endet? Ist das deprimierende ›Unhappy End‹ nicht vorprogrammiert? Nein. Die Rahmenhandlung gibt der Geschichte eine

neue Wendung: Rose hat ÜBERLEBT. Noch kurz vor seinem Tod hat Jack Rose beschworen, ihrem Leben einen Sinn zu geben. Diesen Wunsch hat sie auch erfüllt. Ihre Idee von Freiheit, die sie der Begegnung mit Jack verdankt, hat Rose auch ihrer Enkelin vermittelt. Jacks Opfer war nicht umsonst. Aus Publikumssicht ist dies das zentrale Argument für den Film.

2. »Ratatouille«
In diesem Family-Entertainment-Film wird dem Genre entsprechend keine Möglichkeit ausgelassen, die lückenlose Wunscherfüllung zu erzielen.

3. »The Departed«
Es läge nahe anzunehmen, dass dieser Film das Publikum in niedergeschmetterter Verfassung zurücklässt. Schließlich kommt ja Billy Costigan, der Empathieträger, ums Leben. Doch der Schein trügt. Lange Zeit sieht es so aus, als komme sein Widersacher Colin gut davon. Das wäre in der Tat ein frustrierendes Ende. Doch auch Colin wird am Ende ermordet, und in diesem Tod steckt doch ein Stück Wunscherfüllung: Der Maulwurf auf Seiten der Polizei ist enttarnt, und die skrupelloseste Figur des Films beseitigt.
Zudem wird Billys Andenken durch Madolyn geehrt. All das erklärt, warum der Film trotz so vieler Leichen wenigstens teilweise befriedigend wirkt.

4. »Little Miss Sunshine«
Ist nicht das Ende hier arg bitter?! Schließlich ist Olive ja beim Schönheitswettbewerb mit Pauken und Trompeten durchgefallen. Aber darauf kommt es nicht an. Viel wichtiger ist die Loyalität im sozialen Netz und die Treue zu sich selbst. Beide sind am Schluss deutlich gewachsen.

5. »Das Leben der Anderen«
Gerd Wiesler ist am Ende mit seinem Vorhaben, Dreyman auszuspionieren und zu überführen, gescheitert. Er wird dafür degradiert. Und auch nach der Wende führt er ein kärgliches, einsames Leben. Ist das ein schlechtes Ende? Nein. Denn auf der sozialen Ebene hat er eine Heldentat vollbracht, und das allerletzte Bild zeigt, dass eine neue, intensive Beziehung zwischen ihm und Dreyman entsteht.

6. »Keinohrhasen«
Am Ende fliegen Ludo die Tomaten ins Gesicht. Von dem glanzvollen Winner, der er zu Beginn des Films war, ist nicht mehr viel übrig geblieben. Er hat gelernt, zu verlieren (vgl. »Little Miss Sunshine«). Und gerade diese Niederlage unterstützt das Gefühl, dass er bei Anna gesiegt hat. Insofern ist das Ende ›happy‹, aber es kostet auch einen Preis.

7. »Der Rote Baron«
In Richthofens Tod liegt ein Stück Wunscherfüllung. Es wäre ungerecht gewesen, wenn ausgerechnet er allein überlebt hätte. Im Tod findet er gewissermaßen zurück zu seinen verstorbenen Kameraden. Doch am allgemeinen Schlachten hat sich nichts geändert, und Richthofen hat außer dem Mythos seiner vielen Abschüsse nicht viel menschlich Berührendes hinterlassen.

§ 22 Widersprüchliches Verhalten und emotionale Logik

Generell sind Menschen zu allem fähig. Vom Heiligen bis zum pathologischen Serienkiller kennt man fast alle Spielarten extremen Verhaltens. Entsprechend existieren auch bei Geschichten keine Einschränkungen für das Verhalten der Figuren: Widersprüche, Brüche und komplexe Schichtungen innerhalb der Charaktere sind nicht nur möglich, sondern gehören dazu. Auch im wirklichen Leben ist kein Mensch nur einem einzigen Ziel verpflichtet. Keiner handelt immer nur konsequent. ›Der Mensch ist ein Abgrund‹, sagt Woyzeck bei Georg Büchner.

Gleichwohl existieren Prinzipien der emotionalen Logik, die uns Verhaltensmuster entweder als glaubwürdig oder als unstimmig erleben lassen. Es gibt Widersprüche, die NICHT einleuchtend erscheinen und nur darauf hinweisen, dass der Autor seine Figur im Sinne der eigenen Absichten verbiegt.

Denn menschliche Individualität, vor allem aber das Leben im sozialen Netz lässt jedem Charakter nur eine begrenzte Bandbreite von Verhaltensmustern offen. Ein Chef, der sich nur illoyal verhält, verliert bald seine Mitarbeiter. Ein Don Juan, der Frauen ausschließlich benutzt, wird irgendwann zur Rechenschaft gezogen. Ein Verbrecher, der seine Gier rücksichtslos auslebt, stößt irgendwann an Grenzen. Wenn im Film solche sozialen Wechselwirkungen zwischen dem Einzelnen und dem sozialen Netz nicht gestaltet werden, bleiben Figuren oder Konstellationen unglaubwürdig. Emotional nachvollziehbares Verhalten ist immer nur mit seinen sozialen Konsequenzen denkbar. Werden diese ausgeblendet, wirkt die Handlung emotional unplausibel.

Allerdings gibt es Situationen, wo Figuren ihr Verhalten schlagartig ändern. Das lässt sich jedoch nur dann überzeugend motivieren, wenn die Zuschauer den Auslöser, also die Motivation für diese Änderung mit nachvollziehen können.

Ein besonders schüchterner Mensch z. B. wird sich kaum ohne besonderen Anlass plötzlich öffentlich exponieren – es sei denn, es existiert ein präziser Auslöser, der ihn zur Änderung seiner Richtung motiviert. Umgekehrt dürfte es einem Angeber kaum plötzlich die Sprache verschlagen – außer die Situation zwingt ihn dazu.

Der Schlüssel liegt darin, dass die emotionale Logik ebenso wie die kausale Logik mit Auslösern, also mit Ursache und Wirkung operiert.

Widersprüchliches Verhalten wirkt demnach dann menschlich einleuchtend, wenn es nachvollziehbare Gründe dafür gibt, dass ein Mensch seine Ziele ändert.

FAZIT

- **Widersprüche und Brüche in Figuren werden als emotional logisch erlebt, wenn sie durch Auslöser motiviert sind.**

Beispiele:

1. »Titanic«
Ein offensichtlicher Fall von widersprüchlichem Verhalten ist Roses Selbstmordversuch, den sie sofort wieder aufgibt. Das Gespräch mit Jack ist ein Auslöser ersten Ranges, der plausibel macht, warum Rose von ihrem Plan Abstand nimmt. Das Gespräch hat ihr Lebensmut gegeben. Durch die Bindung an Jack hat sie eine Perspektive.

2. »Ratatouille«
Als Linguini den Auftrag bekommt, die Ratte aus seiner Küche in der Seine zu ertränken, gibt es zunächst keinen Grund für ihn, das nicht zu tun. Der Moment, in dem er die Richtung wechselt, wird vom Drehbuch intensiv ausgekostet: Denn er begreift, dass die geniale Ratte seine Rettung sein kann. Nach der Szene versteht man gut, warum Linguini sich entschieden hat, Rémy doch nicht zu töten, sondern eine Kooperation mit ihm aufzubauen.

3. »The Departed«
Lange Zeit tut Billy alles, um das Vertrauen von Frank Costello zu gewinnen. Irgendwann aber legt er den Rückwärtsgang ein und versucht verzweifelt, aus dem Mafia-Netzwerk wieder auszusteigen. Der Grund für diese Umkehr liegt darin, dass er die Gefahr spürt, bald enttarnt zu werden. Die Schlüsselszene findet in einem Pornokino statt. Hier begreift Billy, dass er in Gefahr ist. Der Auslöser für Billys Wandel ist also deutlich erkennbar.

4. »Little Miss Sunshine«
Richard steht am Ende vor der Entscheidung, entweder seine Sieger-Mentalität weiter auszuleben, oder seiner Tochter eine Blamage zu ersparen. Er setzt sich in

diesem Moment aus Loyalität lieber selbst einer Demütigung aus, als Olive ins offene Messer rennen zu lassen. Und hat damit ganz eklatant die Zustimmung des Publikums auf seiner Seite.

5. »Das Leben der Anderen«
Gerd Wieslers Verhalten wird durch eine einzige, zunächst rätselhafte Veränderung seiner inneren Richtung gesteuert. Indem man kontinuierlich miterlebt, wie sehr er von Dreyman und seiner Frau in Bann gezogen wird, ist es gerade diese Veränderung, die ergreifend wirkt. Weil sie sozial motiviert ist.

6. »Keinohrhasen«
Ludo schreibt gegen Ende der Handlung einen Artikel, der die Schönheiten einer alltäglich gekleideten Kindergärtnerin auf einem roten Teppich öffentlich preist. Im Kontext seines Berufes ist das absurd. Aber man erfährt gerade durch diesen Sinneswandel, dass Ludo Anna für sich zurückgewinnen will.

7. »Der Rote Baron«
Richthofen legt an der Leiche seines Kameraden Sternberg eine tränenreiche Totenklage hin. Die emotionale Ergriffenheit steht aber im Widerspruch zu seinem ansonsten eher schnoddrig-kontrollierten Verhalten. Der Gefühlsausbruch wirkt überraschend, da man Richthofens Bindung an diesen verstorbenen Kameraden zuvor kaum nachvollziehen konnte. Es liegt hier also kein echter Auslöser für die Veränderung seines Verhaltensmusters vor.

§ 23 Wandlung der Figuren

Geschichten werden nicht nur erzählt, um soziale Probleme als lösbar zu erleben, sondern auch, um zu zeigen, wie Menschen und Figuren sich wandeln, anpassen und weiterentwickeln können. Darin liegt ein Grundmuster allen Erzählens. König Ödipus wandelt sich vom strahlenden, selbstbewussten Herrscher in den blinden Bettler, sobald er seine Schuld erkannt hat. Odysseus zieht als Kriegsheld aus und kehrt als Landstreicher heim, den nur sein Hund erkennt, bevor er sich seiner Frau offenbaren kann. Hamlet gilt zunächst als zögernder und schwankender Charakter, doch am Ende aber ist er es, der die Initiative an sich reißt. In allen diesen Fällen ist der Radius der Veränderung groß.

In starken Geschichten ist die Wandlung von einem oder mehreren Charakteren eine wichtige Voraussetzung für die emotionale Reaktion des Publikums. Wie im vorhergehenden Paragrafen beschrieben, sollte diese Wandlung sozial bedingt sein. Sie darf demzufolge nicht willkürlich behauptet werden, sondern muss aus Publikumssicht zwingend durch die Kontakte und Loyalitäten motiviert werden.

Diese Forderung ist ebenso lapidar wie elementar. Der Vergleich zwischen erfolgreichen und glücklosen Filmen erweist, dass Figuren ohne erkennbare Wandlung die Chance auf eine größere Publikumsgunst meist verspielen.

FAZIT

- **Die Wandlung und Entwicklung der Charaktere ist eine entscheidende Forderung des Publikumsvertrags.**

- **Die Wandlung sollte sich aber als sozial motiviert erweisen.**

Beispiele:

1. »Titanic«
Rose wird zu Beginn als wenig durchsetzungsfähige, verschüchterte junge Frau eingeführt. Am Ende hat sie durch die Begegnung mit Jack eine Menge an Selbstbewusstsein und Lebensmut bekommen. Sie ist eine unternehmungslustige, unerschrockene Frau geworden. Die Fotos, die man schließlich von ihrem reichen Leben sieht, beweisen dies.

2. »Ratatouille«
Die Wandlung macht weniger Rémy durch als vielmehr Linguini. Er entwickelt sich vom schüchternen Küchengehilfen zum selbstbewussten Restaurant-Chef. Noch erstaunlicher aber ist die Metamorphose des frustrierten Kritikers Anton Ego: Er verwandelt sich am Ende durch den Genuss eines vortrefflichen Menus zu einem zugewandten, bescheidenen und begeisterten Menschenfreund.

3. »The Departed«
Im Dschungel der Verstrickungen kann man hier charakterliche Veränderungen eher in die negative Richtung erkennen. Colin Sullivan, lange Zeit der ergebene Ziehsohn von Frank Costello, wandelt sich gegen Ende zu einem rücksichtslosen Verbrecher, der über Leichen geht.

4. »Little Miss Sunshine«
Richards Wandlung vom zwanghaften Bewunderer von Siegern hin zum bekennenden Verlierer wurde bereits beschrieben. Doch auch sein Sohn Dwayne macht eine große Veränderung durch und kommt mit seinem Onkel Frank in einen fruchtbaren Austausch, den er noch zu Beginn der Handlung vehement verweigerte.

5. »Das Leben der Anderen«
In der Wandlung des fanatischen Stasi-Offiziers Wiesler zum einsamen, aber selbstbewussten Menschenfreund liegt eine der zentralen Attraktionen der Geschichte.

6. »Keinohrhasen«
Ludos Veränderung wurde bereits mehrfach erwähnt. Doch auch Anna wandelt sich durch die Liebe von der grauen Maus zu einer sexy wirkenden, selbstbewussten Frau.

7. »Der Rote Baron«
An Richthofen ist wenig Veränderung wahrzunehmen. Man könnte am Schluss höchstens eine gewisse Melancholie in seinem Wesen verzeichnen, die zu Beginn kaum spürbar war. Er muss am Ende einsehen, dass seine Ziele nicht verwirklichbar waren. Aber eine echte Läuterung ist kaum zu erkennen.

§ 24 Die Relativität von Gut und Böse

Geschichten bilden ihren eigenen Kosmos, ihr eigenes Wertesystem. Oft stimmt dieses mit den generellen gesellschaftlichen Normen überein. Doch bei weitem nicht immer.

Bisweilen handeln Geschichten von gesellschaftlichen Randbezirken und Subkulturen, wo eigene Gesetze herrschen, die mit der herkömmlichen Moral und den staatlichen Gesetzen unvereinbar scheinen. Wie soll man da eine Handlung entwickeln, die von Verbrechern, Mördern, Vergewaltigern erzählt?

Für die Entwicklung von Empathie und die Entfaltung eines starken Publikumswunsches ist aber die herkömmliche Moral nur bedingt relevant. Absolute Werte gibt es im Film nicht (genau wie im Leben...). Tatsächlich entsteht unsere Wertung von ›Gut‹ und ›Böse‹ immer in Abhängigkeit des Blickwinkels, den wir auf die Figuren haben. Gerechtigkeit ist – zumindest im Film – ein relativer Wert.

Jedes Drehbuch verfügt daher frei über die Informationen, die es dem Publikum über seine Figuren gibt. Demnach ist es möglich, ein und dieselbe Figur entweder als ›gut‹ oder als ›böse‹ oder als ambivalent zu zeichnen – je nachdem, welche Aspekte der Figur man dem Publikum zeigt oder unterschlägt.

Man muss Figuren im Drehbuch nicht als moralisch ›absolut gut‹ charakterisieren, um ihnen eine positive Aufnahme zu sichern. Es genügt, wenn man sie als ›relativ besser als ihre Umgebung‹ darstellt, um sie empathisch aufzuladen.

Nur derjenige Charakter, der sichtlich illoyal ist und Schuld trägt, wird vom Zuschauer verurteilt. Derjenige, dessen Schuld man nur vage erahnt, ohne sie wirklich gesehen zu haben, muss deswegen nicht unbedingt negativ wirken. Der Publikumsvertrag drängt also auf Kompensation nur desjenigen Unrechts, welches wirklich erkennbar geworden ist. Die Figur, deren Benachteiligung am besten nachvollziehbar ist, wird auch empathisch am meisten aufgeladen. Die übrigen moralischen Kategorien dagegen spielen eher eine untergeordnete Rolle.

So kann das System eines Films auch in Kollision mit den herrschenden Moralvorstellungen einer Gesellschaft geraten. In einer Geschichte vermag eine Figur durchaus Empathie für sich zu beanspruchen, welche ansonsten moralisch gesehen unerträglich erscheint.

Damit lässt sich im Film jede noch so erdenkliche Untat motivieren. Filme können auf diese Art und Weise manipulativ wirken. Der Anspruch an alle am Film Beteiligten sollte der sein, diese beeinflussende Kraft des Mediums nicht zu missbrauchen.

FAZIT

- **Jede Geschichte entwickelt ihre eigene Moral. Durch empathische Signale in der Handlung ist es möglich, fast jedes Verhalten einer Figur als ›gut‹, d.h. ›besser als die andern‹ zu motivieren und damit die Zustimmung des Publikums zu erhalten.**

- **Die Beurteilung eines Stoffes nach herkömmlicher Moral ist dagegen zweitrangig. Dadurch kann Film auch zum manipulativen Medium werden. Autoren sollten sich dessen bewusst sein.**

Beispiele:

1. »Titanic«
Eigentlich könnte man Jack auch als einen gescheiterten Herumtreiber und somit als negative Figur bezeichnen. Er wirkt äußerlich nicht wie ein ›Held‹. Erst seine Beiträge in Bezug auf Rose ergänzen diese oberflächliche Außensicht durch ein differenzierteres Charakterbild. Man liebt Jack als Zuschauer für das, was er für Rose leistet.

2. »Ratatouille«
Die Vorstellung, dass die Küche eines Sterne-Lokals von Ratten bevölkert wird, müsste eigentlich wie der blanke Horror wirken. Gerade in der dreisten Pointe der Filmemacher, hier ausgerechnet diejenigen Tiere, denen Menschen am meisten Abscheu entgegenbringen, zu Heilsbringern umzufunktionieren, liegt der Beweis, wie manipulativ Film sein kann. Genau genommen wird ein Akt der Verwahrlosung

glorifiziert. Es sind die sozialen Aspekte, die dazu führten, dass dieser Film so erfolgreich werden konnte – nicht die hygienischen.

3. »The Departed«
Die Relativität von Gut und Böse zeigt sich im Gangsterfilm besonders deutlich. So bildet auch hier die Darstellung einer unmoralischen Welt ihren eigenen Wertekosmos. Dass Verbrecher und Drogendealer moralisch gesehen eigentlich zu verurteilen wären, spielt keine Rolle, solange man das, was sie anrichten, nicht sieht. Lange Zeit wird Frank Costellos betont freundliches Verhalten gezeigt. Solange wirkt er positiv, nett und menschlich und längst nicht so verdammenswert wie das, was er eigentlich tut. Erst allmählich enthüllen Costello, aber auch Colin Sullivan ihr wahres Gesicht. Als dann ihre eiskalten Grausamkeiten zutage treten, wird die Parteinahme gegen sie eindeutig.

4. »Little Miss Sunshine«
Eigentlich ist ein drogenkonsumierender Opa eine Zumutung und sicherlich nicht lustig. Indem sich aber dieser Opa rührend um sein Enkelkind bemüht, und er auch gar keinen Hehl aus seinem Drogenkonsum macht, wird ihm dieses Verhalten wohl von den meisten Zuschauern verziehen.

5. »Das Leben der Anderen«
Vielfach wurde dem Film vorgeworfen, er beschönige und verharmlose die Stasi. Vielleicht stimmt das. Es ist schwer nachweisbar, ob es tatsächlich im Verborgenen ähnlich positive Fälle von heimlicher Hilfeleistung gegeben hat oder ob dies kategorisch ausgeschlossen war. Daher ist hier kein abschließendes Urteil möglich.
Der Film hat es gleichwohl geschafft, die Handlung so nachvollziehbar aufzubauen, dass Wieslers Story glaubwürdig und positiv wirksam wurde. Wie sehr dies auf Manipulation der Fakten beruht, kann und soll hier nicht nachgeprüft werden.

6. »Keinohrhasen«
Nüchtern betrachtet, sind die Tricks, mit denen Ludo und Moritz ihre Klatschkolumnen füllen, strafrechtlich relevante Vergehen. Man hat jedoch Spaß daran zu sehen, wie mediengeile Journalisten durch Glasdächer einbrechen, in Hochzeitstorten landen oder im Schrank versteckt indiskrete Fotos schießen. Es ist nichts Böses an diesen ›Straftaten‹, weil sie niemandem ernstlich schaden, bzw. man den Schaden nicht sieht, oder sogar ein Aspekt der Schadenfreude mitschwingt. Moralisch gesehen aber ist Ludos Treiben trotzdem verwerflich.

7. »Der Rote Baron«
Hier haben wir es mit dem umgekehrten Fall zu tun: Die Filmemacher wollten uns davon überzeugen, dass Richthofen ein schneidiger, toller Kerl und Kamerad war. Das Publikum aber bleibt davon unberührt und erkennt, dass zumindest die Figur im Film wenig Loyalität und soziale Kompetenz aufbringt. Es fehlen die Auslöser und Motivationen, die uns die Vorzüge des Helden vor Augen führen. Insofern sind alle Versuche, ihn aufzuwerten, eher vergebens.

§ 25 Publikumsvertrag vs. ›Kunstvertrag‹

Der Publikumsvertrag fordert von den Autoren, die Erzählstrategie wenigstens teilweise dem Erwartungshorizont des Publikums anzupassen. Diese Forderung aber gerät an ihre Grenzen, wenn sie zu Stereotypen und Klischees führt oder komplexe Zusammenhänge simplifiziert. Sobald die Rechnung einer Geschichte allzu glatt aufgeht, verliert sie ihr Geheimnis und damit ihre Nachwirkung. Zudem wird die Vortäuschung reibungsloser Lösungsstrategien von den Medien und der Werbung allzu oft ausgebeutet und überstrapaziert.

An diesem Punkt tritt eine Gegenbewegung in Kraft. Genauso legitim wie die Beschäftigung mit Lösungsvorschlägen ist auch die Auseinandersetzung mit unlösbaren Konflikten. Es genügt ein Blick auf die Welt, wie sie wirklich ist, um zu erkennen, dass es extrem bedrückende, kaum lösbare Probleme gibt. Das gilt im persönlichen Bereich ebenso wie im politischen Kontext. Es gibt schwere individuelle psychische Störungen oder Krankheiten, für die es ebenso wenig eine Hoffnung auf eine simple ›Heilung‹ gibt wie für politisch verfahrene, unmenschliche, bedrohliche Zustände und herannahende Katastrophen für den gesamten Erdball.

Sich mit ihnen zu beschäftigen, erfordert Frustrationstoleranz. Bei weitem nicht alle Zuschauer weisen diese auf. Dennoch muss es diese sperrigen Auseinandersetzungen geben, auch wenn sie nur eine Minderheit interessieren.

Hier endet die Zuständigkeit des Publikumsvertrags, und es beginnt die Zuständigkeit des polar entgegengesetzten ›Kunstvertrags‹. Die Prinzipien der Kunst kümmern sich erst einmal nicht um die Publikumsresonanz, sondern nur um die innere Wahrhaftigkeit einer Geschichte bzw. deren Aussagekraft. Viele Arthouse-Filme versuchen nicht mehr, gesellschaftliche Probleme als lösbar darzustellen, sondern beschreiben die dunkleren Seiten des Lebens in schonungsloser Offenheit. Das ist legitim und für die kulturelle Weiterentwicklung auch nötig.

Die Qualitäten, die für den Kunstvertrag ausschlaggebend sind, lassen sich im Begriff der ›Musterunterbrechung‹ zusammenfassen. Eine der wichtigsten

Aufgaben der Kunst überhaupt liegt in der Grenzüberschreitung. Alle scheinbar gesicherten Lösungsstrategien müssen gesellschaftlich immer wieder in Frage gestellt werden. Tabus wollen gebrochen, Grenzen überschritten werden. Das war in der Kunst immer schon so. Dies gilt auch für den Film.

Voraussetzung dafür ist Mut. Künstler müssen zunächst einmal ihrer Vision und ihrem Bild von Wahrhaftigkeit trauen und treu bleiben. Oft kollidiert dies mit den wirtschaftlichen Realitäten des teuren Massenmediums. Diese Kollision kann fruchtbar sein. Der Mut zur Musterunterbrechung, also zur unkonventionellen Lösung ist ein wichtiger Faktor des Erfolgs. Auch dies ist wieder ein Element des ›human factor‹ – die Treue zu sich selbst. Insofern muss auch für den Arthouse-Film, der sich eigentlich nicht um den ›Publikumsvertrag‹ schert, eine Lanze gebrochen werden.

Die wenigsten Filme sind allerdings ausschließlich dem einen oder anderen Vertrag verpflichtet. Absolut kommerzielle Produkte existieren eigentlich nur in reinen ›Dienstleistungsfällen‹, etwa dem Pornofilm, oder bei extremen Spartensendern.

In Wahrheit bewegt sich letztlich jeder Film auf einer imaginären Publikums-Skala zwischen Null und Unendlich. Auf der Seite des absolut hermetischen Kunstvertrags steht der Film, den nur ein einziger Mensch gesehen hat, nämlich der Filmemacher selbst. Auf der anderen Seite steht, natürlich rein hypothetisch, derjenige Film, den JEDER Erdenbürger gesehen hat.

Zwischen diesen Polen bewegt sich jeder Film. Vermutlich freut sich auch der hartgesottenste einzelgängerische Künstler über alle, die sein Werk sehen und mögen – auch wenn es sich nur um die ›happy few‹ handelt. Andererseits kann es sich die teure Filmindustrie nur selten leisten, reine Kunstfilme herzustellen – sie gehören letztlich eher ins Museum.

Film ist also immer *sowohl* kommerzielles Massenmedium *als auch* künstlerischer Ausdruck. Aus dieser Spannung lebt das Kino. Besonders eindrucksvolle Werke der Filmgeschichte sind immer beiden Wertmaßstäben verpflichtet – wenn auch in unterschiedlichem Verhältnis. Entweder sie entstammen dem industriellen Mainstream-Umfeld, bringen aber genügend Mut zur Musterunterbrechung auf. Oder sie kommen aus der Arthouse-Richtung, finden aber dank starkem ›human factor‹ weite Verbreitung.

Letztlich ist also die ausschließliche Parteinahme FÜR oder GEGEN den Publikums- bzw. Kunstvertrag überflüssig. Es bleibt jedem Filmemacher überlassen, welcher Richtung er sich zugehörig fühlt. Entscheidend ist, dass Filmemacher wissen, was sie tun. Dieses Buch will helfen, die elementaren Prinzipien der emotionalen Zustimmung oder Ablehnung besser zu verstehen und mit ihnen schöpferisch umzugehen.

FAZIT

- **Der Publikumsvertrag steht in einem Spannungsfeld mit dem Kunstvertrag. Letzterer fordert den Mut zur Wahrhaftigkeit und Musterunterbrechung.**

- **Den absoluten Kunstfilm gibt es ebenso wenig wie den absoluten Mainstream-Film.**

- **Publikums- und Kunstvertrag sollten in möglichst gleicher Weise ernst genommen werden. Kein Film kann ganz und gar nur dem einen oder anderen Vertrag gehorchen.**

Beispiele:

1. »Titanic«
Um die enormen Kosten wieder einzuspielen, musste James Cameron alle Register der Emotionalität ziehen. Also wurde ein Feuerwerk der ›human factor‹-Elemente abgebrannt. Dennoch ist das Drehbuch alles andere als ›von der Stange‹. Es bedurfte einer Menge Mut zur Musterunterbrechung, um die Geschichte einer kollektiven Katastrophe so zu erzählen, dass kein depressives Drama, sondern eine vitale Geschichte entstehen konnte. Zumindest die Rahmengeschichte ist dramaturgisch ausgesprochen innovativ gestaltet.

2. »Ratatouille«
Der Mut, ausgerechnet Ratten zu Protagonisten eines genussreichen Family-Entertainment zu machen, hat eine fast surreale und auf jeden Fall grenzüberschreitende Qualität. Dass der Film dann doch den Gesetzen des Publikumsvertrags gehorcht, steht auf einem anderen Blatt und beweist, wie gut Publikumsvertrag und Musterunterbrechung Hand in Hand gehen können.

3. »The Departed«
Martin Scorseses künstlerische Reputation steht außer Frage. Entsprechend bietet dieser Film kein leicht verdauliches Popcorn-Kino, sondern fordert Frustrationstoleranz. Denn niemand kann sich am Ende in der Illusion wiegen, das organisierte Verbrechen sei besiegt worden. Insofern wird man den Film als künstlerisch eigenwillig bezeichnen können. Trotzdem wirkt er aus Gründen, die hier besprochen wurden, für ein großes Publikum immer noch hoch attraktiv und befriedigend.

4. »Little Miss Sunshine«
Die Produktion war immer als – allerdings versöhnlicher – Arthouse-Film gedacht, hat also nie auf ein Massenpublikum geschielt. Verglichen mit den großen Blockbustern fallen seine Zuschauerzahlen auch eher bescheiden aus. Alles dreht sich ja um eine unpopuläre Botschaft, nämlich dass man auch lernen muss zu verlieren. Dennoch verhalf dem Film der souveräne Umgang mit dem Publikumsvertrag zu einer vergleichsweise glänzenden Performance am Markt.

5. »Das Leben der Anderen«
Der Film entwickelt den Anspruch eines seriösen Stücks deutscher Vergangenheitsbewältigung. Die Thematik ist düster und wenig unterhaltsam, noch dazu spielt der Film im sperrigen Milieu von Künstlern und Intellektuellen.
Man begegnet keinen ›Helden‹, sondern gebrochenen Menschen. Es ist dennoch gelungen, durch die Konzentration auf die Ebenen der Zwischenmenschlichkeit einen der größten Erfolge des deutschen Nachkriegskinos auf die Beine zu stellen.

6. »Keinohrhasen«
Von allen hier besprochenen Filmen ist dies derjenige, der am wenigsten auf den Beifall von Seiten des Kunstvertrags schielt. Dieser Film will nur unterhalten – aber er tut dies dank der Erfüllung des Publikumsvertrags effektiv.

7. »Der Rote Baron«
Das Bemühen, künstlerisch seriöse Unterhaltung abzuliefern, ist eindeutig zu erkennen. In vielen gestalterischen Faktoren muss man dem auch Respekt zollen. Doch der Umgang mit dem ›Publikumsvertrag‹ geriet fahrlässig. Und so musste der Erfolg zwangsläufig ausbleiben.

TEIL III
Praktische Drehbucharbeit

A. Die Anwendung des Publikumsvertrags

In Teil II mit seinen 25 Paragrafen wurden die Prinzipien des Publikumsvertrags so genau wie möglich seziert und erläutert. Die Beschäftigung mit den Paragrafen ist eine wesentliche Grundvoraussetzung zum Verständnis des ›human factor‹.. Und doch ist das in erster Linie eine analytische Prozedur.

Für alle konkret an Drehbüchern und Stoffen arbeitenden Menschen sind analytische Überlegungen hingegen eher ›l'art pour l'art‹. Solange kein konkreter, praktischer Gewinn für die eigene Arbeit daraus erwächst, ist alle Erkenntnis nur graue Theorie. Drehbucharbeit ist kreativ, sie folgt keinen Paragrafen und keinen Gesetzen. Jeder Autor geht mit seinen Stoffen anders um. Storys werden nicht am Reißbrett erfunden, sondern erträumt, erfunden, fantasiert.

Es wäre daher absurd anzunehmen, dass sich Autoren an die Drehbucharbeit machen und währenddessen 25 Paragrafen mit zahlreichen Unterpunkten im Kopf behalten. Man kann nicht intuitiv lebendige Geschichten erschaffen und zugleich versuchen, Prinzipien zu befolgen.

‚Der Publikumsvertrag‹ ist daher keine Methode, auch kein Rezept, dem man beim Schreiben mechanisch folgen könnte. (Und nebenbei: Solche Rezepte existieren nicht, und wenn sie existieren, funktionieren sie nicht.) In der Regel will und kann sich kein Autor durch Vorschriften gängeln lassen.

Dieses Buch liefert daher lediglich Einsichten, aus denen sich Fragestellungen ergeben: Wie lässt sich ein Stoff wirkungsvoller, emotionaler, plastischer erzählen? Darauf kommt es in der praktischen Stoffentwicklung an, und darauf will insbesondere Teill III Antworten geben. Jeder Autor soll und wird ja bei der Drehbucharbeit zunächst seinen Visionen folgen und erst einmal das zu Papier bringen, was ihm intuitiv vorschwebt. Doch schon nach dem ersten Rohentwurf kann die Beschäftigung mit dem ›human factor‹ helfen, Storys mit einer optimalen inneren Spannung zu versehen.

Es wäre dabei falsch und praxisfern anzunehmen, dass jeder Film alle Aspekte des Publikumsvertrags gleichermaßen berücksichtigen soll. In jedem Stoff stellt sich vielmehr eine andere, neue Mischung der wesentlichen Elemente her (s. A.13 ›Wann ist es zuviel?‹). Daher muss man selektiv vorgehen und für seine jeweilige Stoffidee individuell jenen Aspekt betonen, der im Vordergrund stehen soll.

Um nun die Erkenntnisse aus Teil II für Kreative fruchtbar zu machen, wird sich Teil III mit einigen wenigen, aber essenziellen dramaturgischen Fragestellungen befassen und sie erläutern. Die immer wieder relevanten Begriffe von Zugehörigkeit, Empathie für Benachteiligte, Loyalität, Austausch und Gemeinschaftsgefühl werden anhand zahlreicher Beispiele erfolgreicher Filme der letzten Jahre neu beleuchtet.

1. Wie entsteht die optimale Grundspannung?

Das Thema Zugehörigkeit

Jedem Drehbuch liegt ein ursprünglicher Impuls zugrunde. Es ist zunächst gleichgültig, ob dabei für den Autor ein spezifischer Charakter im Vordergrund steht, über den er schreiben will, ein historisches Ereignis, ein spektakuläres Verbrechen oder eine Romanvorlage. Immer öfter erhält der Autor auch von Produzenten den Auftrag, sich eines bestimmten Themas anzunehmen.

Das wichtigste Augenmerk gilt dabei immer der Zugehörigkeit der zentralen Figur(en). Sobald daher die Idee für eine Figur im Drehbuchautor aufkeimt, ist es nützlich, sich die Frage zu stellen: ›Wo will sie hin?‹ beziehungsweise: ›Wo will sie auf keinen Fall hin?‹ Damit tauchen hinter jeder Figur Welten auf, soziale Felder, Beziehungen, Kontexte. Je eindeutiger der Autor vermitteln kann, aus welcher Welt die Figur kommt und wie sie sich darin fühlt, desto stärker wird die emotionale Bindung des Zuschauers.

Aus diesem Blickwinkel ergeben sich weitere Überlegungen. Denn die Frage nach dem ›Wohin‹ hat etwas mit Attraktion, Sogwirkung, neuen Möglichkeiten zur Selbstverwirklichung zu tun, aber auch mit Abstoßung, Abwehr, Konflikt. Und wenn man diesem Gedanken konsequent folgt, führt er zwangsläufig zu einer hohen Grundspannung, die es dem Zuschauer ermöglicht, emotional auf die Story einzusteigen.

Oft passiert es, dass Autoren sich früh in einem Plot festbeißen, der zwar in sich stimmig und logisch erscheint, dem aber die nötige Spannung in der Ausgangslage fehlt. Häufig wird schon an den Einzelheiten der Story geschraubt, obwohl die große Linie der Figuren noch nicht deutlich ist. Aber erst wenn Sogwirkungen und Bindungen, Anziehungs- und Abstoßungskräfte festliegen, lohnt es sich, weiter über die Einzelheiten der Geschichte nachzudenken. Erst einmal gilt es, die Grundspannung der Welten aufzuzeigen, zwischen denen sich die Figur bewegt.

In dieser Frage empfiehlt es sich, polar zu denken. Je klarer sich zwei mögliche Formen von Zugehörigkeit gegenüberstehen, und je schwerer es ist, beide zusammenzubringen, desto besser sind die Voraussetzungen für eine starke Story.

Ideal ist also eine Stoffidee dann, wenn man getrennte Welten auseinanderhalten kann:

- die Welt eines Gefängnisses gegen die Welt klassischer Musik (»**Vier Minuten**«);
- die Welt der Deutschen gegen die der Türken (»**Gegen die Wand**«);
- die Welt Afrikas gegen den Überfluss Europas (»**Wüstenblume**«)
- usw.

Die Begegnung zwischen einem älteren Schauspieler und einer jungen Studentin in einer Hotelbar ist spannungslos und beliebig, wenn sie in deren Heimat stattfindet. Sobald sie sich aber in einem Land bewegen, das sie nicht kennen und in dem sie sich einsam fühlen, ergibt sich eine klare Zugehörigkeitsthematik: hier der intime Kontakt zweier Menschen, dort die unzugängliche Außenwelt (»**Lost in Translation**«).

Als Fatih Akin die Figur des Cahit (Birol Ünel) aus »**Gegen die Wand**« entwarf, war vielleicht seine erste Idee, eine türkisch-deutsche Scheinehe zu zeigen. Oder er hatte nur das Bild eines Mannes im Kopf, der ein Auto gegen die Wand steuert. Oder die Frauenfigur der Sibel (Sibel Kekili) stand zuerst fest. Das spielt letztlich keine Rolle. Relevant und effizient für den Film war es aber, die Innenspannung Cahits aus einer vehementen Zugehörigkeits-Thematik heraus zu entwickeln. Denn Cahit ist in zwei Kulturwelten verwurzelt: der türkischen, die restriktiv gezeichnet wird, und der deutschen oder besser westeuropäischen, die sich durch ein chaotisches, hedonistisches, völlig regelloses Leben auszeichnet. Cahits Zugehörigkeitskonflikt besteht darin, dass er mit einem Teil seiner Herkunft nichts mehr zu tun haben will. Er lehnt den türkischen Teil seiner Herkunft ab.

Sobald jedoch Sibel in sein Leben tritt und er sich leichtfertig auf eine Scheinehe mit ihr einlässt, dreht sich das Verhältnis um: Cahit verfällt unmerklich einem Sog, der immer stärker wird. Indem er Sibel begehrt kommt er jenem Teil, den er bisher so vehement ablehnte, immer näher.

Die polare Spannung, in der sich Cahit befindet, beginnt, sein Leben zu verändern. In ihm entsteht ein schier unaushaltbarer Konflikt: Da ist eine Welt, die er ausklammern, verdrängen, umschiffen will. Und genau diese zieht ihn magisch an. Um es psychologisch auszudrücken: Unbewusst zieht es ihn genau in diese abgespaltene Identität. Mit Sibel begehrt er den Teil in sich, den er bisher abgelehnt hat.

Dieses Dilemma versteht jeder Mensch – auch derjenige, der kein Deutsch-Türke ist. Denn jeder von uns trägt Mischungen aus der Vater- und der Mutter-Welt in sich. Jeder kennt die Schwierigkeiten, beide Teile zusammenzubringen. Jeder weiß, wie es ist, wenn man Dinge ablehnt, die zu einem späteren Zeitpunkt sehr wichtig werden können.

»Gegen die Wand« kommt daher ohne große äußere Konflikte aus, es gibt hier keine antagonistischen Bösewichte oder kriminellen Plot-Elemente. Ein einfacher Zugehörigkeitskonflikt genügt, um die Figur des Protagonisten emotional aufzuladen.

Dem Film ist es gelungen, diese Sog- und Abstoßungskräfte sehr kraftvoll zu gestalten – und zwar durch einen intensiven Austausch zwischen Cahit und Sibel. Der Einfall, der diesen Austausch nicht nur möglich macht, sondern sogar erzwingt, ist die Scheinehe. Die beiden MÜSSEN gesetzlich einen gemeinsamen Hausstand führen, und dazu müssen sie sich auch austauschen, arrangieren, kennenlernen. (Gemäß § 14 liegt der Bewegungstyp ›In eine Bindung gezwungen‹ vor.) Cahit hat damit eine Türkin im Bett – das, was er nie wollte, und die er jetzt doch über alle Maßen begehrt.

Teilweise vergleichbar ging Dani Levy mit seinem Co-Autor Holger Franke zu Werk, als er »**Alles auf Zucker!**« schrieb. Auch dort gibt es für den passionierten Billard-Hasardeur Jackie (Henry Hübchen) eine Welt, mit der er auf keinen Fall in Berührung kommen will, und die doch die seiner Herkunft ist: das orthodoxe Judentum. Jackie hat einen regelrechten Hass auf seinen Bruder und dessen regelkonformes striktes Judentum. Doch gerade mit diesem Bruder und dessen Familie muss er sich arrangieren, um an das Erbe der Mutter heranzukommen. (Auch hier ist wieder die Grundbewegung ›In eine Bindung gezwungen‹ der Ausgangspunkt.)

Hier ist eine große innere Spannung vorhanden zwischen der Anziehung durchs Geld und der Abstoßung durch den Bruder. Und genau dazwischen steht Jackies große Leidenschaft, das Billard. Just in dem Moment, in dem die Aussöhnung mit dem Bruder stattfinden soll, lockt ein hochdotiertes Turnier. Der Sog ist deutlich spürbar; Jackie muss dieses Turnier unbedingt spielen und gewinnen. Dies sind ideale Bedingungen für den Zuschauer, um sich auf die Figur und die Geschichte einzulassen.

Eine andere Zugehörigkeitsthematik wird in »**Wüstenblume**« (Buch und Regie: Sherry Hormann) spürbar. Erzählt wird die Geschichte des somalischen Nomadenmädchens Waris (Liya Kebede), das in der Folge von Bürgerkriegswirren nach London gerät, dort hängenbleibt, als Fotomodel entdeckt wird, zum Superstar aufsteigt und schließlich den Kampf gegen die weibliche Genitalverstümmelung in Afrika aufnimmt.

Jeder kann sich vorstellen, wie schrecklich es sein muss, sich allein in einer fremden Stadt, einer fremden Kultur auf der anderen Seite des Globus durchschlagen zu müssen. Jeder weiß, wie unerträglich ein Leben jenseits aller Bindungen ist. Insofern lässt sich die Empathie mit der jungen Waris kaum steigern.

Im Verlauf der Handlung schafft es das ehemalige Nomadenkind, sich in London zu integrieren und eine westliche, emanzipierte Frau zu werden. Aber da gibt es ja noch den afrikanischen Teil ihrer Herkunft. Wenn sie den nicht verleugnen will (wie Cahit in „Gegen die Wand“), muss sie Wege finden, diesen Teil ihrer Zugehörigkeit zu integrieren – auch wenn die Eltern weit weg sind. Sie muss ihr Afrikanisch-Sein akzeptieren und dazu Stellung beziehen. Am Ende vollführt Waris dies, indem sie sich aktiv und politisch für Afrika und die Afrikanerinnen engagiert. Aus Zuschauersicht wird diese Zugehörigkeitsthematik nachvollziehbar entwickelt.

Daher ist eine der ersten Empfehlungen an Autoren immer die, sich über die Welten, die hinter und vor den Figuren stehen, klar zu werden: Wo kommen sie her, wo gehen sie hin? Und wie stark sind die Impulse, die den Wunsch nach (neuer) Zugehörigkeit steuern?

2. Eignet sich die Stoffidee?

Noch einmal: Zum Thema Zugehörigkeit

Generell ist Vorsicht geboten, wenn (häufig von Produzentenseite) apodiktisch Stoffe als ›verfilmbar‹ deklariert und weiter entwickelt werden. ›Man müsste doch mal was über den und den machen‹ oder: ›Das Buch hat mich schon immer fasziniert‹, so ähnlich lauten dann die Aussagen. Solche Absichtserklärungen sind schön und gut. Aber ist es immer auch der richtige Weg, der da eingeschlagen wurde? Es empfiehlt sich in solchen Fällen erst mal die gründliche Prüfung.

Wenn sich z.B. aus einem Roman wie »**Maria, ihm schmeckt's nicht!**« eine konkrete Zugehörigkeitsthematik ableiten lässt (Buch: Daniel Speck nach dem Roman von Jan Weiler; Regie: Neele Leana Vollmer), ist es sinnvoll, das Projekt weiterzuverfolgen. Egal, wie man diesen Film im Einzelnen betrachten mag – die Voraussetzung für eine kraftvolle, emotionale Story ist auf jeden Fall gegeben. Erzählt wird von einem Deutschen (Christian Ulmen), der sich während der Vorbereitung seiner Hochzeit in einem italienischen Bergdorf zeitweise ganz allein durchsetzen muss. Der ›Culture Clash‹ ist garantiert. Aus einem präzise erzählten Umfeld wird der Protagonist in eine neue, ihm weitgehend unbekannte Welt geworfen. Darin steckt Potenzial.

Es gibt jedoch Fälle, die sich einer kraftvollen Zugehörigkeitsthematik verweigern. Dies ist besonders dann der Fall, wenn man einem Roman oder einer Biografie verpflichtet ist, die eine polare Spaltung in zwei Welten nicht zulässt (mehr zum Thema Literaturverfilmung s. III.B.3).

In solchen Fällen droht womöglich ein böses Erwachen – gleichgültig wie attraktiv sich das Projekt sonst auch anlassen mag. So zeigt sich z.B. beim Film »**Henri IV**« (Buch: Jo Baier und Cookie Ziesche; Regie: Jo Baier), dass die Grundidee mit einem großen Handicap behaftet ist: Der Zugehörigkeitskonflikt des Protagonisten zwischen dem katholischen und dem hugenottischen Teil Frankreichs ist einem deutschen Publikum schwer zu vermitteln. Zudem weist der Film durch die (auch erotisch) ständig wechselnden Allianzen der Hauptfigur keine durchgängige Achse der Loyalität auf. Infolgedessen kann die wahllose Ansammlung von Schlachten und Liebesgeschichten sowie höfischen Intrigen immer neuer Figuren wenig emotionale Kraft entfalten. Die zentrale Figur ist weder benachteiligt noch in einer erkennbaren sozialen Spannung verhaftet.

An diesem Punkt hätte es den Filmemachern und Finanziers ersichtlich sein können, dass die Idee zu »Henri IV« auf Grundlage des Romans von Heinrich Mann vielleicht attraktiv wirkt, aber erzählerisch wenig spannende, bipolare Zugehörigkeitsthematiken zulassen kann. Aber ohne diese entsteht schwerlich eine starke Story. Die Performance dieses Films am Markt lässt an dieser Aussage rückwirkend wenig Zweifel.

3. Wie lässt sich empathisch erzählen?

Benachteiligung, Kontakt, Commitment

Generell existieren drei Faktoren, mit denen sich Mitgefühl und positive Resonanz für Figuren stimulieren lässt: die Benachteiligung oder soziale Ausgrenzung; die Bereitschaft zum Austausch; und schließlich die intensive Bezugnahme auf andere, d.h. das Commitment. Wenn Figuren eine dieser drei Eigenschaften aufweisen, (oder gar zwei oder drei), kann man damit rechnen, dass sie beim Zuschauer auf positive Resonanz stoßen.

Empathie ist also zunächst immer dann garantiert, wenn die Hauptfigur unverschuldet in eine soziale Schieflage gerät, in der sie zunächst den Kürzeren zieht. Diese kann je nach Grundspannung der Filmidee drastisch sein (jemand wird gemobbt, ist schwer krank oder wird zu Unrecht verurteilt). Sie kann sich aber auch nur subtil niederschlagen: indem eine gewisse Einsamkeit spürbar wird, oder sich zwischen den Zeilen vermittelt, wie sehr jemand nicht ernst genommen, übergangen, respektlos behandelt wird.

Manche Stoffe eignen sich nicht dazu, die Figur als von vornherein benachteiligt zu zeigen. In diesen Fällen lässt sich positive Resonanz für die Figur erzeugen, indem man sie sozial gebunden und mit Commitment gestaltet. Die Bereitschaft zum Austausch wird ebenso wie die Benachteiligung als positiver Faktor wahrgenommen.

In »**Männerherzen**« (Buch und Regie: Simon Verhoeven) ist die Figur des Schnulzensängers Bruce (Justus v. Dohnanyi) im Grunde eine Parodie. Es wäre leicht gewesen, sich über diese Figur lustig zu machen und sie zu denunzieren. Damit wäre sie jedoch emotional neutral und nahezu bedeutungslos geworden. Diese Klippe wurde geschickt umschifft. Denn das Drehbuch gibt Bruce einige sehr ehrliche Momente, in denen er Treue zu sich selbst unter Beweis stellt und intensiv auf andere Menschen bezogen wirkt. Verglichen mit den Zynikern um ihn herum ist er ein zwar skurriler, aber ehrlicherer und daher liebenswerterer Charakter. So hat diese Figur dem Film viele Sympathien eingebracht.

Durch einen liebevoll-empathischen Blick auf den vorzeitig in Pension geschickten Schultze wurde auch »**Schultze gets the Blues**« (Buch und Regie: Michael Schorr) ein überraschender Hit. Schultzes Vereinsamung und damit seine Benachteiligung macht sich im Verlauf der Handlung Schritt für Schritt subtil bemerkbar. Doch allmählich durchlebt er eine Emanzipation: Er sucht immer mehr den Kontakt und Austausch. Die Treue zu sich selbst wächst, damit aber auch das Unverständnis seiner Umgebung. Die Schilderung dieses Prozesses – wie so oft über das Medium der Musik erzählt – erfüllt durch die Betonung von Benachteiligung und Commitment die wichtigsten Anforderungen des Publikumsvertrags und wirkt entsprechend positiv.

Bisweilen entsteht schon durch das Zeigen einer Prämisse allein eine klare Benachteiligungskonstellation. So genügt es beim Film »**Brokeback Mountain**« (Buch: Larry McMurtry nach Annie Proulx; Regie: Ang Lee) zu sehen, wie zwei Cowboys in Liebe zueinander verfallen, um dem Zuschauer zu Bewusstsein zu führen, auf welche Probleme die beiden stoßen werden. Denn das öffentliche Leben in der amerikanischen Gesellschaft der 50er-Jahre schließt Homosexualität prinzipiell aus. Insofern erlebt man beide Protagonisten als benachteiligt. Dabei sind sie keine glatten, politisch korrekten, vor Menschlichkeit strotzenden Sympathieträger, sondern gebrochene und ambivalente Charaktere. Trotzdem gehört ihnen das Mitgefühl der Zuschauer, weil sie ihre Liebe nicht leben können.

Die Empathie für Benachteiligte steigert sich, je mehr Menschen bzw. Figuren von einer Stigmatisierung betroffen sind. Sobald z.B. eine ganze Bevölkerungsschicht in Misskredit gerät, ist die Wirkung umso größer. So geschehen im Fall von »**Willkommen bei den Sch'tis**« (Buch: Alexandre Charlot, Franck Magnier, Dany Boon; Regie: Dany Boon). Hier wird eine ganze Region zunächst der Lächerlichkeit preisgegeben. In Wahrheit erweisen sich die Bewohner dieses Landstrichs aber als freundlich und kooperativ. Wenn hier Millionen von Menschen filmisch in den Genuss einer Wiedergutmachung an einem kollektiven Unrecht kommen, ist die soziale Relevanz kaum zu steigern. Hier liegt einer der Gründe für die sagenhaften Erfolgsquoten des Films, der in Frankreich alle Rekorde brach und auch in Deutschland hervorragend lief.

Der im Zusammenhang mit »Schultze gets the Blues« bereits genannte Michael Schorr ließ ein paar Jahre später mit **»Schröders wunderbare Welt«** einen Film folgen, welcher eher als ein negatives Beispiel dienen kann. Der Film ist eine Parodie auf naive, gutgläubige Weltverbesserer im Niemandsland des äußersten Ostens Deutschlands. Ein liebevoller Blick wäre möglich und nötig gewesen – aber das Gegenteil ist der Fall. Die Figuren werden in ihren provinziellen Vorurteilen und Dummheiten vorgeführt und lächerlich gemacht. Echten Austausch gibt es wenig, Menschlichkeit spielt kaum eine Rolle. Denunziation erzeugt aber kein positives emotionales Gefühl. Parodien haben immer mit der Gefahr zu kämpfen, dass sich die Filmemacher aus Sicht des Publikums über ihre Figuren lustig machen. Sobald das passiert, ist nicht mehr mit dem Mitgefühl der Zuschauer zu rechnen. »Schröders wunderbare Welt« wurde dementsprechend kein Erfolg.

4. Braucht es Antagonisten?

Anmaßung und Kontaktverweigerung

Menschliches Denken ist auf Polaritäten trainiert. Das dialektische Prinzip von Antrieb und Widerstand, Kraft und Gegenkraft beherrscht unsere Vorstellungswelt. Daher wird in der klassischen Drehbuchlehre ein großer Wert auf den Antagonisten gelegt, den Bösewicht, Gegenspieler, Hüter der Schwelle.

Schaut man sich aber erfolgreiche Filme an, stellt man mitunter fest, dass einige von ihnen keinen personifizierten Gegenspieler aufweisen. Irrt hier die orthodoxe Dramaturgie?

Teils, teils. Auch wenn es oft keine Gegenspieler gibt, existiert doch fast immer ein antagonistisches Prinzip. Die Spannung, die im Zugehörigkeitskonflikt liegt, sorgt dafür, dass immer Gegenkräfte spürbar werden. Auf diese sollte das Augenmerk gelenkt werden. Hier bietet sich ein personifizierter Gegenspieler unter Umständen an. Aber oft werden auch soziale und gesellschaftliche Normen und Regeln zum antagonistischen Prinzip. In einem solchen Fall ist es wichtig, genau diese Kräfte stark zu betonen – aber nicht zwingend nötig, sie auch zu personifizieren.

Der Konflikt von Cahit aus »**Gegen die Wand**« liegt in der Figur selbst. Solange er sein Türkisch-Sein ablehnt, kann Cahit seine Liebe zu Sibel nicht leben. Das antagonistische Prinzip für ihn besteht also in der rigiden Strenge der türkischen Lebenswelt. So wie der Film diese darstellt, erlaubt sie Cahit und auch Sibel keine freie Selbstentfaltung. Einen figürlichen Gegenspieler braucht es hier nicht.

Auch solange Sibel glaubt, sie könne in Istanbul als Frau ein wildes, selbstbestimmtes Leben führen, hat sie keine Chance. Hier ist die soziale Welt ihrer Kultur das antagonistische Prinzip. Insofern weist »Gegen die Wand« zwar keinen personifizierten Bösewicht auf, bietet aber dennoch eine große Konfliktspannung.

»**Kirschblüten – Hanami**« (Buch und Regie: Doris Dörrie) kommt erst recht ohne ›Bösewicht‹ im klassischen Sinne aus: Denn für Trudis (Hannelore Elsner) Tod kann niemand etwas. Der Verlust ist schicksalhaft. Der Antagonist – wenn man so will – ist die menschliche Sterblichkeit selbst. Dass Rudi (Elmar Wepper) ein Leben lang neben seiner Frau her gelebt hat, ohne zu ahnen, wie intensiv sie an bestimmten Träumen und Ideen hing, lässt sich im Nachhinein nicht mehr ändern. Trotzdem wirkt der Konflikt stark: Wie vermag Rudi, das Versäumte wieder gutzumachen? Man könnte hier vielleicht Rudis wenig verständnisvollen, in Japan lebenden Sohn Karl (Maximilian Brückner) als eine Art von Gegenspieler bezeichnen, doch dazu ist dessen Rolle zu klein und sein Einfluss zu gering. Rudis Problem liegt allein in ihm selbst. Er muss alte Gewohnheiten durchbrechen und sich mit neuen Welten auseinandersetzen, um Trudi wieder nahe zu kommen.

Auch in »**Lost in Translation**« oder »**Wüstenblume**« gibt es keine Figuren, die die Protagonisten äußerlich behindern. In beiden Fällen liegt der Konflikt zwischen Sog und Bindung in den Figuren selbst: In »Lost in Translation« (Buch und Regie: Sofia Coppola) kommen sich Bob (Bill Murray) und Charlotte (Scarlett Johansson) in der Isolation eines Hotels in Tokio immer näher. Eine sexuelle Affäre scheint zum Greifen nah. Dass diese dann doch nicht zustande kommt, liegt an den übrigen Bindungen der Figuren: Ray hat Frau und Kind, Charlotte einen Mann. Kein Antagonist hindert sie zusammenzukommen – sondern nur die Loyalität zu ihren Partnern, bzw. die Einsicht, dass diese Begegnung sich auch ohne Sex befriedigend entwickeln kann.

Die Tatsache, dass viele erfolgreiche Filme ohne Antagonisten auskommen, soll nicht heißen, dass es nicht großartige, attraktive Antagonisten und Bösewichter gibt. Allerdings seltener in deutschen Produktionen, wohingegen sich Hollywood gerade um die attraktive Ausgestaltung von komplexen Bösewichtern intensiv bemüht. Der starke Bösewicht ist aber nicht etwa der kalte, in Bindungslosigkeit erstarrte Maniak. Wirkungsvolle Antagonisten sind ebenfalls intensiv gebunden. Hier liegt das Geheimnis.

Ein Idealtypus gelang dem Film ***»The Dark Knight«*** (Buch: Jonathan Nolan; Regie: Christopher Nolan) mit der Figur des Joker (Heath Ledger). Die dämonische Kraft des Schurken wurde legendär – Joker kennt keinerlei moralische Skrupel, ist unvorstellbar intelligent und die Kraft seines Hasses scheint fast unbezwingbar. Doch all dies vollzieht sich nicht im luftleeren Raum. Denn Joker ist intensiv an seinen Widersacher Batman gebunden. In dieser menschlichen Qualität liegt die Faszination.

Eine grandiose Darstellung von Anmaßung bietet **»Inglourious Basterds«** (Buch und Regie: Quentin Tarantino) in Person des SS-Standartenführers Hans Landa (Christoph Waltz). Diese Figur schlägt in ihrer Mischung aus Höflichkeit, Bildung, entspannter Nonchalance und Unmenschlichkeit das Publikum in Bann. Das Geheimnis liegt auch hier in der Fähigkeit zur Bindung (und dem Commitment: Landa spricht viele Sprachen, ist gut informiert, agiert stets klug und überlegt). Hans Landa geht mit seinen Opfern scheinbar empathisch um und geht intensiv auf sie ein. Er versteht die Gesetze von Geben und Nehmen. Erst seine scheinbare Menschlichkeit lässt ihn so unmenschlich wirken.

Einen Maßstab hinsichtlich anmaßender Figuren setzte auch Melvin Udall in **»Besser geht's nicht«**, geschrieben und inszeniert von James L. Brooks. Die Figur des Melvin Udall (Jack Nicholson) inspirierte viele Nachahmer. Doch bisweilen mit wenig Erfolg. Häufig wird die menschliche Dimension Melvins übersehen. Denn zwar leistet sich dieser Mann zu Beginn des Films Dinge, die politisch unkorrekt sind. Diese Form von Anmaßung wirkt zunächst abstoßend und zugleich attraktiv, weil sie eine Art von Wunscherfüllung des Zuschauers realisiert: Man möchte selbst auch einmal so rücksichtslos sein wie er. Doch manche Nachahmer verkennen, dass Melvin Udall in Wahrheit eine ambivalente Figur ist, die bald die Seiten wechselt: von der Anmaßung zur Empathie. Der Prozess der ›Umerziehung‹ setzt früh ein und zwingt Melvin zu einer Umgestaltung seines Verhaltenskodex. Ohne die Beiträge, die er später für andere bringt, wäre seine Figur nicht attraktiv. Er lernt, Beziehungen einzugehen. Da liegt der Schlüssel zu der Ausstrahlungskraft, die er im Laufe des Films entwickelt.

Im deutschen Kino der letzten Jahre kann man am ehesten in **»Krabat«** einen starken Schurken entdecken (Buch: Michael Gutmann nach dem Roman von Otfried Preußler; Regie: Marco Kreuzpaintner.) Die Figur des Meisters (Christian Redl) ist ein faszinierender, sich zwischenmenschlich unberechenbar verhaltender Grenzgänger zwischen Leben und Tod. Allerdings hätte die Figur noch spannender gelingen können, wenn sie intensiver in Beziehung zu Krabat und den übrigen Schülern geblieben und der Empathie und Bindung noch mehr Raum gegeben hätte.

Gelungene Beispiele für starke und gleichzeitig auch lustige Antagonisten findet man generell leichter im Kinder- und Jugendfilm. In »**Hände weg von Mississippi**« etwa (Buch: Maggie Peren nach dem Roman von Cornelia Funke; Regie: Detlev Buck) spielt Christoph Maria Herbst die Figur des Albert Gansmann nicht dämonisch oder offensichtlich böse, sondern immer in Bindung zu anderen Figuren und haarscharf an echter Menschlichkeit entlang. Dieser Fiesling ist durchaus auch eine lustvolle Figur, was es den Kindern und Jugendlichen, die den Film sehen, leicht macht, auf ihn emotional zu reagieren.

5. Wie nähern sich Figuren an?

Austausch und Austauschmedium

Dass starke Beziehungen nie ›einfach so‹ zu gestalten sind, sondern immer eine dritte Ebene der Gemeinsamkeiten brauchen, wurde nachdrücklich erwähnt (§6, §7). Man kann dieses Prinzip Autoren nicht oft genug ans Herz legen. Erst durch die Schilderung von intensivem Austausch ist es möglich, auch schwierige und problematische Stoffe intensiv zu bearbeiten.

In »**Kirschblüten – Hanami**« macht sich die Trauer von Rudi um seine verstorbene Ehefrau am Austauschmedium des japanischen Butoh-Tanzes fest. Indem Rudi beginnt, sich für das zu interessieren, was seiner Ehefrau zu Lebzeiten wichtig war, beginnt er als eingefleischter Bayer, sich in Japan neu zu definieren. Der Butoh-Tanz erlaubt es ihm, posthum mit seiner Frau in Austausch zu treten. Durch den Tanz und den Kontakt mit einer jungen Japanerin kommt er seiner Trudi nahe. Diese Verbindung über den Tod hinaus birgt starke emotionale Kräfte.

Ähnliches vollzieht sich im Film »**Wer früher stirbt, ist länger tot**« (Buch: Christian Lerch und Marcus H. Rosenmüller; Regie: Marcus H. Rosenmüller): Auch hier fehlt eine verstorbene Figur: die Mutter des kleinen Sebastian (Markus Krojer). Weil ihm eingeredet wird, er sei schuld an ihrem Tod, gerät das Kind in eine Krise. Im Lauf des Films wird der Kontakt zur Mutter wieder hergestellt, und zwar über die Musik, oder, genauer gesagt, über die Gitarre der Mutter.

Die Szenen der (musikalischen) Kontaktaufnahme mit der Verstorbenen sind komische Highlights, herzerweichend in ihrer Mischung aus Naivität, Verlust und Commitment eines Kindes, das versucht, etwas gutzumachen, woran es keine Schuld trägt. Ohne das Austauschmedium wäre es den Zuschauern sicher schwer gefallen, sich auf die Geschichte einzulassen.

»**Vier Minuten**« (Buch und Regie: Chris Kraus) spielt in der harten und deprimierenden Welt eines Jugendgefängnisses. Auch hier ist das Austauschmedium die Musik. Zwischen der strengen, harten, eisern disziplinierten Klavierlehrerin Traude (Monica Bleibtreu), und der begabten, aber sozial gestörten Jenny (Hannah Herzsprung) entsteht ein Ringen, ein Machtkampf auf der Mentor-Schützling-Ebene. Im Lauf des Films wird sich herausstellen, dass auch eine hintergründig erotische Ebene mitschwingt, denn Trude ist lesbisch. Beide Seiten bleiben einander nichts schuldig, und von beiden wird bis zum allerletzten Bild um Loyalität gerungen. Aber im Mittelpunkt steht die Musik – hier liegt die Schnittmenge zwischen den beiden unterschiedlichen Protagonistinnen.

Ähnliches gilt für den Film »**Walk the Line**« (Buch: Gill Dennis und James Mangold; Regie: James Mangold), in dem der Austausch zwischen Johnny Cash (Joaquin Phoenix) und June Carter (Reese Witherspoon) bereits von Kindheit an über die Musik eingeführt wird, und zudem noch über Johnnys früh verstorbenen Bruder Jack. »Walk the Line« ist ein gutes Beispiel dafür, wie sich das Austauschmedium schon in den ersten Szenen konsequent handlungsbestimmend bemerkbar macht. Denn die Hauptrolle der Musik wird subtil bereits durch die Rückblende, mit der der Film beginnt, eindrücklich etabliert.

In »**Million Dollar Baby**« (geschrieben von Paul Haggis, inszeniert von Clint Eastwood) kämen Frankie (Clint Eastwood) und Maggie (Hilary Swank) ohne das Medium des Boxens nicht zusammen. Die Betonung dieser Ebene, auf der Mentor und Schützling hart zusammen arbeiten, ist für diesen ungewöhnlich provokativen, an allgemeinen Themen der Menschheit rührenden Film bemerkenswert. Frankie und Maggie kommen einander über den Sport so nahe wie nur möglich, ohne die sexuelle Ebene zu streifen. Das Maß an Austausch, das hier gestaltet wurde, ist schwer zu übertreffen.

In »**Die Welle**« haben die Autoren Peter Thorwarth und Dennis Gansel (der gleichzeitig Regie geführt hat) gleich auf mehreren Ebenen Möglichkeiten für die Figuren geschaffen, über ein Austauschmedium in Kommunikation zu treten. Im Mittelpunkt steht der politische Selbstversuch des Lehrers Wenger (Jürgen Vogel), der reichlich Gelegenheit zur Kommunikation bietet. Doch daneben existiert auch noch einerseits die Theater-AG, andererseits das Wasserballspiel; auf diesen Ebenen lässt sich in diesem Film das Dilemma zwischen Marco (Max Riemelt), Karo (Jennifer Ulrich) und den übrigen Kameraden spannend und mit sehr viel Gemeinschaftsgefühl gestalten.

Eine anders geartete, aber originelle Form von Austausch bietet das Mode-Drama (oder ist es eine Komödie?) »**Der Teufel trägt Prada**« (Buch: Aline Brosh McKenna; Regie: David Frankel). Die Beziehung zwischen der herrschsüchtigen Miranda (Meryl Streep) und ihrer Praktikantin Andy (Anne Hathaway) ist von Auseinandersetzungen über Mode, Geschmack und Kleidung geprägt. Diese publikumswirksame Ebene erscheint ideal, um das Machtspiel zwischen einer despotischen Mentorin und ihrer zunehmend selbstbewussten Untergebenen emotional aufzuladen.

Ein Fall, bei dem das Austauschmedium hingegen kaum erkennbar ist, bildet das Terrorismus-Drama »**Es kommt der Tag**«, das auf dem deutschen Kinomarkt trotz prominenter Besetzung wenig Anklang fand (Buch und Regie: Susanne Schneider). Hier besucht Alice (Katharina Schüttler) ihre im Elsass unter anderem Namen und neuer Identität lebende Mutter (Iris Berben). Es kommt zu einer heftigen Konfrontation, die auf gegenseitige Schuldzuweisungen hinausläuft. An diesem Punkt aber geht es nicht weiter.

Mutter und Tochter haben vom Drehbuch keine Ebene bekommen, auf der sie sich annähern, austauschen oder gar in neue Projekte übergehen könnten. Die Auseinandersetzung mit einer Schuld, die fast 30 Jahre zurückliegt, endet in einem Patt, das kaum Möglichkeiten zum Neubeginn oder zu einem sozialen Zuwachs bietet. Am Ende trennen sich Mutter und Tochter wieder. Beide haben wenig soziale oder ideelle Anknüpfungspunkte. Dabei hätte eine dritte Ebene auf der Hand gelegen, wenn sie sich z.B. mit den Opfern des Terrors auseinandergesetzt hätten. Der Rückbezug auf die Geschädigten von damals hätte eine Möglichkeit eröffnet, Mutter und Tochter über eine dritte Ebene wieder ins Spiel, ins Gespräch, in Austausch zu bringen. Diese Chance wurde nicht genutzt.

6. Braucht jede Geschichte ein Ziel?

Soziale Dynamik

Eine zentrale Forderung der gängigen Drehbuchlehre lautet, dass die Hauptfigur ein Ziel braucht. Dem ist prinzipiell zunächst zuzustimmen. Vordergründig hilft es der Handlung tatsächlich fast immer, wenn es konkrete, äußerlich erkennbare

Ziele für die Figuren gibt. Sie sind also hilfreich – aber man braucht sie in Wahrheit nicht unbedingt.

Tatsächlich liegt unter oder hinter dem offensichtlichen Ziel einer Geschichte immer auch ein inneres Bedürfnis der Hauptfigur, ein sogenanntes ›Need‹ (wir folgen auch hier der klassischen Dramaturgie). Dieses Bedürfnis ist nun allerdings wirklich unverzichtbar – und es sollte immer sozial motiviert sein! Ziele sind also nicht unbedingt vonnöten; aber das Drängen zu sozialen Prozessen, die zu reicheren oder gerechteren Ergebnissen führen – das braucht ein Drehbuch auf jeden Fall.

Man findet entsprechend hie und da Beispiele OHNE konkretes Ziel, z. B. in »**Lost in Translation**«. Auch in »**Wüstenblume**« wird erst am Ende des Films ein echtes Ziel erkennbar (Waris' Rede vor den Vereinten Nationen). Das Bedürfnis der Hauptfiguren jedoch, mit der Welt um sie herum in Kontakt zu treten, erweist sich in beiden Fällen von Beginn an als handlungswirksam.

Wichtiger als ein konkretes Ziel sind demnach die soziale Dynamik und die Bewegungsrichtung der Handlung. Sobald diese erkennbar werden, kann man sich auch Erzählformen erlauben, die nur schwach von einem äußeren Ziel dominiert sind.

Die Diskussion um Ziele ist aber auch deshalb lohnend, weil im Erzählkino meist die Zukunft mehr zählt als die Vergangenheit. Man will zwar vielerorts erfahren, was in der Vergangenheit geschah. Wichtiger aber ist, wie es zukünftig weitergeht. Menschen leben ihr Leben immer nach vorne ausgerichtet – daher ist die Aufklärung der Vergangenheit zwar wesentlich und oft ein Schlüssel zum Problem. Aber die Frage nach dem ›Vorwärts‹ ist doch dominierend. Das Leben (im Film) muss weitergehen. Daher darf man über der Aufarbeitung der Vergangenheit nie die soziale Dynamik in der Gegenwart vernachlässigen.

Insofern sind im Drehbuchbereich alle szenischen Lösungen wichtig, die ein ›Wie geht es weiter?‹ betonen. Die Veränderung, das ›Nicht mehr‹ oder ›Noch nicht‹ schlägt immer mit starken Wirkungen zu Buche. Daher sind Begräbnisse oder Hochzeiten in Filmen so wirksam (natürlich auch wegen ihrer sozialen Aufladung!). Abschiede und Trennungen sollten ebenso wie Neuankünfte oder Geburten nicht übersprungen, sondern erzählerisch eher betont werden. Immer da, wo Zuschauer das Gefühl bekommen, dass etwas nicht mehr so ist, wie es mal war, steigt die emotionale Beteiligung. Das Leben in Zeit und Vergänglichkeit ist ein Teil des ›human factor‹.

Bisweilen spielt ein Film mit mehreren Zeitebenen. In dem Fall ist darauf zu achten, dass die Gegenwart zu ihrem Recht kommt und ebenso viel oder sogar mehr Dynamik aufweist als die Vergangenheit.

»**Der Vorleser**« ist so ein Fall (Buch: David Hare nach dem Roman von Bernhard Schlink; Regie: Stephen Daldry). Hier gibt es drei Zeitachsen: die Zeit im KZ, die Nachkriegszeit und die Gegenwart. Das eigentliche Unrecht, Hannas Arbeit als Aufseherin in Auschwitz, wird nicht direkt gezeigt. Der Film nimmt sich vielmehr reichlich Zeit, um die Auswirkungen der Vergangenheit auf die Gegenwart zu gestalten. Hier kommt der gegenwärtigen Beziehung zwischen dem erwachsenen Michael (Ralph Fiennes) und seiner Tochter Julia (Hannah Herzsprung) eine wichtige Funktion zu – auch wenn sie an Brisanz deutlich hinter der Vergangenheitsebene zurückbleibt. Dennoch ist es wichtig, die Gegenwart und die Zukunft zu akzentuieren und zu gestalten, was Michael aus der Vergangenheit gelernt und seiner Tochter weitergegeben hat. Andernfalls bleibt die Vergangenheit so dominant, dass die Gegenwart dagegen verblasst und überflüssig wirkt.

Filme, die das ›Wie geht's weiter‹ vernachlässigen, haben es schwer. Ein Beispiel dafür bietet die Literaturverfilmung »**Tannöd**« (Buch: Petra Lüschow nach dem Roman von Andrea Maria Schenkel; Regie: Bettina Oberli), die trotz einer attraktiven literarischen Vorlage nicht wirklich am Markt gegriffen hat. Der Film bespielt ebenfalls zwei Zeitebenen. Die sozial Relevante ist die weiter zurück Liegende, in der der Mord geschehen ist. Die zweite, der Gegenwart näher stehende Ebene hingegen weist wenig Dynamik auf: Da brütet ein Dorf vor sich hin, jeder belauert und verdächtigt andere des Mordes – aber konkrete Auswirkungen auf das Weiterleben hat das alles kaum. Verglichen damit ist in der Vergangenheit ungleich mehr los: Die Bindungen sind stärker, Geben und Nehmen viel bedeutsamer (es geht um das Erbe eines reichen Hofes), die Charaktere vielschichtiger. So liegt die kaum dynamische Gegenwartsebene gleichsam wie ein Deckel auf dem explosiven Geschehen dessen, was früher geschah. Letztlich eine unbefriedigende Situation.

7. Wie entsteht Bindung?

Loyalität

Man findet unter den erfolgreichen Filmen kaum einen, der nicht wenigstens eine starke Achse der intensiven Loyalität aufweist – egal, ob diese den Film von Beginn an trägt oder erst entsteht. Hingegen scheitern jedes Jahr diverse Filme an der Kinokasse, weil es ihnen an zwischenmenschlicher Loyalität fehlt.

Man kann dabei zwei Grundtypen von Loyalität erkennen:

Im einen Fall existiert das Vertrauen zwischen den Figuren schon früh im Film und zieht sich durch die gesamte Handlung. »**Friendship**« (Buch: Oliver Ziegenbalg und Tom Zickler; Regie: Markus Goller) erzählt einen solchen Fall. Tom (Matthias Schweighöfer) und Veit (Friedrich Mücke) sind von Handlungsbeginn an aufeinander eingeschworen. Ihre innere Bindung wird auf einem USA-Trip zwar auf eine harte Probe gestellt, doch die zwischenzeitlich gefährdete Loyalität setzt sich am Ende durch, sodass der ganze Film hiervon erfüllt ist. Vergleichbares passiert in »**Sommer vorm Balkon**« (Buch: Wolfgang Kohlhaase, Regie: Andreas Dresen). Hier vermag sich die Freundschaft zwischen Katrin (Inka Friedrich) und Nike (Nadja Uhl) trotz aller Belastungsproben konstant zu halten. Am Ende ist sie neu bestätigt.

Häufiger sind allerdings die Fälle, in denen die Loyalität erst entsteht. Beispiele hierfür sind »**Vier Minuten**«, »**Kirschblüten – Hanami**«, »**Gegen die Wand**« oder »**Alles auf Zucker**«. Selbst ein unterkühlter Arthouse-Film wie »**Yella**« (Buch und Regie: Christian Petzold) entnimmt seine beträchtliche zwischenmenschliche Spannung einer Beziehung, die starken Austausch aufweist und sich lange hält (und in diesem seltenen Fall tatsächlich das kühle und sperrige Thema ›Geld‹ als Austauschmedium nutzt).

Ein Fall, bei dem das Fehlen echter und intensiver Loyalität hingegen schmerzhaft spürbar wurde, ist »**John Rabe**«. Der opulente, aber nicht sonderlich erfolgreiche Film von Florian Gallenberger beschreibt das Wirken des deutschen Industriellen John Rabe (Ulrich Tukur) in China. Sein Einsatz für die Chinesen ist zwar heldenhaft und auch von großer sozialer Relevanz. Aber persönliche Bindung weist Rabe kaum auf – weder an seine Frau, noch an die internationalen Kollegen, die ihm zur Seite stehen. Besonders wenig Loyalität entsteht gerade mit jenen, für die er sein Leben riskiert. Gegenüber den Chinesen zeigt sich John Rabe niemals wirklich offen, respektvoll oder in ehrlicher Freundschaft verpflichtet. Sein Verhalten wirkt oft ›von oben herab‹. Er tut zwar humanitär seine Pflicht – aber nie in wirklichem persönlichem Austausch mit denen, die er schützt. Hier liegt der gewaltige Unterschied zu dem ungleich wirkungsvolleren Film »**Schindlers Liste**«.

8. Wie entsteht sozialer Zuwachs?

Das Gemeinschaftsgefühl

Es gibt Stoffideen, die sich nicht dafür eignen, große soziale Räume zu bespielen und Momente des intensiven Zusammenwirkens von Vielen zu erzeugen. Solchen Filmen werden vielleicht mittlere Marktchancen offen stehen, aber auf den großen Durchbruch können sie nur in Ausnahmefällen hoffen (»**Lost in Translation**« war ein solcher).

Doch dort, wo die Möglichkeit besteht, die Kraft der Gemeinschaft zu beschwören, sollte sie möglichst genutzt werden. Das hat weniger mit der schieren Größe der Menschenmenge zu tun, die von der Story in Bewegung gesetzt wird, als vielmehr mit dem Gefühl echter Kooperation. Wo immer ein Miteinander spürbar wird, sind die Chancen für positive Publikumsresonanz groß.

»**Die fetten Jahre sind vorbei**« (Buch: Katharina Held, Hans Weingartner; Regie: Hans Weingartner) braucht keine großen Massen von beteiligten Figuren, um Kooperation und Solidarität zu beschwören. In dieser klein gehaltenen Parabel geht es um politisches Bewusstsein, um Umsturz und Anarchie. Es ist ein ›junger‹ Film, der von der sofortigen Änderung der Verhältnisse träumt. Der große Umsturz, auf den die Protagonisten hinarbeiten, beansprucht eine große soziale Relevanz. Es geht um Menschen, die es satt haben, sich den Regeln des Konsumterrors zu unterwerfen. Sie ringen um andere Lebensformen. All das wäre wenig attraktiv, ginge es nicht um ein Wir-Gefühl. Dieses erweist sich hier als unwiderstehlich: Obwohl zwischen den Figuren dieses Films erhebliche Rivalitäten entstehen, siegt am Ende doch die Kooperation. Deren mitreißende Kraft gab dem unaufwendigen Film die Kraft, auf dem Markt ein vergleichsweise großes Publikum zu finden.

»**Die Welle**« (Buch: Peter Torwarth; Regie: Dennis Gansel), gleichfalls ein ›junger‹ Film, zielt dagegen auf ein wirklich großes Mainstream-Publikum und bewegt entsprechend auch ein großes Schauspielerensemble – für jeden Drehbuchautoren eine Herausforderung, wenn er die Rollen differenziert und trennscharf zu führen versucht. Kaum ein Film der letzten Jahre fokussierte sich derart intensiv auf die Kraft, aber auch auf die Ambivalenz der Gemeinschaftsgefühle. Denn genau der Elan, der von großen Gemeinschaftsgefühlen ausgehen kann, schlägt hier in den Schrecken der Gleichschaltung um. Die Schlüsselfigur ist Tim (Frederick Lau), ein verhaltensauffälliger Junge, der sich in der gleichgeschalteten Gemeinschaft auf einmal aufgehoben und wichtig fühlt. Der Film thematisiert das kritische Potenzial großer sozialer Dynamik. Und doch profitiert er gleichzeitig davon. Denn seine Attraktivität speist sich gerade aus der sozialen Kraft, die er kritisch in Frage stellt.

Das Gemeinschaftsgefühl gehört auch zu den elementaren emotionalen Auslösern von »**Wie im Himmel**« (Buch und Regie: Kay Pollak) – allerdings in Verbindung mit der ideellen Ebene der Musik. Der eindrucksvollste Moment ist jener, in dem sich ein improvisatorischer Chorgesang über ein riesiges Auditorium ausbreitet. Hier wird eine Art Menschheitsideal konkrete Wirklichkeit: Die Gemeinschaft stiftende Kraft der Musik entfaltet hier ihre Wirkung nicht nur im Hören, sondern auch im Mit-Singen. Wenn dann zeitgleich der Protagonist stirbt und die Musik also für ihn zum Engelsgesang ›wie im Himmel‹ wird, ist eine Art Non-Plus-Ultra des ›human factor‹ erreicht. Für etliche Zuschauer war die Wirkung hier sogar ZU intensiv. Doch egal wie man diesen sehr erfolgreichen Film persönlich beurteilen mag: Der Wirkung dieser Szene kann man sich als Zuschauer schwer entziehen.

Der Oscar-Gewinner des Jahres 2009 »**Slumdog Millionaire**« (Buch: Simon Beaufoy nach Vikas Swarup; Regie: Danny Boyle) macht sich auf eine faszinierende Weise soziale Aufladung zunutze, indem er einen jungen indischen Slumbewohner zum Star des TV-Spektakels ›Wer wird Millionär‹ werden lässt. Der erzählerische Coup besteht darin zu zeigen, wie Millionen von mittellosen Indern sich mit dem Kandidaten solidarisieren und vor den Bildschirmen mitfiebern. Während der entscheidenden Kandidatenrunde zeigt der Film die unzähligen Betrachter vor den Fernsehschirmen. Diese soziale Aufladung und Loyalität mit einem Benachteiligten sichert dem Film die mitreißende Qualität.

Im Gegensatz dazu macht der Mangel an Gemeinschaftsgefühl der Literaturverfilmung »**Effi Briest**« zu schaffen (Buch: Volker Einrauch; Regie: Hermine Huntgeburth). Die Titelheldin (Julia Jentsch) wird nach einer Liebesaffäre von der Gesellschaft verstoßen. Am Ende dieser Entwicklung steht sie allein da. Nicht mal die Loyalität zu ihrem Kind vermag emotional zu berühren, denn dieses Kind war ihr zuvor kaum wichtig gewesen. Der Schmerz um den Verlust der Tochter, die man ihr entzieht, wird unterschlagen; auch Effis Einbindung ins Elternhaus, die der Roman betont, wird im Film kaum berücksichtigt. Die Wirkung bleibt daher eher stumpf, und die Akzeptanz blieb entsprechend mäßig.

Auf Gemeinschaftsgefühle sind besonders jene Filme angewiesen, die eigentlich aufs Familiy Entertainment abzielen, weil diese gerade bei Kindern auf besonders fruchtbaren Boden fallen. In »**Urmel voll in Fahrt**« jedoch (Buch: Oliver Huzly, Reinhard Kloos; Regie: Holger Tappe, Reinhard Klooss) spielen weite Teile auf einem stillgelegten bzw. noch nicht eröffneten Rummelplatz. Dieser Ort wäre eigentlich wie kaum ein anderer prädestiniert, um Gemeinschaftsgefühle hervorzurufen. Aber hier bleibt er ungenutzt. Denn der Gegensatz zwischen Volksfeststimmung und Isolation verbreitet ein Gefühl von Leere und Einsamkeit. Was ist trauriger als ein Rummelplatz ohne Rummel? Gerade für Kinder wiegt solch ein Mangel erheblich, und entsprechend kam der Film nur zu mäßigen Ergebnissen.

9. Wie funktionieren Liebesgeschichten?

Austausch als Projekt

Die Beschäftigung mit diesem Thema ist ein Dauerbrenner in der Kinogeschichte. Bei genauerer Betrachtung kommt es aber eher selten vor, dass ein Film durch eine Paarbeziehung allein getragen wird. Gerade im deutschen Kino muss man (von wenigen Komödien abgesehen) lange suchen, bis man auf Filme stößt, die wirklich von der großen Liebe handeln – warum auch immer. Allerdings wird in den meisten Produktionen versucht, wenigstens in der Nebenhandlung eine ›romantische‹ Ebene zu bedienen.

Wer vorhat, sich der Schilderung eines Liebesverhältnisses zu nähern, sollte daran arbeiten, dem Publikum plausibel zu machen, warum gerade dieser Mann für diese Frau und vice versa so wichtig und begehrenswert ist. Manche Filme verlassen sich auf die sexuelle Attraktivität an sich: Ein Mann und eine Frau rempeln sich an, schauen sich tief in die Augen – und schon soll der Zuschauer diese Verbindung empathisch nachvollziehen...?! (Wie etwa in dem emotional wenig ergiebigen Film »**Robert Zimmermann wundert sich über die Liebe**«, Buch: Gernot Gricksch; Regie: Leander Haußmann). Doch so einfach lässt sich das Mitgefühl des Publikums kaum stimulieren, wenn man sich nicht Mühe gibt, diese Liebe auch zwischenmenschlich zu gestalten.

Im heutigen Großstadtleben begegnen sich täglich Dutzende von Menschen, die rein theoretisch als gegenseitige Partner in Frage kämen – und dennoch kein Liebespaar werden. Daher lautet die wichtigste Frage auch für den Drehbuchautor stets: Warum ist ausgerechnet DIESER Mann für DIESE Frau so wichtig – oder anders herum?

An diesem Punkt ist die Austauschebene das entscheidende Kriterium. Ohne eine Idee von dem, was Mann und Frau (oder natürlich auch Mann und Mann bzw. Frau und Frau im Fall von homosexuellen Beziehungen) sich geben können, bleibt das Gefühl stumpf.

Die Anforderung für die Gestaltung einer großen Liebe geht aber noch weiter: Das Publikum braucht nicht nur eine Idee, worin das Geben und Nehmen der Partner besteht. Sondern eine Liebe ist immer auch ein Projekt. Sie impliziert eine Zukunft, und wenn möglich eine Zukunft, die anders und besser werden soll (ob das dann eintrifft, sei dahingestellt). Die Liebe weist meistens auf etwas hin, das gemeinsam erlebt werden soll.

In »**Der Vorleser**« lässt sich das gut nachvollziehen. Die Affäre zwischen der deutlich älteren Hanna und dem kaum erwachsenen Michael beruht zwar vordergründig auf der sexuellen Anziehungskraft zwischen einer reifen Frau und einem jungen Mann. Und natürlich ist diese Ebene wichtig – doch der Film zeigt auch, dass David unter den Mädchen seines Alters erotische Chancen hätte. Dennoch zieht es ihn zu Hanna. Warum? Weil er dort eine faszinierende Austauschebene vorfindet: die Literatur. Er darf und muss Hanna vorlesen. Beide teilen die Begeisterung für die Welt der Bücher. Diese Resonanz auf seine eigene Literaturbegeisterung bekommt David bei seinen gleichaltrigen Freundinnen nicht. Umso mehr hält ihn dieses Geben und Nehmen bei Hanna. Sie haben neben dem Sex ein gemeinsames Projekt. Hier liegt ein Grund dafür, dass diese Liebesgeschichte gut angenommen wurde.

Ein klassischer, wirkungsvoller Liebesfilm ist »**Die Brücken am Fluß**« (Buch: Richard LaGravenese nach Robert James Waller; Regie: Clint Eastwood). Das Thema ›Austausch‹ wird intensiv bespielt: Der Fotograf Robert (Clint Eastwood) trifft mitten in der amerikanischen Provinz auf die von der Ehe leicht frustrierte, aber offene und gebildete Italienerin Francesca (Meryl Streep). Sie verbringen drei Tage miteinander. Der Austausch ist ungewöhnlich intensiv – selten hat sich ein Film so viel Zeit genommen, um äußerlich ereignisarme Dialoge emotional so auszukosten. In diesem Fall dreht sich das Projekt um die Frage, ob Francesca ihre Familie verlassen und mit Richard gehen soll. Die Tatsache, dass dieses Vorhaben am Ende nicht verwirklicht wird, ändert nichts an der vorwärtstreibenden, Spannung erzeugenden Energie dieses intensiv diskutierten Projekts.

Eine wirkungsvolle Liebesgeschichte bietet auch »**Emmas Glück**« (Buch: Ruth Toma nach dem Roman von Claudia Schreiber; Regie: Sven Taddicken). In das abgekapselte Leben der Bäuerin Emma (Jördis Triebel) kommt eines Nachts in Folge eines schweren Autounfalls buchstäblich Max (Jürgen Vogel) ›geflogen‹ und mit ihm auch viel Geld, das Emma gut gebrauchen kann. Doch wie so oft ist das Geld nur ein nützliches dramatisches Hilfsmittel, aber nicht die Hauptsache. Im Wesentlichen geht es Emma darum, dem todkranken Max mit ihren Tieren und ihrem natürlichen Lebensstil noch einmal etwas von dem zu bieten, was er ein Leben lang vermisst hat: Ursprünglichkeit und Unmittelbarkeit. Das gemeinsame Projekt besteht im ursprünglich-archaischen Leben auf einem Bauernhof. Erstmals erlebt Max etwas anderes als Papier und Zahlen, und erstmals ist er nicht mehr von Hans (Martin Feifel) abhängig. Im Gegenzug gewährt Max ihr die Hilfe, die sie dringend benötigt. Geben und Nehmen kulminieren in einer spektakulären Pointe des Gnadentods. Emma hatte zuvor den Schweinen gut zugeredet, bevor sie ihnen die Kehle durchschnitt. Dasselbe tut sie nun mit Max auch. Die erotische Qualität dieser seltsam tragischen, aber stimmigen Form von Austausch konnte ein größeres Publikum fesseln.

In »**Auf der anderen Seite**« (Buch und Regie: Fatih Akin) betrifft die Liebesgeschichte zwei Frauen. Das Austauschmedium ist die politische Aktivität. Das Projekt besteht in der gemeinsamen Aktion. Ayten (Yurgül Yesilcay) muss vor der Polizei aus Istanbul flüchten. In Bremen lernt sie Lotte (Patrycia Ziolkowska) kennen. Diese verliebt sich nicht nur in die Türkin, sondern auch in deren Idee politischen Handelns. Lotte kann Ayten unterstützen, und umgekehrt bietet ihr die Türkin erstmals einen Lebensentwurf, der für Lotte erfüllend ist. Indem man als Zuschauer erkennt, worin die Gemeinsamkeit der beiden liegt, ist es leicht, sich auf die Liebe zwischen diesen Frauen einzulassen.

Ein gegenteiliges Beispiel ist »**Lila Lila**« (Buch: Alex Buresch nach dem Roman von Martin Suter; Regie: Alain Gschponer). Zwar existiert ein Austauschmedium in Form von Literatur. Aber diese Ebene wird ab einem gewissen Zeitraum nicht mehr bespielt, Kommunikation zwischen David (Daniel Brühl) und der bücherbesessenen Marie (Hannah Herzsprung) findet ab einem bestimmten Punkt nicht mehr statt. Beide leben nur noch nebeneinander her, es existiert bald kein gemeinsames Projekt mehr. Im Publikum entsteht wenig Gefühl für die Beziehung der beiden. So fand »Lila Lila« daher trotz Starbesetzung, einer bekannten literarischen Vorlage und großem Werbeaufwand am Markt nur relativ wenig Anklang.

10. Braucht der Film eine Hauptfigur?

Die zentrale Beziehungsachse

In vielen herkömmlichen Dramaturgien spielt die Frage nach der Hauptfigur eine große Rolle. Viele stellen den ›Helden‹ bzw. die ›Heldin‹ in den Mittelpunkt und leiten daraus Regeln ab. Hier ist jedoch Skepsis angebracht.[9] Denn es gibt viele Fälle, in denen sich auch bei erfolgreichen Filmen eigentlich nicht eindeutig sagen lässt, wer die Hauptfigur ist. Eine klassische Frage der Drehbuch-Dogmatiker lautet: ›Whose story is it?‹ Aber man darf sich fragen, ob diese Frage wirklich so wichtig ist.

So bringen viele Stoffe ganz offensichtlich mehrere Figuren ins Spiel, von denen nicht zwingend eine Einzelne im Fokus zu stehen braucht. Ein kurzer Blick auf erfolgreiche Filme zeigt, dass Hauptfiguren nicht unbedingt nötig sind. Wer steht bei »**Little Miss Sunshine**« im Mittelpunkt? Wer ist die Hauptfigur in »**The Departed**«? Wessen Story wird in »**Vier Minuten**«, »**Lost in Translation**« oder »**Die Welle**« erzählt? Es wäre überflüssig, hier mit der Stoppuhr die ›Screentime‹ zu messen und daraus Schlüsse zu ziehen.

9 Auch Dagmar Benke (»Freistil«, Bergisch-Gladbach 2004) und Dirk Blothner (»Erlebniswelt Kino«, 2. Auflage, Bergisch-Gladbach 2001) rücken von der Idee des einzelnen Helden ab, während z.B. Oliver Schütte (»Die Kunst des Drehbuchlesens«, 4. Aufl., Konstanz 2009) daran festhält.

Filme brauchen daher keine Hauptfigur. Sie brauchen jedoch eine ZENTRALE BEZIEHUNG. Sie kann sich zwischen mindestens zwei, oft aber auch mehreren Personen entwickeln (im Extremfall kann mit ›Person‹ auch z.B. ein Tier oder ein anderes gleichsam menschlich aufgeladenes Wesen gemeint sein).

Je stärker diese Beziehung bzw. diese Beziehungen mit Commitment ausgestattet sind, desto mehr Chancen bieten sich, emotionale Resonanz zu erzeugen. So gesehen handelt »**Little Miss Sunshine**« nicht von einer Hauptperson, sondern von einer erst sechs-, dann fünfköpfigen Familie (und ihrem defekten Bus). Es sind hier nicht die ›Helden‹, sondern ihre intensiven Bindungen, die die Sympathiewerte bestimmen.

Ebenso beschreiben Filme wie »**Walk the Line**«, »**Lost in Translation**« oder »**Million Dollar Baby**« in erster Linie Beziehungen. Die entscheidende Qualität von »**Männerherzen**« besteht gleichfalls nicht in der erzählerischen Qualität der fünf Protagonisten. Entscheidend sind vielmehr fünf Konstellationen, in denen sich im Verlauf des Films Entscheidendes verändert und sozial anreichert.

Daher sollten sich Autoren nie lange mit der Frage nach der zentralen Figur aufhalten, sondern sofort auf die zentrale Beziehungsachse achten.

Weisen hingegen Filme wie z. B. »**Anonyma – Eine Frau in Berlin**« (Buch und Regie: Max Färberböck), keine eindeutige und mit Austausch behaftete zentrale Beziehung auf, müssen sie mit einem großen Handicap kämpfen, egal welche äußeren Marktfaktoren den Film sonst noch begleiten mögen. In der Regel schlägt sich das dann in enttäuschender Zuschauerresonanz nieder.

11. Wie entstehen vielschichtige Charaktere?

Schichtung der Beziehungsebenen und Treue zu sich selbst

Meist wird im Prozess der Stoffentwicklung die Forderung nach einem starken, faszinierenden, vielschichtigen Charakter gestellt. Man muss sich allerdings fragen, was das überhaupt ist – ein vielschichtiger Charakter?

Charakterliche Eigenheiten sind unverwechselbare Persönlichkeitsmerkmale wie Eigenwilligkeit oder Widersprüchlichkeit. Ein Mensch zeigt Profil, wenn er bereit ist, seinen eigenen Willen gegen äußere Widerstände durchzusetzen – selbst wenn das auf Außenstehende unverständlich oder widersprüchlich aussehen mag.

Trotzdem folgen auch charakterlich starke Persönlichkeiten nicht irgendwelchen willkürlichen Linien (s. § 24 Emotionale Logik). Sie sind nicht etwa launisch und wetterwendisch, sondern unterliegen komplexen Schichtungen von Werten und Idealen.

Frankie in »**Million Dollar Baby**« hat z. B. einen starken Charakter – kantig, unbeugsam, widersprüchlich. Das bedeutet jedoch nicht, dass er sich wankelmütig verhält. Er folgt vielmehr leicht erkennbaren Zielen. Diese unterliegen aber einer SCHICHTUNG, in der sich widerstreitende Faktoren überlagern. Der Schlüssel zur Komplexität seines Charakters liegt in der Kreuzung der Bindungsebenen (§ 10). Frankie hat eine Reihe von Bezugspersonen, zu denen er sich jeweils anders verhält. In der Summe ergibt sich ein differenziertes Bild. Da ist auf der ideellen Ebene z. B. der Pfarrer, den er mit trotzigem Nachfragen provoziert. So naiv ist Frankie gegenüber anderen Figuren sonst nie. Aber in Bezug auf die Religion hat er seinen eigenen Sturschädel. Dann ist da jedoch im familiären Bereich seine Tochter, die nie gezeigt wird. Der Zuschauer weiß, dass Frankie immer wieder vergeblich versucht, mit ihr in Kontakt zu kommen. Der beinahe flehentliche Versuch, bei seiner Tochter etwas gutzumachen, was offenbar nicht gutzumachen ist, hört nie auf und offenbart einen ganz anderen, demütigen und gebrochenen Frankie. Zu seinem Freund Scrap (Morgan Freeman) wiederum ist er brummig-loyal, wohingegen er anfangs seinen Box-Schützling Willie wesentlich respektvoller behandelt (er hilft sogar dessen Mutter mit ihrem Auto). Mit Promotern hat er wieder einen eigenen Umgang. Als schließlich Maggie in sein Leben tritt, entwickeln sich nochmals ganz andere Umgangsformen. Frankie weist auf jeder Bindungsebene ein eigenwilliges Verhalten auf, das sich erst allmählich offenbart. Die unterschiedlichen Bindungen ermöglichen es, die Figur als reich und faszinierend zu erleben.

Die Figur des Kommissars Brenner (Josef Hader) in den Wolf-Haas-Filmen wie z. B. »**Der Knochenmann**« (geschrieben von Wolf Haas, Josef Hader und Wolfgang Murnberger; Regie: Wolfgang Murnberger) wirkt ebenfalls komplex geschichtet, weil sie auf unterschiedlichen Beziehungsebenen angesiedelt ist. Brenner kann loyal sein, aber auch widerspenstig; sehr engagiert, aber auch träge und depressiv. All das hängt davon ab, auf welcher Bindungsebene man mit ihm zu tun hat. Frauen behandelt er anders als Leute, die er beschützen will; Auftraggeber, Verdächtige, Superreiche, arme Teufel... zu allen ist er anders. Aber nie willkürlich. Sondern nur in einer Schichtung von Werten, die ihm entweder wichtig sind oder die er verabscheut.

Ähnlich bei »**Alles auf Zucker**«: Jackie Zucker ist als Figur interessant und faszinierend, weil er so viele Kontakte hat und sich gegenüber jedem anders verhält: Seine Frau und seine Tochter kann er fast unterwürfig anbetteln, während er seinen Bruder hemmungslos bekämpft. Im Kreise seiner Billard-Kollegen erlebt man ihn anders als gegenüber dem Rabbi. All diese Facetten seines Charakters werden nur deshalb spürbar, weil das Drehbuch ihm genügend Bindungsebenen mit auf den Weg gegeben hat, die es erlauben, Jackies Sichtweisen auf Familie, Religion, Unternehmertum oder sportliche Rivalität kennenzulernen.

So entsteht ein reicher Charakter, der es auch dem Darsteller erleichtert, vielschichtig zu spielen.

Betrachtet man hingegen die junge Alice in »**Es kommt der Tag**«, so erfährt man von ihr wenig (mit Ausnahme ihres seltsamen Verhaltens gegenüber einem Mann, mit dem sie schnellen Sex hat, bevor sie ihn stehen lässt). Die Zuschauer haben in diesem Fall Mühe, die Figur emotional zu verorten und ihre innere Dynamik zu erfassen. Man erfährt nicht, wie Alice Freunde behandelt, sich in Gruppen einbindet oder welche Träume und Ideale sie verfolgt. Nicht einmal soziale Felder im Hintergrund werden sichtbar, man kann nicht erkennen, wofür sie als Mensch einsteht. Ohne soziale Vernetzung aber kommt schwerlich ein differenzierter Eindruck vom Charakter der Figur zustande.

12. Braucht der Film ein Happy End?

Wunscherfüllung, Wunschverweigerung und der Preis

Die klassische Drehbuchlehre stellt den Konflikt in den Mittelpunkt. Mit Recht. Doch nicht jeder Konflikt ist gleich spannend, gleich einleuchtend und aus Zuschauersicht gleich befriedigend. Bisweilen verlieben sich die Autoren gewissermaßen in den Konflikt an sich. Im Film türmen sich dann heftige Auseinandersetzungen, jeder bekämpft jeden, und schlimmstenfalls bleibt die Loyalität auf der Strecke. Beim Zuschauer dürfte das nicht unbedingt zur Befriedigung führen.

Denn Konflikte sind erzählerisch kein Selbstzweck. Sie dienen nur als Vorbereitung zur LÖSUNG, also einer Entscheidung, einer Wandlung oder einer neuen Einsicht der Figuren. Fast immer hat diese Lösung und Wandlung auch etwas mit dem sozialen Netz zu tun – einer gelungenen neuen Beziehung, oder einer Emanzipation aus einer unbefriedigenden Bindung, oder auch einer Neubestätigung von alten Kontakten, die jetzt reicher und befriedigender geworden sind.

Die Lösung des Konflikts hat also mit der Entwicklung unbewusster Publikumswünsche zu tun. Diese bilden den Leitfaden der emotionalen Spannung. In vielen Filmen wird (abhängig vom Genre) auf eine möglichst vollständige Erfüllung der Wunschvorstellungen, also auf ein Happy End hingearbeitet. Doch in vielen Fällen wäre es unglaubwürdig oder langweilig, auf volle Wunscherfüllung zu drängen. In diesen Fällen genügt oft nur ein Ansatz, ein kleiner Schritt in eine vielversprechende Richtung, um dem Publikum die Aussicht auf eine Lösung zu vermitteln, ohne die Komplexität des Konflikts zu verraten. Fehlt hingegen diese Aussicht auf wenigstens einen kleinen Schritt hin zur Lösung, dürfte die Zuschauerreaktion verhalten bleiben.

Es gibt genügend reale Beispiele für große Konflikte, die per se unlösbar sind, in der Weltpolitik genauso wie auf persönlicher Ebene. Es wäre lächerlich, in Fällen, in denen solche Konflikte thematisiert werden, auf dramaturgischer Ebene Happy Ends zu konstruieren. Man wird auf die Schnelle genauso wenig einen Ausweg aus der globalen Erderwärmung finden, wie sich der Schrecken einer unheilbaren Krankheit auflösen lässt. In Filmen, die sich ernsthaft mit ähnlichen Fällen befassen, wäre ein Happy End blanker Hohn.

Und doch lässt sich auch innerhalb scheinbar unlösbarer Verstrickungen ein filmisches Erzählen gestalten, das es schafft, von Einzelfällen zu erzählen, in denen es möglich ist, trotz heilloser Konflikte einen Weg der Menschlichkeit zu gehen. So maßt sich das Drehbuch von »**Das Leben der Anderen**« nicht an, die Probleme der Stasi und der DDR insgesamt als lösbar darzustellen. Gezeigt wird lediglich ein individueller Fall, in dem sich ein Einzelner aus einer repressiven Verstrickung zu lösen vermag – wenn auch zu einem hohen Preis.

Der Blick auf die Welt in »**The Departed**« ist noch skeptischer. Hier hat am Ende keiner gewonnen, und der Kampf der Cops gegen die Mafia geht weiter. Dennoch war Billy Costigans Einsatz nicht völlig sinnlos. Er hat bei mindestens einem Menschen (Madolyn) Spuren hinterlassen, und auch sein Gegenspieler Colin wurde eliminiert. Man kann nicht behaupten, dass hier ein Konflikt ›gelöst‹ worden wäre; aber es war doch eine winzige soziale Verbesserung möglich, eine neue Beziehung zu einer Frau, die über den Tod hinaus Bestand hat.

Autoren sind daher angehalten, sich neben dem Konflikt auch mit möglichen Lösungen zu befassen. Diese können allumfassend ausfallen wie bei einem Animations-Family-Entertainment-Spektakel à la »**Ratatouille**« – egal wie märchenhaft die Auflösung auch immer wirkt. Die Konfliktlösung kann aber auch nur minimal spürbar werden, wie in »**The Departed**«. Aber ohne eine Perspektive auf Lösungen dürfte ein Film für die Mehrheit der Zuschauer unbefriedigend bleiben.

Der Weg zur Lösung von Konflikten führt in der Regel über Entscheidungen (§ 12). Im Zentrum steht der Preis, der gezahlt werden muss.

In »**Gegen die Wand**« entscheidet sich Sibel am Ende gegen ein Zusammenleben mit Cahit. Sibel hat ein Kind und einen Ehemann. Die Loyalität gegenüber beiden siegt gegenüber der Versuchung, ein neues Leben zu beginnen. Aus Zuschauersicht ist diese Lösung befriedigend. Der Preis, den Sibel für diese Entscheidung zahlt, ist hoch. Sie hängt zwar an ihrem Ex-Geliebten, mit dem sie eine letzte Liebesnacht verbringt. Aber man spürt, dass es an seiner Seite kaum Chancen für sie gäbe, ein erfülltes Leben zu leben. Cahit muss erst seine eigenen Probleme lösen. Dass er das tut, indem er in die Stadt seiner Herkunft fährt, ist die eigentlich stimmige Pointe des Films. Der Protagonist ist in der letzten Szene des Films erstmals bereit, sich mit seinen Wurzeln auseinanderzusetzen. Darin liegt ein erster Schritt hin zur Lösung seines Dilemmas. Daher ist das Ende des Films zwar bitter in Bezug auf die Liebe, aber auch süß hinsichtlich der Entwicklung und Wandlung des Helden.

In »**Lost in Translation**« ist die zentrale Entscheidung kaum wahrnehmbar, aber dennoch von großer Wichtigkeit: Charlotte und Bob verzichten auf eine sexuelle Begegnung – obwohl sie während einer langen Szene nebeneinander im Bett liegen und sich sogar berühren. Das wird zwar nie explizit thematisiert und bleibt unspektakulär. Dennoch liegt in diesem Verzicht die Pointe. Und darin besteht auch der Preis, den beide zahlen. Indem sie das Naheliegende (das Wort ›naheliegend‹ ist hier wörtlich zu nehmen) nicht tun, treffen die Protagonisten eine stille, aber wirkungsvolle Entscheidung und kommen damit zu einer Wandlung.

In »**Wüstenblume**« muss sich die Protagonistin dazu durchringen, gegen die weibliche Genitalverstümmelung in Afrika öffentlich Stellung zu beziehen. Das fällt Waris alles andere als leicht. Sie bringt damit viele Menschen gegen sich auf – aber in der Entscheidung für dieses politische Engagement liegt für sie die Möglichkeit, ihre afrikanische mit ihrer europäischen Identität zu verbinden.

Im Gegensatz dazu wurde in »**Albert Schweitzer – Ein Leben für Afrika**« (Buch: James Brabazon, David Howard; Regie: Gavin Millar) ein künstlicher Konflikt samt Antagonist implantiert, ohne dass dies nötig gewesen wäre. Mit nachteiligen Folgen. Die eigentliche Problematik ist nicht ohne Reiz: Das veraltete, unhygienische Hospital in Afrika wird von Albert Schweitzer (Jeroen Krabbé) diktatorisch geführt. Durch die Spannung zwischen Afrika und Europa (repräsentiert durch Schweitzers Ehefrau Helene, gespielt von Barbara Hershey) kommt ein echtes Zugehörigkeits-Dilemma ins Spiel. All das wäre Stoff für eine packende Frage von Loyalitäten. Die Autoren dagegen pfropfen der Erzählung eine artfremde Problematik auf, die mit der Atombombe, einem obskuren Agenten der CIA sowie der biografisch von Albert Einstein weit entfernten Figur zu tun hat. Diese Intrige hat jedoch keinen Bezug zum Hauptkonflikt. Sie behindert ihn nur. Das Happy End in diesem Film wirkt nicht befriedigend, weil der eigentliche Konflikt viel weniger gelöst erscheint, als das vordergründige Happy End suggerieren soll.

13. Wann ist es zuviel?

Prioritäten und Dosierung

Es ist offensichtlich, dass nicht alle 25 Paragrafen des Publikumsvertrags für alle Filme von gleicher Bedeutung sein können. Selbstverständlich geht es in jedem Projekt um eine individuelle Feinabstimmung von Elementen, mit denen man die Erzählung strukturiert. Hier gleicht kein Drehbuch dem anderen. Der Fall liegt jedes Mal anders, und selbst bei Projekten, die sich ähneln, bewirkt oft eine kleine Akzentverschiebung eine große Veränderung (was man häufig in Fällen von Remakes erkennen kann).

Erzählungen brauchen Alleinstellungsmerkmale (s. Teil IV). Es bedarf der unverwechselbaren Ecken und Kanten, der klaren Entscheidungen, wovon erzählt wird und wovon nicht. Das zieht auch eine Prioritätenliste nach sich, welche Aspekte des ›human factor‹ im Vordergrund stehen und welche nicht. Wollte man sich auf alle Paragrafen einlassen, wäre das sogar kontraproduktiv und würde zu einer breiigen Vermischung von allem mit allem führen. Bei jedem Projekt gibt es nur einige wenige Faktoren, die wirklich im Mittelpunkt stehen, während andere Prinzipien kaum zur Anwendung kommen. Stets existieren auch Paragrafen des ›Publikumsvertrags‹, die im Einzelfall unwichtig sind.

In »**Vier Minuten**« spielt das Gemeinschaftsgefühl nur peripher eine Rolle, hingegen konzentriert sich alles auf die Darstellung einer Zweierbeziehung.

In »**Alles auf Zucker**« gibt es zwar eine große soziale Vernetzung, aber nur wenige Figuren, die Beiträge für andere leisten.

»**Friendship!**« setzt auf die titelgebende Freundschaft, bleibt aber in vielen anderen Aspekten, (etwa was die Familie oder auch die soziale Relevanz der auf zwei Figuren reduzierten Story angeht) vergleichsweise arm.

»**Das weiße Band**« schildert zwar in minutiöser Genauigkeit das soziale Leben eines Dorfes mit dem zentralen Thema Benachteiligung, aber der Film behandelt kaum Zugehörigkeitsfragen.

Man darf also in der Drehbucharbeit nie Äpfel mit Birnen vergleichen. Jeder Fall ist anders geartet. Starre Systematiken führen in die Irre. Wichtiger ist, jene Elemente, die dem Stoff sein Alleinstellungsmerkmal verleihen, wirklich unter die Lupe zu nehmen und auf dieser Ebene mit so viel Austausch wie möglich zu arbeiten.

Deshalb ist es so wichtig, dass Autoren und Stoffentwickler die soziale Dynamik ihrer Idee genau erfassen. Dann können die wichtigsten Aspekte anhand der Paragrafen des ‹Publikumsvertrags‹ ausgearbeitet werden.

Doch nicht nur Prioritäten sind von Bedeutung, sondern auch Fragen der Dosierung und der Tonalität. Diese hängen natürlich auch mit den Genres zusammen, denen der Film zugeordnet werden kann. Als Beispiele, wie unterschiedlich die Elemente des ›human factor‹ eingesetzt werden können, um Empathie zu erzielen, sei auf auf zwei populäre, aber sehr gegensätzliche Filme verwiesen:

In »**Wenn Liebe so einfach wäre**« sind die Hauptfiguren materiell bestens versorgt und frei von allen finanziellen Nöten. Doch die Caféhausbesitzerin Jane (Meryl Streep) wird zwischen den Zeilen als einsam und unausgefüllt gezeigt. Es sind wenige Seufzer und leere Blicke, die das unterstreichen. In einem so harmoniegesättigten Gesamtbild sind solch zarte Signale bereits ausreichend, allerdings auch absolut notwendig, um die Empathie des Zuschauers zu garantieren.

Vergleicht man das Vorgehen von James Cameron in »**Avatar – Aufbruch nach Pandora**« damit (dem inzwischen erfolgreichsten Film aller Zeiten), sieht man den Unterschied: Hier wird hinsichtlich der Empathieentwicklung gewissermaßen aus vollen Rohren geschossen. Der Söldner Jake (Sam Worthington) ist querschnittsgelähmt und wird aufgrunddessen von seinem militärischen Umfeld entwürdigend behandelt. Die Benachteiligung könnte kaum größer sein. Cameron zielt also von Beginn an auf eine möglichst intensive emotionale Beteiligung, während Nancy Meyers dem Zuschauer mehr Distanz gewährt. Die Mittel sind dieselben, Dosierung und Wirkung dagegen völlig verschieden. Am Ende erreichen sie jedoch dasselbe beim Zuschauer: Mitgefühl.

14. Worum geht es eigentlich?

Der innerste Kern der Geschichte

Die Frage ›Worum geht es eigentlich‹ mag trivial klingen. Aber die Frage dahinter lautet: Warum wird gerade diese Geschichte und keine andere erzählt? Von welcher menschlichen Grunderfahrung wollen die Autoren berichten? Es ist immer wieder hilfreich, auf die hintergründigen Impulse des Stoffes zu achten und genau im Blick zu behalten, wo der eigentliche Kern der Geschichte liegt.

Oft wird diese scheinbar unbedeutende Frage von Autoren, Produzenten, Redakteuren, Förderern und Verleihern zu oberflächlich beantwortet. In Wahrheit führt sie aber zum Kern des Unterfangens. Erst wer sich wirklich darüber im Klaren ist, von welcher tieferen menschlichen Erlebnisqualität berichtet werden soll, hat festen Boden unter den Füßen. Die Antwort auf diese Frage liefert Kriterien, welche Ideen das Vorhaben fördern oder welche es im Gegenteil nur vom Kurs abbringen. (Die Wichtigkeit dieser Fragestellung wird von vielen anderen Drehbuchlehren übrigens ebenfalls betont.)

Allerdings muss man die Frage auf zwei Ebenen sehen und auch beantworten: Vordergründig ist es die Ebene der menschlichen Grunderfahrungen, die durch eine Story mitgeteilt werden. Die Story kann sich z.B. darum drehen, dass

- man der Auseinandersetzung mit den eigenen Wurzeln nicht entkommt (»**Gegen die Wand**«);
- man spezielle Talente und Gaben auch unter widrigsten Umständen entwickeln kann und soll (»**Vier Minuten**«);
- Schuldgefühle und reale Schuld etwas vollkommen Verschiedenes sein können (»**Wer früher stirbt ist länger tot**«);
- es nie zu spät ist, sich mit den Interessen und Idealen von geliebten Menschen auseinanderzusetzen (»**Kirschblüten – Hanami**«).

Solche Grunderfahrungen sind begrenzt und zählbar.[10] Es lohnt sich, immer wieder zu diesem jeweiligen universellen Kern der Geschichte zurückzugehen.

Hintergründig ergibt sich aus der gewählten Grundthematik die konkrete Ebene des Austauschs. Denn die oben genannten menschlichen Grunderfahrungen gleichen jenen Knotenpunkten, an denen die Fäden der gesamten Erzählung zusammenlaufen. Erst wenn der erzählerische Kern etwas mit dem Austauschmedium zu tun hat, findet die Story wirklich zu sich. Sobald sich ein Projekt aus EINER Quelle, EINEM inneren Kern speist, kommt die Qualität der Geschichte wirklich zur Entfaltung.

In »**Gegen die Wand**« fokussieren sich die allermeisten Elemente der Handlung immer wieder auf die oben genannte Frage nach den Wurzeln, also der Zugehörigkeit. Der Film bietet beinahe so etwas wie eine Anthologie polarer Unterschiede zweier Kulturen. Entsprechend zwingt die Austauschebene – die Scheinehe – diese kulturellen Unterschiede zusammen und bringt sie auf den Punkt. Der Zuschauer vermag so, in dieses soziale Spannungsfeld ideal einzusteigen und die Probleme der Hauptfiguren für sich zu übernehmen. Man ist gleichsam immer ›bei der (zentralen) Sache‹, ohne dass immer neue Themen angeschlagen werden.

»**Vier Minuten**« kommt kontinuierlich in verschiedenen Wellenbewegungen immer wieder auf die zentralen Fragen nach dem Talent und der Macht zurück: Kann man sein Talent entwickeln, ohne sich anderen zu unterwerfen? Ist künstlerischer Ausdruck immer auch ein Machtspiel? Andere Themen werden nur gestreift, aber nicht vertieft. Im Zentrum stehen allein die Zweierbeziehung zwischen Traude Krüger und Jenny sowie die Musik.

»**Kirschblüten – Hanami**« ist ein minimalistischer Film: Lange Zeit passiert nahezu nichts. Der Grundakkord ›Tod‹ bzw. ›Verlust‹ wird hingegen schon

10 Dirk Blothner kommt auf 18 solcher thematischer Grunderfahrungen. Egal wie man zu Blothners Einteilung steht – als Anregung kann sie inspirierend wirken. Blothner, a.a.O., S. 237 ff

im ersten Bild angeschlagen. Das Austauschmedium, der Butoh-Tanz, handelt aber selbst von der Sterblichkeit. Die Grunderfahrung dieses Films spiegelt sich in seinem Gegenstand. Da der Film auf einen sensiblen Punkt (nämlich die menschliche Sterblichkeit) abzielt, verwundert es nicht, dass er besonders starke Empathie auszulösen vermag.

B. Erzähltypen

Die Gedanken in Teil III kreisten bisher um Aspekte, die für jede Art von filmischem Erzählen wichtig sind. Im Folgenden sollen noch einige Besonderheiten erwähnt werden, die sich im Verlauf der praktischen Arbeit ergeben können.

1. Genres

Kaum ein Begriff wird in der Drehbucharbeit so häufig verwendet wie der des ›Genres‹. Über die Unterscheidung von Filmgattungen ließen sich Bände füllen, und einige existieren bereits. Doch ist das Thema ›Genre‹ zumindest in Deutschland bei der Stoffentwicklung im Kinobereich nur eingeschränkt von Bedeutung. Zwar ist nicht zu leugnen, dass es standardisierte Thriller, Krimis und Horrorfilme gibt. Aber diese setzen eine funktionierende Industrienorm voraus. Eine solche ist hierzulande im Kino kaum auszumachen (anders als im TV-Bereich). Daher entstehen in Deutschland eigentlich kaum Genrefilme, und wenn, dann meist mit mäßigem Erfolg. Deutsche Kinofilme sind in der Mehrzahl originelle Einzelstücke. Die Kino-Stoffentwicklung orientiert sich in den wenigsten Fällen konkret an Genres und festen Erzählmustern, sondern folgt kreativen Impulsen von Autoren und Regisseuren (oder auch literarischen Vorlagen). Die Mehrzahl kann als individuelle Genre-Mischung aufgefasst werden.[11]

Teil II hat gezeigt, dass die grundsätzlichen Prinzipien genreübergreifend wirksam sind: In »**The Departed**« spielt die Loyalität eine ebenso große Rolle wie in »**Keinohrhasen**«, aber selbstverständlich in einem anderen Kontext und in einer anderen Intensität. Für den Umgang mit dem ›human factor‹ genügt es daher, sich auf die zwei grundlegendsten Gattungen des Geschichtenerzählens zu beschränken: Drama und Komödie. Beide verlangen unterschiedliche Umgangsweisen mit den emotionalen Auslösern. Das beschränkt sich im Wesentlichen auf zwei Bereiche: das Maß der Wunscherfüllung und die Verteilung von Loyalität und Illoyalität.

Es liegt auf der Hand, dass Wunscherfüllung und Loyalität in der Komödie stärker dosiert sein sollten. Ein Film wie »Keinohrhasen« ist nicht nur darauf angewiesen, dass Ludo und Anna irgendwann im Laufe der Handlung zueinander finden, sondern auch, dass auf der Ebene ihrer Freunde und ihres sozialen Umfelds am Ende alles in Ordnung ist.

11 Wer sich dennoch für Klassifizierungen interessiert, sei auf die Bücher von Oliver Schütte oder Phil Parker verwiesen.

Hingegen ist das Ausmaß an Illoyalität, welches einem Filme wie »**The Departed**« oder »**Das Leben der Anderen**« zumuten, ganz einfach nicht zum Lachen, also für die Komödie zunächst nicht geeignet. Entsprechend werden die Elemente des ›human factor‹ hier feiner dosiert.

Dramen sind also offener für eine Wunschentwicklung, die nicht erfüllt wird. Spektakulär macht dies Woody Allen in seinem Film »**Match Point**« sichtbar, in dem ein heimtückischer Mord unaufgeklärt bleibt. Dies wirkt zwar verstörend, aber gleichzeitig auch befriedigend – denn das Publikum ist zwar durch unzählige Krimis, die regelmäßig Lösungen bieten, auf bestimmte Muster konditioniert. Doch »Match Point« spielt mit diesem Muster. Schließlich gehen Geschichten im wahren Leben nicht immer so gut aus, wie Fernsehkrimis uns das suggerieren. Woody Allen thematisiert dies. Er verweist offen darauf, dass die Handlung auch befriedigend hätte ausgehen können – nur ein Zufall verhindert die Aufklärung des Mordes. In einer Komödie hätte man dieses bittere Ende kaum zeigen können. Doch im Drama hat sich eine große Zahl von Zuschauern gerade durch die sarkastisch-bittere Auseinandersetzung mit dem Thema Zufall und Gerechtigkeit angesprochen und ernst genommen gefühlt.

Filme, die größere Verschwörungen aufgreifen, legen mehr Gewicht auf rationale, kognitive Prozesse. Das intellektuelle Erfassen von Zusammenhängen wird entscheidend. Ein Film wie »**Stand der Dinge**« (Buch: Matthew Michael Carnahan; Regie: Kevin Macdonald) kann es sich deshalb leisten, die persönlichen Verhältnisse und sozialen Vernetzungen der Hauptfigur Cal McAffrey (Russell Crowe) reduzierter darzustellen. Denn es geht um kriminelle Machenschaften, die sehr viele betreffen: Die soziale Relevanz ist groß. Angesichts solcher Verschwörungen spielen die emotionalen Befindlichkeiten der Protagonisten eine weniger wichtige Rolle als etwa in Komödien, wo es oft in erster Linie um Gefühle geht. Doch ganz ohne stabile Achsen der Loyalität kommen auch solche Projekte nicht aus.

Thriller und Horrorfilm legen das Hauptgewicht verstärkt auf Angstbewältigung. Für die Erfahrung extremer Angst ist es hilfreich, die Figuren in echte Isolation zu schicken. Daher steht allzu viel Loyalität und sozialer Austausch dem Erfolg eines Horrorfilms teilweise sogar im Weg.

Insgesamt bringt der allzu starre Blick auf Genrekonventionen in der konkreten Stoffentwicklung nicht allzu viel. Ergiebiger ist es, sich auf konkrete Vergleichsfilme zu konzentrieren, die dem eigenen Projekt ähneln (s. Teil IV, ›Vergleichende Erfolgs-und Marktanalyse‹ VEMA). Je exakter man die emotionalen Auslöser von Vergleichsfilmen analysiert, desto genauer erfasst man auch die wesentlichen Elemente des eigenen Projekts.

2. Kino und TV

Die bisherigen Beispiele wurden dem Kinobereich entnommen, weil allgemein eine größere Kenntnis von berühmten Kinofilmen als von TV-Produktionen angenommen werden kann. Fernsehfilme erreichen zwar oft ungleich mehr Zuschauer als die meisten Kinoproduktionen – trotzdem ist die Wahrscheinlichkeit, dass Filminteressierte einen bekannten Kinofilm kennen, größer als dies bei den unübersehbar vielen TV-Movies der Fall sein dürfte.

Die Fernsehindustrie in Deutschland (die tatsächlich eine ›Industrie‹ im eigentlichen Sinn ist), sieht anders aus als die Kinobranche. Sie wird seit Jahren von einem hohen Konkurrenzdruck beherrscht, der zu relativ starren Strukturen geführt hat. Lang laufende Serien und Filmreihen gründen sich auf der Erfahrung und Kompetenz von Verantwortlichen, die recht genau wissen, was sie tun, und die dieses Tun auch qua Einschaltquoten permanent reflektieren (müssen). Das führt auf der einen Seite zwar zu einer hohen Kompetenz, auf der anderen aber auch zu relativ wenig Mut zur Innovation.

Generell gelten fürs Erzählen im TV-Bereich ähnliche Gesetze wie für den Kinobereich. Aber man geht dennoch im Fernsehen anders mit den Prinzipien des ›Publikumsvertrags‹ um. Filme im Fernsehen müssen schneller auf den Punkt kommen, um ein Wegzappen der Zuschauer zu verhindern. Das fordert ein anderes Tempo und eine andere Schlagzahl der erzählerischen Motive. Der Plot ist generell wichtiger als der Charakter: Es muss immer etwas passieren, die Story soll schnell in Fahrt kommen. Lange Phasen von Ambivalenz sind dem Publikum, das gern schnell Partei ergreift, nicht allzu lange zuzumuten. Gut und Böse sollten bald klar zu unterscheiden sein.

Generell haben die drei Grundbegriffe Wahrheit, Gerechtigkeit und Wettbewerb im Fernsehen eine noch höhere Bedeutung als im Kino. Der Rückbezug auf diese Prinzipien macht das Erzählen hinsichtlich der Zuschauerakzeptanz noch effektiver.

Als Beispiel dafür sei der vielfach ausgezeichnete Film »**Mogadischu**« erwähnt (Buch: Maurice Philip Rémy; Regie: Roland Suso Richter). Die emotionale Wirkung des Films kann es sicher mit jedem Kinofilm aufnehmen – zieht doch die Demütigung von vielen unschuldigen Flugzeugpassagieren zwangsläufig eine kaum zu steigernde Empathie der Zuschauer nach sich. Doch Motivation und Verhalten der Protagonisten sind weniger individuell ausgearbeitet und weniger ›character driven‹ als in vergleichbaren Kinofilmen. Den Figuren wird kaum Eigenleben gestattet. Flugkapitän Schumann (Thomas Kretschmann) bekommt über die Bindung zu Frau und Kindern hinaus kaum individuelles Profil. Dasselbe gilt für das Verhalten der Entführer: Das ›Gut-Böse‹-Schema wird konsequent bedient, Zwischentöne sind eher die Ausnahme. Dafür ist der

Film in der Beschreibung der historischen Fakten erheblich informativer als dies Kinofilme in der Regel sind. Insofern sind hier die sehr heftigen sozial bedingten Emotionen auch stark mit Infotainment durchmischt, welches allein fürs Fernsehen charakteristisch ist.

Auch Großproduktionen wie »**Die Jagd nach dem Schatz der Nibelungen**« (Buch: Derek Meister, Stefan Dähnert; Regie: Ralf Huettner) können sich keine großen Ambivalenzen erlauben und folgen einfachen, aber wirkungsvollen Schemata voller ›human factor‹, die, überzeugend angewandt, auch zu vorhersehbar guten Quoten führen.

Die TV-Industrie konzentriert sich auch stärker und systematischer auf bestimmte Alters- und Zielgruppen als das Kino. »**Ein starker Abgang**« ist ein typischer TV-Film für die etwas ältere Generation und mit Monica Bleibtreu und Bruno Ganz prominent besetzt (Buch: Martin Rauhaus; Regie: Rainer Kaufmann). Im Mittelpunkt steht eine starke Beziehung zwischen einem Schriftsteller und seiner Ernährungsberaterin. Diese Beziehung erlebt diverse Krisen und Wiederannäherungen. Es kommt zu Wandlung, Gegenseitigkeit und Entwicklung. Daher ist der ›human factor‹ hoch. Man erkennt die fernsehgerechte Machart allerdings daran, dass mit Nebenhandlungen und Ornamenten ein bestimmter künstlicher Druck erzeugt wird, der die Geschichte immer wieder mit Plot anfüllt. Im Kino wäre dieses Maß an äußeren Storyelementen nicht nötig, ja sogar störend.

Im Falle von Daily Soaps und Telenovelas kann man sogar verfolgen, was passiert, wenn alle erdenklichen Elemente des ›human factor‹ gleichsam wahllos über die Stories verstreut werden: Es ergibt sich ein ununterscheidbarer Fluss von emotional wirksamen Ereignissen, die zu vorhersehbaren Resultaten führen. Die Einschaltquoten beweisen, dass die emotionale Beteiligung hoch ist – aber gleichzeitig hinterlassen diese Seherlebnisse beim Zuschauer auch kaum Spuren. Es werden wenig individuell intensive Qualitäten angestoßen. Alleinstellungsmerkmale sind bei Soaps eher selten gefragt.

Ein wesentlicher Unterschied zwischen Kino und Fernsehserien bzw. Mehrteilern besteht im Tempo der Wandlungen und Entwicklungen. Kinofilme führen das Publikum in komplexe Konflikte und versuchen, diese so gründlich durchzuarbeiten, dass sich Lösungen am Horizont abzeichnen. Damit verdichtet der Kinofilm Grunderfahrungen, die sich im konkreten Leben vielleicht über Jahre hinziehen, auf anderthalb Stunden.

Serien und Mehrteiler müssen flächiger angelegt sein und statischer operieren. Im Vordergrund steht dagegen weniger die dynamische Bewegung Einzelner. In der Regel entwickeln sich Figuren in Serien kaum oder nur langsam – anders als im Kinofilm, aber ganz wie im richtigen Leben.

Das Bedürfnis, das damit befriedigt wird, liegt in einer realistischen Spiegelung von Lebenstempo und Lösungsstrategie. Während die Helden im Kino oder auch TV-Movies ihre oft lebenswichtigen Entscheidungen im Handumdrehen und meistens auch richtig treffen, spiegeln Serien und Sitcoms das langsame Lebenstempo mit seinen geringen Amplituden der Aufs und Abs.

Die Protagonisten von Serien brauchen in der Regel lange, um mit ihren Problemen fertig zu werden. Es fällt ihnen nicht leicht, sich zu entscheiden, zu binden, zu lösen oder einen Entwicklungsschritt zu absolvieren. So wird der Betrachter fast zu einer Art virtuellem Mitglied der sozialen Gemeinschaft. Im Vordergrund steht nicht das fertige Lösungsmodell. Wichtiger ist die Auseinandersetzung mit den vielen kleinen, mühseligen Hindernissen und Steinen, die einem das reale Leben in der Regel in den Weg legt.

In »**Stromberg**« (kreiert von Ralf Husmann) z. B. hat man es mit einem festen und vorhersehbaren Set von Figuren zu tun, die sich wenig wandeln. Das Element der Reifung fällt prinzipiell weg. Weit eher werden Variationen der immer gleichen charakterlichen Fehler relevant. Es geht hier nicht um Empathie-Entwicklung, sondern um ausgleichende Gerechtigkeit. Man hat es bei Bernd Stromberg mit einer anmaßenden Figur zu tun, die das Prinzip Schadenfreude bedient. Er lügt wie gedruckt, vor allem aber belügt er sich selbst, und indem er immer wieder dafür bestraft wird, weckt dieses Spiel des Selbstbetrugs die Zustimmung des Publikums. Die Empathie gilt den benachteiligten Mitarbeitern. Sie dienen den Zuschauern als willkommene Projektionsflächen. Gleichzeitig hilft große soziale Vernetzung innerhalb der Versicherungsgesellschaft, die unterschiedlichsten Bindungsebenen zu bespielen und so verschiedene Erlebnisqualitäten anzusprechen.

Oft wird der ›human factor‹ im Fernsehen auch schon durch die Wahl des Genres relevant. Das überaus beliebte Thema Krankenhaus garantiert so wichtige Faktoren wie Hilfeleistungen für andere, Gemeinschaftsgefühl, Austausch (via medizinische Themen), soziale Vernetzung, Commitment, Empathie für Benachteiligte (Kranke), Wettbewerb usw. Hinzu kommt die wichtige Auseinandersetzung mit dem Thema ›Sterblichkeit‹. Die wichtigsten Voraussetzungen für starke emotionale Beteiligung sind also schon mit der Wahl des Genres erfüllt. Umso mehr kann man sich im Einzelfall um Alleinstellungsmerkmale und reizvolle Details kümmern.

Faszinierend gelingt dies etwa in der US-amerikanischen Serie »**Dr. House**« (kreiert von David Shore). Man erlebt den Protagonisten zunächst als anmaßend. Er wirkt unzugänglich, schroff, bitter und hart. Scheinbar eignet er sich kaum zur Entwicklung von Empathie. Doch das täuscht. Dr. House ist nicht nur körperlich benachteiligt (seine Schmerzattacken, seine Einsamkeit und Isolation bewirken Mitgefühl), sondern auch in Sachen Commitment und ideeller

Bindung lässt er sich schwer übertreffen. Nur interessiert er sich mehr für die Wissenschaft als für die Menschen. Er ist gleichsam ein Künstler, dem sein Werk mehr bedeutet als das soziale Leben. Diese hohe Bindung und innere Treue zu sich selbst wirken unschlagbar. Mit seinen radikalen Methoden rettet er Dutzenden von Menschen das Leben. Zudem hält er einigen wenigen loyal die Treue. Der Erfolg dieser Serie ist also ein schönes Beispiel für eine mutige Form von Ambivalenz, in der doch die positiven Elemente des ›human factor‹ überwiegen.

Beim Versuch, diese Serie für den deutschen Markt zu kopieren, wurden dafür wesentliche emotionale Prinzipien außer Acht gelassen (»**Dr. Molly und Karl**«, kreiert von Martin Rauhaus). Die konflikthafte, raue Schale des Originals wurde vehement und oft unnötig illoyal auf hiesige Verhältnisse übertragen. Die geheime Benachteiligung der Hauptfigur, ihre Loyalität und ihr Gerechtigkeitssinn kamen hingegen weniger stark zum Zug. Insofern vermochte die deutsche Variante weniger positive emotionale Signale auszustrahlen als das Original und wurde nach der achten Folge eingestellt.

Die ›human factor‹-Analyse von erfolgreichen ausländischen Serien wie »**Dr. House**« könnte daher der deutschen Serienindustrie wertvolle Anhaltspunkte dafür liefern, wie sich Erfolgsgeheimnisse auf den heimischen Markt übertragen lassen. Und wie intensiv im angelsächsischen Raum mit Austausch und Bindung gearbeitet wird. Manche der kostspieligen Misserfolge im deutschen Serienbereich der letzten Jahre hingegen wären durch mehr Betonung der zwischenmenschlichen Faktoren vermutlich zu vermeiden gewesen.

3. Literaturverfilmungen

In Teil III wurden mehrfach Filme behandelt, denen literarische Vorlagen zugrunde lagen. Manche davon wurden Hits, bei anderen dagegen hatte man sich aufgrund der Erfolge auf dem Buchmarkt mehr erhofft.

Gerade Romane müssen im Vorfeld genau geprüft werden – egal ob sie fürs Kino oder fürs Fernsehen entwickelt werden. Die Frage, ob sie sich wirklich zur Adaption eignen, ist nicht immer leicht zu beantworten. Die Literatur hat mehr Möglichkeiten, den Leser an die innere Befindlichkeit von Figuren heranzuführen. Oft machen Bücher ein soziales Geschehen verständlich, das von außen asozial oder inakzeptabel erscheint. Es existieren großartige Bücher, die ein reiches inneres Geschehen schildern, welches sich aber der Draufsicht von außen, die der Film liefert, prinzipiell verschließt. Man vergleiche nur den inneren Reichtum des Romans »**Der menschliche Makel**« von Philip Roth mit der relativ dürftigen emotionalen Ausbeute des gleichnamigen Films.

Generell hat ein Romanautor die Möglichkeit, nahezu jedes Verhalten seiner Figuren zu motivieren und Empathie für deren Verhalten zu erzeugen. Es gibt berühmte literarische Schilderungen von Figuren, deren Handeln aus Sicht des außenstehenden Betrachters abstoßend erscheint (drastisch z. B. in »**American Psycho**« von Bret Easten Ellis). Drehbuchautoren haben weniger Möglichkeiten, die innere Befindlichkeit von Figuren erkennbar werden zu lassen. Daher entwickeln oft Figuren, die auf literarischen Vorlagen beruhen, weniger Empathiewerte – es sei denn, die Autoren steuern bewusst und systematisch dagegen.

Folglich muss man sich genau überlegen, welche Möglichkeiten dem Drehbuchautor zur Verfügung stehen, um die Figuren aus ihrem szenischen Verhalten selbst heraus empathisch zu gestalten. Der innere Monolog bietet hier zwar eine Möglichkeit, doch sollte sie nicht überstrapaziert werden. Film argumentiert szenisch. Hier muss die Lösung ansetzen.

In einigen Fällen ist die Übertragung von Literatur in konkrete filmische Handlung nicht schwer, wie z. B. in den bereits erwähnten Wolf-Haas-Krimis, die grundsätzlich schon viel äußere Aktionen und weniger Reflexionen aufweisen. In anderen Fällen braucht es von Seiten der Drehbuchautoren den Mut, von der literarischen Vorlage abzuweichen, um ein eher inneres Geschehen im Buch äußerlich sichtbar werden zu lassen. Hierbei entsteht dann wiederum die Gefahr, dass der Geist des Buches verfälscht wird.

Einen Fall von geglückter Adaption bildet »**Das Parfum – Die Geschichte eines Mörders**« (Buch: Andrew Birkin, Bernd Eichinger nach dem Roman von Patrick Süskind; Regie: Tom Tykwer). Zwar galt der Roman im Vorfeld als schwer zu verfilmen, da die Welt der Düfte, die den Protagonisten so fasziniert, dem Publikum nicht konkret vermittelbar schien. Doch das ist ein Trugschluss. Auch Erlebniswelten, die sich im Kino nicht so konkret realisieren lassen, wie dies etwa bei Malerei oder Musik der Fall ist, lassen sich durch soziale Aufladung indirekt gut vermitteln. So kann der Zuschauer von »**Ratatouille**« beispielsweise auch nicht beurteilen, ob ihm das, was gekocht wird, schmecken würde. Er erkennt aber das Commitment der Figuren, und somit die sozialen Auswirkungen. Das genügt. Deshalb stieß »**Das Parfum**« im Kino auf weniger Schwierigkeiten als viele Skeptiker im Vorfeld erwartet hatten.

Der Coup aber, die Pointe, die der Verfilmung dieses Romans zu großer sozial relevanter Aufladung verhilft, ist die Szene am Marktplatz von Grasse, die der Hinrichtung des Helden Jean-Baptiste (Ben Whishaw) vorausgeht. Der Protagonist vermag dort, durch die Kraft seiner unglaublich aphrodisierenden Parfüm-Mischung das ganze Dorf in einen Liebesrausch zu versetzen und damit seine Hinrichtung zu verhindern. Diese Orgie versetzt die Erzählung in eine selten erreichte Form sozialer Aufladung. Dieser Moment des absoluten Gemeinschaftsgefühls bildet einen Moment der Utopie und des Schreckens zugleich.

Doch auch der Gegensatz dazu wirkt in dieser langen Szene stark: Denn Jean-Baptiste, das amoralische Genie, bleibt selbst isoliert. Aus seinem Triumph erwächst seine Niederlage. Er bleibt der asoziale Außenseiter. Insofern ist sein Tod kurze Zeit später nur folgerichtig. Er hat als Künstler triumphiert und ist als Mensch gescheitert. Er hat viele Menschen glücklich gemacht und blieb selbst unglücklich. Aus dieser sozialen Relevanz erklärt sich viel von der Faszination des Films.

Schwer hat es freilich die Umsetzung einiger Kurzgeschichten von Judith Hermann in »**Nichts als Gespenster**« (Buch und Regie: Martin Gypkens). Trotz einer eindrucksvollen Besetzung und faszinierenden Schauplätzen tut sich der Film schwer, die Innenwelten der Figuren in filmische Aktionen umzuformen. Denn das, was die Figuren in der literarischen Vorlage tun, ist weit weniger wichtig als das, was sie innerlich dabei erleben. Davon aber kann die Verfilmung nur vergleichsweise wenig spürbar machen. Was von dem konkret sichtbaren Verhalten der Figuren übrig blieb, wirkt hingegen aktionsarm und überwiegend illoyal.

Der Roman »**Friedliche Zeiten**« von Birgit Vanderbeeke wurde von Neele Leana Vollmer verfilmt (Drehbuch: Ruth Toma). Die Grundidee macht es dem Film jedoch schwer: Hier versuchen zwei Kinder, das Liebesglück der Mutter zu torpedieren. Aus Sicht von thf ist es jedoch ein Handicap, soziale Kontakte zu VERHINDERN. Zugewinn ist emotional stets ergiebiger. Die Schwierigkeiten wären nur zu beheben gewesen, wenn man sich dann einer besonders empathischen Erzählweise bedient hätte. Diese ist aber nur in Ansätzen zu erkennen. Entsprechend mäßig war die Publikumsresonanz.

Die Probleme in der Verfilmung des Bestsellers »**Liebesleben**« nach dem Roman von Zeruya Shalev (Drehbuch: Laila Stieler und Maria Schrader; Regie: Maria Schrader) liegen ebenfalls auf dieser Ebene. Die Kämpfe, Schuldgefühle und Reflexionen im Innern der Protagonistin finden in der filmischen Umsetzung kaum ein Äquivalent. Die ›amour fou‹ zwischen einer jungen Studentin und dem viel älteren Freund der Eltern wirkt im Film viel illoyaler als im Roman. Entsprechend zurückhaltend war dann die Reaktion des Publikums.

Zusammenfassend kann gesagt werden, dass im deutschen Kino der letzten Jahre einigen wenigen erfolgreichen Literaturverfilmungen eine lange Liste von Beispielen gegenübersteht, die am Markt eher enttäuschend blieben. Die exakte Prüfung der literarischen Vorlage nach Maßgabe des ›human factor‹ hätte helfen können, die Empathieauslöser genauer zu beachten und damit Fehlschläge zu vermeiden.

4. Arthouse

Der künstlerisch anspruchsvolle Arthouse-Film verschiebt oft die Verhältnisse zwischen den Erlebnisebenen. Sozial bedingte Emotionen treten hier bisweilen in den Hintergrund. Die großen Werke der Filmkunst beruhen zwar meist auf einem Kern, der mit Bindung und Menschsein zu tun hat. Die spezifisch künstlerischen Qualitäten liegen oft eher im sinnlichen oder rationalen Bereich: einer neuen, andersartigen Bildgestaltung; einer Erzählstrategie, die mit herkömmlichen Regeln bricht; oder einer neuen, kühnen, assoziativen Kombination von Bild und Ton. Filme von Antonioni, Tarkowskij, Godard, Angelopoulos (um nur ein paar Namen zu nennen) stoßen eher im Bereich der Bildgestaltung oder der Erzähltechnik in Neuland vor, als dass sie auf besonders intensive Beziehungen setzen. Dies dürfte auch der Grund sein, warum manche Werke beim breiten Publikum bisweilen als ›intellektuell‹ oder ›kalt‹ erlebt werden.

Der künstlerisch ambitionierte Film sucht in der Regel nicht die einfache Parteinahme, sondern geht so weit wie möglich in die Ambivalenz (§ 25). Damit ist automatisch gegeben, dass schwierige Filme um die Akzeptanz beim Publikum kämpfen müssen. Wunscherfüllung steht im Arthouse-Bereich kaum im Vordergrund. Hingegen stehen Qualitäten wie Tabubruch, Unterlaufen von Sehgewohnheiten usw. hoch im Kurs. Dennoch sind auch hier die sozialen Aspekte von Bedeutung.

Kunst verlangt grundsätzlich danach, dass bestimmte Erwartungen NICHT erfüllt werden. Kunst ist ihrem Wesen nach immer auch subversiv – sie stellt sich zur Aufgabe, den Bereich menschlicher Empfindungsfähigkeit zu erweitern und jede Art von Routine oder vorgefasster Meinung zu unterminieren. Auch dies hat einen tieferen Kern. Entscheidend ist die Kategorie der ›Musterunterbrechung‹.

Durch die Musterunterbrechung werden bestehende Wertvorstellungen in Frage gestellt und durch neue Angebote ersetzt. Eine solche Qualität ist für jede Weiterentwicklung von Ästhetik oder Moral unverzichtbar. Von daher nimmt die oft kommerziell wenig erfolgreiche Filmkunst eine wichtige Rolle ein.

Doch auch bei dieser konfliktreichen Auseinandersetzung zwischen künstlerischem Wertanspruch und kommerziellem Druck ergeben sich Schnittmengen, bei denen sich ›Publikumsvertrag‹ und ›Kunstvertrag‹ nicht im Weg zu stehen brauchen. Geschichten, die diese Schnittmengen bedienen, haben gute Chancen, Klassiker zu werden.

So wird man unter den berühmten Ikonen der Filmgeschichte wenige finden, die den Prinzipien des ›human factor‹ direkt widersprechen. Die Meisterwerke erzählen alle Geschichten, die unter anderem auch vom ›human factor‹ geprägt sind. Aber sie erzählen sie auf eine vorher nie da gewesene Weise. Gerade die erfolgreichen Kunstfilme der letzten Jahre erweisen sich überwiegend auch als solche, die wenigstens teilweise den Prinzipien des ›human factor‹ entsprechen.

Am Ende geht es weniger um die Frage ›Wunscherfüllung oder nicht?‹, sondern entscheidend ist die Qualität der Bindung. Daher unterteilt sich der künstlerisch ambitionierte Film der letzten Jahre in solche Arbeiten, die sich intensiv, wenn auch konflikthaft mit Fragen von Nähe, Bindung und Austausch auseinandersetzen – und auf dieser Ebene kommen dann auch unter Umständen beträchtliche Publikumserfolge zustande. Dort allerdings, wo man sich kaum um das Zwischenmenschliche bemüht hat, dort bleibt das Arthouse-Kino tatsächlich in einer Nische, die für den Kinomarkt irrelevant ist.

Zu den herausragenden Erfolgen des künstlerisch anspruchsvollen Films der letzten Jahre zählt »**Das weiße Band**« (Buch und Regie: Michael Haneke). Dieser Film verstört sein Publikum durch die Darstellung einer Reihe von rätselhaften und perfiden Verbrechen; dass diese am Ende nicht aufgeklärt werden, stellt den Zuschauer auf eine harte Probe. Im herkömmlichen Krimi ist man gewohnt, am Ende Aufklärung zu erhalten. Dass diese einem vorenthalten wird, erfordert Frustrationstoleranz und erzeugt eine verstörende, intensive Grundspannung. Zusammen mit den unangenehmen Formen von Demütigung und Erniedrigung, die hier den Figuren zugefügt werden, entsteht ein recht abweisendes Gesamtbild. Aber auf der anderen Seite wird dem Zuschauer eine hohe soziale Aufladung geboten: Immerhin steht ein ganzes Dorf vom Großgrundbesitzer bis hin zu den Tagelöhnern im Mittelpunkt. Die Empathie für Benachteiligte ist groß. Unrecht liegt manifest vor. Die Differenzierung der menschlichen Bindungen in dem Dorf ist kaum zu steigern. Die Relevanz der Handlung ist hoch. Und es stimmt auch nicht ganz, dass man nur erniedrigendes Verhalten präsentiert bekommt. In einigen lichten Momenten wird auch Loyalität und Austausch spürbar, vor allem in der Figur des Erzählers, einem Lehrer, der durchaus der Humanität fähig ist. Insofern zeichnet »Das weiße Band« ein differenziertes Bild, in dem nicht nur für die dunklen, sondern auch die hellen Seiten Platz ist. Der vergleichsweise große Erfolg an der Kinokasse lässt erkennen, dass sich auch in einem schwierigen Umfeld die soziale Relevanz und Differenziertheit der Darstellung durchsetzen kann.

Noch radikaler geht »**Alle anderen**« vor (Buch und Regie: Maren Ade). Von den Prinzipien des ›human factor‹ bleibt – oberflächlich betrachtet – wenig übrig. Mit Ausnahme der Beziehung selbst. Der künstlerische Mut zeigt sich in dem, was alles weggelassen wird: Es existiert kein Plot, keine Intrige, kein Unrecht. Die Umsetzung ist karg bis an die Schmerzgrenze. Aber eines gibt es doch: das Ringen um die Beziehung. Und indem dieses Ringen am Ende erfolgreich ist (das Paar rauft sich trotz quälender Konflikte zusammen), bleibt der innerste Kern erhalten. Denn die wichtigste Forderung des ›Publikumsvertrags‹ wird erfüllt: Das Publikum will Figuren sehen, die sich benehmen wie Menschen. Egal ob man an diesem sezierenden Blick des Films Vergnügen findet oder nicht: Der Zuschauer kann sich hier als Mensch wiedererkennen.

Einen festen Platz im anspruchsvollen deutschen Kino nehmen die Filme von Christian Petzold ein. »**Yella**« spielt raffiniert mit Wirklichkeiten und Scheinwirklichkeiten. Hier kommt es zwischen der Titelfigur (Nina Hoss) und einem windigen Finanzberater (Devid Striesow) zu einer Annäherung mit viel Austausch. Zwar schwelt im Hintergrund auch ein Eifersuchtsdrama. Doch im Vordergrund stehen eher kalte Werte wie Gier und Verdrängungswettbewerb. Derartige Qualitäten stehen menschlich-emotional nicht hoch im Kurs. Sie dominieren aber unser Wirtschaftsleben. Insofern bietet der Film weniger Menschlichkeit als eine Art Aufklärungsarbeit. Die Mechanismen, die dem Wirtschaftsleben zugrunde liegen, werden zwischenmenschlich seziert. Das verlangt von den Zuschauern Aufmerksamkeit und kühles Interesse. Für große Markterfolge ist solches Erzählen zu spröde. Dennoch haben Filme wie diese ihr treues Publikum.

Dagegen existieren viele Filme von hohem künstlerischem Anspruch, die sich in der Schilderung von Loyalität, Austausch, Commitment usw. schwer getan haben. Wenn dies zu enttäuschenden Ergebnissen geführt hat, dann nicht, weil anspruchsvolles Erzählen in Deutschland nicht möglich wäre. Sondern weil auch Arthouse-Filme nur dann überzeugend wirken, wenn sie sich intensiv – wenn auch originell – mit Bindung, Beziehung und menschlichen Werten auseinandersetzen.

5. Dokumentarfilm

Dass im Dokumentarfilm ähnliche Kriterien für die Entstehung von emotionaler Resonanz verantwortlich sind wie im Spielfilm, liegt auf der Hand. Nur sind erfolgversprechende Themen für einen Dokumentarfilm nicht leicht planbar, weil man nicht weiß, wie sich die Dynamik zwischen dem Filmteam und den Protagonisten entwickeln wird. Wenn es gelingt, wahre Geschichten dokumentarisch so festzuhalten, dass erzählerische Elemente im Sinne des ›Publikumsvertrags‹ erkennbar sind, kann man von gesteigerter Publikumsresonanz ausgehen.

»**Rhythm' is it!**« von Thomas Grube und Emilio Sanchez Lansch wurde zu einem der erfolgreichsten Dokumentarfilme in Deutschland überhaupt. Dass hier die wichtigsten Kriterien des ›Publikumsvertrags‹ erfüllt sind, liegt auf der Hand: Die Benachteiligung der Protagonisten ist ebenso erkennbar wie das Austauschmedium (der Tanz); die ideelle Bindung an die Musik hat ähnliches Gewicht wie der Gemeinschaftsfaktor; die Zugehörigkeitsthematik (vor allem des aus Afrika stammenden Protagonisten) vermag emotional ebenso zu berühren wie der Wettbewerb: Wer wird es am Ende schaffen, bei der Aufführung dabei zu sein? Hinzu kommt das Commitment des Choreographen und Mentors, der seine Schüler fordert und vorantreibt. »Rhythm' is it!« erscheint als der Idealtypus einer Heldenreise, wie sie in der Realität nur selten zu finden ist. Wenn Dokumentarfilmer an solchen Prozessen teilnehmen können, sind die Erfolgschancen groß.

Auch in »**Full Metal Village**« von Cho Sung-hyung sind soziale Relevanz und Zugehörigkeitskonflikte sofort erkennbar: Ein winziges Dorf wird einmal im Jahr von einer völlig fremden Welt von Heavy-Metal-Fans überschwemmt. Für die Dorfbewohner ist das einerseits ein sozialer Zuwachs, andererseits stellt sich für sie die Frage nach der Zugehörigkeit: Integration oder Abgrenzung? Gehen sie in Beziehung oder nicht? Schwemmt die Lawine der Besucher womöglich einige Dorfbewohner mit sich? Die soziale Dynamik ist groß. Es treten Gemeinschaftsgefühle, aber auch Konflikte auf, und so ist der Erfolg des Films nicht wirklich verwunderlich.

Eine Arbeit wie »**Let's make Money**« von Erwin Wagenhofer ist weniger auf der konkreten Beziehungsebene spannend als auf derjenigen der sozialen Relevanz. Es stehen allgemeine Werte auf dem Spiel. Das, was einem dieser Film über die bedrohlichen Folgen der Geldgier für unseren Planeten erzählt, ist nicht nur spannend und zum Teil auch bildkräftig, sondern vor allem relevant. »Let's make Money« spielt einerseits stark auf der rational-logischen Ebene (man erhält informative Erklärungen über Zusammenhänge), sondern auch zum großen Teil auf der Ebene § 10 k: Auseinandersetzung mit Menschheitswerten und Moral. Da dies eine wichtige Ebene ist, kann die Attraktivität des Themas nicht überraschen.

»**Die Geschichte vom weinenden Kamel**« von Byambasuren Davaa und Luigi Falorni ist vielleicht der schlagkräftigste und simpelste Beweis für die Prinzipien der Zugehörigkeitsthematik. Das Mitgefühl des Zuschauers mit einem Kamel-Baby, das von seiner Mutter abgelehnt wird, ist kaum zu steigern. Dass es später gelingt, Mutter und Kind durch den Einsatz von Musik wieder zueinander zu bringen (ideelle Bindung), führt zu starken Reaktionen. So kam ein Film zu großen Ehren, der von der äußeren Attraktivität her zunächst recht unspektakulär erscheinen musste.

C. Plädoyer für den Dramaturgen

Der Verfasser dieses Buches ist Dramaturg, und es darf daher nicht überraschen, dass hier eine Lanze für die Rolle des unbeteiligten, aber kompetenten Außenstehenden im Prozess der Stoffentwicklung gebrochen wird. So wie der ›Publikumsvertrag‹ selbst die Bedeutung des außenstehenden Blicks betont, braucht auch die Stoffentwicklung regelmäßig die Prüfung von unabhängiger Seite.

Leider setzt sich in der Film und Fernsehbranche die wertvolle Rolle des außenstehenden Beobachters und Beraters erst langsam durch, während sich in anderen Branchen längst herumgesprochen hat, wie wertvoll externe Beratung sein kann. Vielfach sind Produzenten, Redakteure und Stoffentwickler der Meinung, ihre eigene Kompetenz sei ausreichend. Das mag auch oft so sein. Den Blick von außen kann aber auch die größte Kompetenz nicht ersetzen. Wenn ein unabhängiges Feed-back von dramaturgisch geschulten Profis, die sich tagein, tagaus mit Fragen des wirkungsvollen Storytelling befassen, erfolgt, kann dies den Drehbuchprozess schnell weiterbringen.

Drehbuchentwicklungen verheddern sich häufig in Prozessen, bei denen die Beteiligten allmählich das große Ganze aus den Augen verlieren. An diesem Punkt sind Dramaturgen gefragt. Denn das von dem oder den Autoren GEMEINTE ist oft nicht identisch mit dem, was beim Publikum ankommt. Der Dramaturg ist oft der Erste, der diese Differenz benennen und thematisieren kann. Er versteht in der Regel, in welche Richtung ein Projekt zielt – und er vermag auch zu formulieren, wo der Ist-Zustand noch vom Ideal entfernt ist, und mit welcher Strategie man am besten weiter verfährt. Er vermittelt zwischen den Autoren, die etwas Bestimmtes erreichen wollen, und dem Zuschauer, der seinerseits vielleicht etwas anderes erwartet. Gleichzeitig macht er Vorschläge und gibt Anstöße, die neue Denkprozesse auslösen.

Er ist also der erste Vertreter des anvisierten Publikums. Daher tritt er in der Regel erst in dem Moment hinzu, in dem sich die Umrisse des Projekts abzeichnen. Sein Herzblut hängt nicht von Beginn an am Projekt, er ist nicht verstrickt und bestenfalls unparteiisch (wobei sich dies relativiert, wenn er als längerfristiger Projektbegleiter fungiert. Doch gerade die Fähigkeit, sich den unvoreingenommenen Blick zu bewahren, gehört zur Aufgabenstellung des Dramaturgen).

Wenn sie ihr Handwerk verstehen und ihre Rolle richtig interpretieren, sind Dramaturgen keine ›Besserwisser‹. Sie belehren nicht und beanspruchen keine konkrete Entscheidungsgewalt, sondern haben nur ein Ziel: die optimale Gestaltung des Projekts.

Sie gleichen Beratern, wie sie Tennisprofis oder Meisterinterpreten von Musik auch dann noch um sich scharen, wenn sie an der Weltspitze angelangt sind. So wie Assistenten von Schachgroßmeistern Tausende von bereits gespielten Partien analysiert haben, aber sich nicht unbedingt selbst einem Turnier zu stellen brauchen, blickt auch der Dramaturg auf jedes Drehbuch mit dem Erfahrungsschatz vieler ähnlicher Stories, ohne selbst für jede Wendung der Story Verantwortung zu übernehmen.

Der Dramaturg hat oft mehr Drehbücher gelesen und mehr Filme gesehen als der Autor oder der Produzent. Er hat Projekten beim Scheitern zusehen müssen, manche aber vielleicht zu großen Erfolgen begleitet. Diese Erfahrung stellt er zur Verfügung. Idealerweise ergänzt er sich mit Autoren und Produzenten zu einem starken Team. Wo das gelingt, hat die Drehbucharbeit erheblich bessere Chancen als dort, wo jahrelang über Stoffen gebrütet wird, die sich dann im Kreise drehen, oder wo Drehbücher hastig hingeworfen werden. Insofern wäre zu hoffen, dass die Rolle des Dramaturgen in Deutschland endlich den Stellenwert bekommt, den sie verdient.

TEIL IV
Vergleichende Erfolgs- und Marktanalyse
(VEMA)

1. Was ist VEMA?

Die Argumentation dieses Buches greift immer wieder auf die Frage nach der Publikumsresonanz zurück. Nicht weil ein Film mit mehr Zuschauern ›besser‹ wäre, sondern weil in diesem Buch die Beziehung zwischen Erzähltem und Resonanz im Vordergrund steht. Daher ist das Studium von Zuschauerzahlen für die Analyse von Filmen in Bezug auf den ›human factor‹ eine unerlässliche Voraussetzung.

So offensichtlich es aber ist, dass Stories mit starkem ›human factor‹ in der Regel auf große Publikumsresonanz stoßen – so sicher ist es auch, dass die zwischenmenschlichen Elemente der Erzählung nicht die einzige relevante Größe darstellen können. Der Erfolg von Filmen hängt selbstverständlich von wesentlich mehr Kriterien ab als nur von denen, die in diesem Buch beschrieben werden.

Daher werden nun in Teil IV die übrigen Kriterien, die den Markterfolg von Filmen mit beeinflussen, in knapper Form angesprochen. Tatsächlich wurde und wird in Deutschland der Zusammenhang zwischen Markterfolg, Drehbuch und Film nur selten systematisch untersucht[12]. Die meisten Produzenten, Förderer, Verleiher usw. verlassen sich vielmehr auf eine Mischung aus Bauchgefühl und das Motto ›Augen zu und durch‹. Häufig hört man einfache, monokausale Zuschreibungen: ›Es war ja klar, dass Film x einfach wegen ... nicht erfolgreich werden konnte.‹

Tatsächlich ist aber bei der Untersuchung von Marktergebnissen nichts ›klar‹ und nichts ›einfach‹. Die Materie ist komplex und verwickelt. Man muss viele Faktoren berücksichtigen und miteinander in gewichtenden Zusammenhang bringen, um zu erkennen, was attraktiv ist und was nicht. Und auch dann kommt man selbstverständlich auf keine hundertprozentig sicheren Prognosen für den möglichen Markterfolg eines Films, sondern nur auf Trends und bestimmte Zielkorridore. Doch unter Einbeziehung des ›human factor‹ ist es zumindest möglich, sich mit vorsichtigen Prognosen zur Erfolgswahrscheinlichkeit von Filmen zu befassen, weil Kriterien zur Verfügung stehen, um die innere Attraktivität der Story selbst zu untersuchen.

Diese Faktoren werden in dem gemeinsam mit Norbert Maaß entwickelten Modell ›Vergleichende Erfolgs-und Marktanalyse VEMA‹ zusammengefasst

12 Zuletzt bei Pascal Zuta: »Publikumspräferenzen für Kinofilme« (Dissertation). Potsdam 2008

und bilden eine mögliche Grundlage für Marktprognosen von Filmen am deutschen Markt.

VEMA wird in diesem Teil IV anhand von »Vier Minuten« (Buch und Regie: Chris Kraus) als repräsentatives Beispiel durchgespielt und erläutert. Der Film kam 2007 in die Kinos und erreichte in Deutschland ca. 470.000 Zuschauer.

2. Der Grundgedanke

Das hier vorgestellte Modell geht davon aus, dass man jeden Film in seinen marktrelevanten Einflussgrößen prinzipiell erfassen und vergleichen kann. Allerdings hat der Vergleich nur dann einen Sinn, wenn man Produkte mit ähnlichen Wesensmerkmalen zueinander in Beziehung setzt.

Es wäre unsinnig, Äpfel mit Birnen vergleichen zu wollen. Zwischen »Das weiße Band« einerseits und »Keinohrhasen« andererseits liegen Welten. Beide Filme wenden sich an eine unterschiedliche Klientel und liefern kaum vergleichbare Marktfaktoren. Es wird zwar vielleicht Menschen geben, die beide Filme gern sehen (wie etwa der Verfasser dieses Buches) – aber aus völlig divergierenden Gründen und unterschiedlicher Form von Lustgewinn.

Man kann jedoch für jeden Fall Vergleichsfilme finden, die sich in Bezug auf Tonalität, Thematik, Zielpublikum usw. durchaus mit den genannten Produktionen in eine Reihe stellen lassen. Keine Produktion am Markt ist ein Solitär, das aus dem Nichts entsteht. Jeder Film hat Vorgänger und Referenzfilme, die am Markt ähnliche Ergebnisse erzielt haben. Diese kann man systematisch gegeneinanderstellen und in ihren wichtigsten Elementen bewerten. Dieser Vergleich hilft, ein Projekt bereits auf Drehbuchbasis vorsichtig hinsichtlich der möglichen Publikumsresonanz zu bewerten.

»Vier Minuten« ließe sich beispielsweise mit folgenden Filmen thematisch vergleichen:

- *»Aimée & Jaguar« (B + R: Max Färberböck): Lesbische Liebe und Nazi-Zeit.*
- *»Million Dollar Baby« (B: Paul Haggis; R: Clint Eastwood): Starker Austausch zwischen Mentor und Schülerin.*
- *»Scherbentanz« (B + R: Chris Kraus): Der erste Film desselben Autors.*
- *»Die Verurteilten« (B: Stephen King; R: Frank Darabont): Gefängnisdrama.*
- *»Der wilde Schlag meines Herzens« (B + R: Jacques Audiard): klassische Musik im Drama.*

Jeder dieser Filme hat am deutschen Markt anders funktioniert (s.IV.11). Dieses Funktionieren lässt sich analysieren. Das wiederum führt zu Vergleichswerten für die zu erwartenden Möglichkeiten von einem Projekt wie »Vier Minuten«. Jeder Faktor kann nun Punkt für Punkt untersucht und eingeschätzt werden.

3. Binnenmarkt und Außenmarkt

Der Begriff ›Markt‹ erfordert eine genauere Definition: Zunächst ist damit der gesamte Komplex der Kinobesuche, DVD-Verkäufe oder Einschaltquoten gemeint. Doch dieser Teil betrifft nur die konkret zählbaren Ergebnisse einer fertiggestellten Produktion. Daneben existiert aber auch noch die Welt der Filmproduzenten, Fördergremien, Agenturen, Fernsehredaktionen, Verleiher und evtl. privaten Finanziers, die überhaupt erst darüber entscheiden, was produziert wird und was nicht. Sie bilden einen Binnenmarkt.

Für denjenigen, der eigene Drehbücher in der Branche platzieren will, ist der Außenmarkt zunächst nur indirekt relevant. Autoren müssen in erster Linie den Binnenmarkt überzeugen, d. h. die Vorlieben und Abneigungen der Entscheider bedienen.

Der Binnenmarkt ist kleiner als der Außenmarkt, und er wird von Insidern dominiert, die sich tagtäglich mit Film und Fernsehen beschäftigen und infolgedessen auch nie ganz frei von einer gewissen Betriebsblindheit sind. Deren positives Votum muss man erreichen. Die Vertreter des Binnenmarktes sind in der Regel Leute, die sich mit Budgets und Finanzierungsplänen, Verträgen und Auswertungsketten gut auskennen – aber nicht unbedingt die Hand am Puls des Publikumsgeschehens haben müssen. Ihre persönlichen Vorlieben und Abneigungen sind nicht immer deckungsgleich mit denen der durchschnittlichen Kinobesucher oder Fernsehzuschauer. Es gibt Fälle von spektakulären Fehleinschätzungen, bei denen späteren Publikumshits von Entscheiderseite zunächst das Marktpotenzial abgesprochen oder im Gegenteil auf Produktionen gesetzt wurde, die spektakuläre Flops wurden.

Ein wichtiger Grund für die Trennung von Binnenmarkt und Außenmarkt liegt im deutschen (bzw. europäischen) Fördersystem. Dadurch wird die Filmproduktion ein Stück weit unabhängig von direkten Publikumserfolgen. Es würde zu weit führen, diese komplexen Zusammenhänge hier en détail zu zergliedern oder gar zu beurteilen. Es genügt zu konstatieren, dass in Deutschland die Filmindustrie nicht immer direkt von Erfolgen am Außenmarkt abhängt. Vielmehr werden in vielen Fällen auch Filme produziert, deren Erfolgsaussichten nicht zwingend rosig sein müssen, aber dennoch aus Branchensicht für den Binnenmarkt attraktiv wirken.

Genau zwischen beiden Welten, also dem Außen- und dem Binnenmarkt, steht als dritte wichtige Kraft die Presse mit allen angeschlossenen Elementen wie Filmfestivals, Preisen, Auszeichnungen, Stipendien usw. Kritiken und Preise helfen der Öffentlichkeit, sich für bestimmte Filme zu interessieren. Gleichzeitig aber beeinflussen Kritiker auch wieder die Wertvorstellungen, die am Binnenmarkt angesagt sind. Filmemacher mit einer guten Presse haben es oft leichter, an Gelder zu kommen, auch wenn ihre Projekte dabei nicht unbedingt publikumsaffin sein müssen.

Man kann diese viel diskutierten Strukturen feiern oder verdammen. Sie fördern die Vielfalt, verhindern aber auch eine wirklich marktorientierte Denkweise. Wichtig ist vor allem festzustellen, dass Außenmarkt und Binnenmarkt zwei verschiedene Bereiche bilden, in deren Mitte als Gelenk oder Scharnier Presse und Kritik vermitteln.

Im Folgenden beschäftigen wir uns in erster Linie mit dem Außenmarkt. Der Verweis auf bracheninterne Gebräuche ist aber immer wieder nötig.

4. Äußere Faktoren

Jeder Film entwickelt bereits in dem Moment einen Marktwert, in dem die Namen der Mitwirkenden feststehen. Dazu braucht noch kein Meter Filmmaterial belichtet zu sein. Den offensichtlichsten Marktfaktor eines Films bilden die **Stars**. Die Namen der Mitwirkenden sind die werbewirksamsten Faktoren: Der neue Film mit George Clooney oder Til Schweiger ist automatisch ein Event. Dennoch wird dieses Element am deutschen Binnenmarkt oft überschätzt. Es gibt hierzulande nur wenige Namen von Schauspielern, deretwegen Zuschauer ins Kino gehen.

Etwas anders sieht es aus, wenn Stars aus dem TV-Bereich ihre eigenen Kinofilme vorstellen. Hier steigt die Zugkraft vehement an. Aber auch da beschränkt sich ein echter marktrelevanter Faktor auf eine Handvoll von Namen wie die von Otto Waalkes, Mario Barth, Hape Kerkeling u. a.

Darüber hinaus sorgt zwar die Besetzung eines Films für eine bestimmte Attraktivität; es existieren jedoch allzu viele Beispiele, bei denen auch Stars einem Film zu einem großen Publikum nicht verhelfen konnten.

Neben den Stars bestimmen **vorbestehende Werke** den Marktwert. Die Verfilmung eines Bestsellers oder das Sequel eines erfolgreichen Films sorgen für ein erhebliches Publikumsinteresse. Dies gilt ganz unabhängig von der Frage, wie sehr sich das zugrunde liegende Buch zur Verfilmung auch wirklich eignet.

Generell sind verschiedene **Genres** mit verschiedenen Reichweiten versehen: Politische Themen haben es schwerer als romantische, Satiren sind weniger beliebt als Family-Entertainment usw. Fraglos haben bestimmte Genres andere Reichweiten als etwa Arthouse-Themen. Die Wahl des Genres bildet also schon eine relevante Größe der zu erwartenden Publikumsresonanz.

In Ausnahmefällen kann der Name des **Regisseurs** für eine größere Publikumsresonanz sorgen. Es gibt aber weltweit nur wenige Filmemacher, deren Namen allein für Attraktivität sorgt. In Deutschland wird man vielleicht Tom Tykwer, Doris Dörrie oder Fatih Akin nennen können, deren Namen allein schon das Publikum ansprechen. Indirekt allerdings sind auch weniger berühmte Namen von Bedeutung, weil diese wiederum auf die Presse einwirken, die sich sehr wohl für Regisseure interessiert und Filmen von bestimmten, im Feuilleton als wichtig angesehenen Autoren zu mehr Resonanz verhilft.

Auch die **historische Relevanz** kann den Marktwert eines Projektes beeinflussen: Der Untergang der Titanic verleiht einem Projekt ebenso Profil wie die Verfilmung des Baader-Meinhof-Komplexes.

Wesentlich spielt noch die **Herkunft** eines Films eine Rolle. In den meisten Fällen stammen Filme aus dem englischsprachigen Raum. Generell haben diese die größte Breitenwirkung (was auch an den Distributionsformen liegt). Die Herkunft kann aber auch zum Ausschlusskriterium werden, etwa bei Filmen aus weit entfernten Regionen der Welt.

Sensibel werden deutsche Filme beurteilt. Zum einen stößt man oft auf Skepsis gegenüber Filmen aus dem eigenen Land. Oft aber schlägt die Abwehr gegenüber dem Erzeugnis eigener Nationalität um in Stolz, vor allem wenn internationales Prestige hinzukommt (so erklärt sich unter anderem die Tatsache, dass »Das Leben der Anderen« in Deutschland Zuschauerzahlen erreichte, die für gewöhnlich ähnlichen Dramen völlig unerreichbar sind).

Damit sind im Wesentlichen die äußeren Faktoren eines Films definiert. Durch sie erreicht er seine unverwechselbare Wertigkeit, die seine Durchsetzungskraft von vornherein befördert oder behindert. Aber auch ein Film völlig ohne berühmte Namen kann trotzdem ein Welthit werden, der neue Spielberg mit berühmten Namen theoretisch auch ein Flop.

Die äußeren Faktoren sind also gewissermaßen das Etikett, das auf dem Produkt klebt. So wie bei einer Flasche Wein das Etikett schon viel aussagen kann, ohne dass das Getränk selbst je gekostet wurde, so definieren die äußeren Faktoren eines Films bereits einen Teil seines Markterfolgs.

Monica Bleibtreu, eine der beiden Protagonistinnen aus »Vier Minuten« war zum Zeitpunkt der Herausbringung des Films als Schauspielerin zwar bekannt, aber kein Star, Hannah Herzsprung weitgehend unbekannt. Allerdings hat sich während der langen Kinolaufzeit des Films die bemerkenswerte Leistung der Darsteller herumgesprochen und den Markterfolg positiv mit beeinflusst. Dass der Film ansonsten hochkarätig besetzt war, hat ihm bei der Finanzierung sicher geholfen, aber den Markterfolg kaum definiert.

Der Name Chris Kraus war zum Zeitpunkt des Kinostarts nur Insidern bekannt. Seinen ersten Film »Scherbentanz« hatten zuvor nur knapp 20.000 Zuschauer gesehen. Der Name der Kamerafrau Judith Kaufmann ist in der Filmbranche ebenso ein Begriff wie der der Komponistin Annette Focks. Beide haben mit ihrer Arbeit die Umsetzung wesentlich bereichert, aber eine starke Zugkraft fürs Publikum ging davon nicht aus.
Das Genre ›Gefängnisdrama‹ ist an sich nicht allzu attraktiv. Generell hat es ein deutsches Kinodrama an der Kasse eher schwer. Vorbestehende Werke gibt es auch nicht.
Daher waren insgesamt die äußeren Voraussetzungen für »Vier Minuten« zum Zeitpunkt seines Erscheinens als bestenfalls durchschnittlich zu bewerten. Es existierten viele deutsche Produktionen ähnlicher Provenienz, die es mit vergleichbaren Voraussetzungen beim Publikum nicht weit gebracht haben. Die spätere große Resonanz des Films muss also mit Elementen zu tun haben, die mehr mit dem Film selbst als mit seinem ›Etikett‹ zu tun haben.

5. Innere Faktoren

Neben der schieren Werthaltigkeit der Etikettierung kommt es ganz wesentlich auf die Inhalte an. Während die äußeren Faktoren das Publikum gleichsam ›blind‹ anziehen, entsteht die für die Verbreitung so wichtige Mundpropaganda bzw. Weiterempfehlung erst dann, wenn die ersten Zuschauer den Film gesehen haben.

Die inneren Faktoren der Geschichte umfassen in unserer Kategorisierung all jene Elemente, die nicht vom ›human factor‹ abgedeckt werden: also die rational-logischen, die sinnlichen und die vom Humor bestimmten Aspekte. All das bezieht sich aber noch immer nur auf den Bereich der Story, der vom Drehbuch definiert wird, jedoch nichts mit der konkreten Umsetzung in Bilder zu tun hat.

In den Bereich der rationalen Logik gehört die Attraktivität der **Thematik**. Der Plot jedes Films behandelt einen bestimmten inhaltlichen Komplex: eine Bankenverschwörung, eine Geschichte unter Juden in Deutschland, den Weg eines afrikanischen Nomadenkindes auf die Laufstege dieser Welt und Ähnliches. Jede Thematik muss in ihrem kulturellen Kontext gesehen und gewichtet werden: Wie stark ist momentan das Interesse für die Ex-DDR? Wie hoch wird gegenwärtig der Radsport gewichtet? Wie stark mag das Interesse an Umweltthemen sein? An diesen Faktoren bemisst sich bis zu einem gewissen Grad das Publikumsinteresse.

Eine der wichtigsten Größen bildet darüber hinaus das **Alleinstellungsmerkmal**. Der x-te Film, der z.B. von einer bevorstehenden Hochzeit handelt, hat andere Startchancen als der Film, der erstmals die Geschichte eines Slumbewohners schildert, der eine TV-Show gewinnt. Auch über Serienkiller gibt es schon viele Filme, aber den einen, in dem der Killer als hoch gebildeter Edel-Psychopath und Kannibale gezeichnet wird, der sticht heraus und bleibt unvergesslich.

Daneben macht die logische **Spannung** einen großen Reiz aus, wenn auch abhängig vom Genre. Während die emotionale Spannung zwischen den Figuren vom ›human factor‹ abhängt, spielt die Frage nach den logischen Zusammenhängen und überraschenden Wendungen oft auch eine wichtige Rolle. Für einen Mystery-Thriller sind hier ganz andere Spannungswerte vonnöten als für eine Romanze. Logische Spannung ist zwar kein absoluter Wert. Sie muss aber immer in Relation zum Genre gesehen werden.

Humor ist grundsätzlich immer ein hohes Gut. Selbstverständlich ist er im Falle von Komödien absolut entscheidend. Doch auch in allen anderen Genres kann ein gewisser Witz dem Film helfen.

Neben dem Humor sind die **Dialoge** von Bedeutung. Langatmige und banale Sentenzen wirken hemmend, während pointierte Wortwechsel – egal in welchem Genre – grundsätzlich hilfreich sind.

Setting und Schauplätze definieren von vornherein ein Stück weit die Anziehungskraft. Spielt die Handlung im Weltall oder unter Wasser? In einem Büro oder im Wald? Sind luxuriöse Welten der Oberschicht betroffen oder erlebt man Slums in Indien? Davon hängt viel ab.

Wahrscheinlichkeit und Nachvollziehbarkeit können ins Gewicht fallen, müssen das aber nicht. Es gibt Fälle, bei denen man im Film auf haarsträubende Lücken in der Plausibilität trifft, ohne dass das Publikum aufbegehrt. Kino wird oft in einem märchenhaften Kontext wahrgenommen.

Erotik hilft jedem Film – nicht nur dem romantischen Film. Ob allerdings explizit **Sex** vorkommen muss, ist von Genre zu Genre unterschiedlich. Insgesamt wird man bei erfolgreichen Filmen erstaunlich wenig expliziten Sex sehen. Bei diesem Faktor ist besonders viel Sensibilität angebracht, weil das Publikum vielfach übersättigt ist.

Eine wesentliche Rolle spielt auch der **Umgang mit Werten**. Bestimmte moralische, politische oder spirituelle Fragestellungen können gewisse Bevölkerungsgruppen anlocken. Dies muss wiederum in Abhängigkeit vom Zielpublikum gesehen werden. Je älter dieses ist, desto mehr Attraktivität entsteht durch den Rückbezug auf große Themen wie Spiritualität, Kunst oder Tod.

Gewalt wiederum kann ein Güte-, aber auch ein Ausschlusskriterium sein: Für manche Genres (= manche Zielgruppen) mag Gewalt attraktiv wirken, insbesondere auch die Überschreitung von Grenzen, während in anderen Genres allzu viel Gewalt eindeutig kontraproduktiv zu werten ist.

All diese Elemente spielen in die Bewertung eines Films durchs Publikum und damit in die Weiterempfehlungsraten mit hinein. Sie sind mit dafür verantwortlich, wie sehr die Erwartungen des Publikums mit der erzählten Geschichte und dem Film deckungsgleich sind oder divergieren.

»Vier Minuten« hat ein erhebliches Alleinstellungsmerkmal aufzuweisen: Der herbe Kontrast zwischen einer älteren, strengen Lesbierin und einer jungen (angeblichen) Mörderin, aber auch zwischen rauem Gefängnisalltag und der ätherischen Welt der klassischen Musik ist ungewöhnlich und originell. Zudem darf die Werthaltigkeit der klassischen Musik gerade in Deutschland nicht unterschätzt werden. Visuell wirkt das Setting im Sicherheitstrakt eines Gefängnisses zunächst wenig attraktiv; allerdings gibt es auch poetische Schauplätze, etwa die Hochzeitsparty in der Mitte der Handlung oder richtiggehend glänzende Motive wie z.B. die Semperoper in Dresden.
Gewalt spielt eine vergleichsweise große Rolle, Erotik und körperliche Liebe hingegen wirken nur unterschwellig. Humor findet sich selten, aber er wirkt prägnant und hellt den tristen Gefängnisalltag immer wieder auf. Die Dialoge sind mit vielen eingängigen Formulierungen und starken Pointen versehen.
Eine logische Spannung baut sich kaum auf. Dennoch steht gegen Ende ein regelrechter Suspense im Raum: Wird es die junge Jenny schaffen, auf die Bühne zu kommen und ihr Programm zu spielen, obwohl sie von Polizei-Eskorten umringt ist?
Die inneren Faktoren von »Vier Minuten« weisen also einige recht attraktive Elemente auf, ohne allerdings wirklich zu glänzen.

6. Der ›human factor‹

Der zweite große Komplex, der durch die Story und das Drehbuch definiert wird, bezieht sich auf die sozial bedingten Emotionen. Auf sie braucht hier nicht mehr eingegangen zu werden. Im Falle der Bewertung eines Projekts gilt es, die diesbezüglich wichtigsten Kategorien zu untersuchen und vergleichend einzuschätzen.

»Vier Minuten« weist auf der zwischenmenschlichen Ebene außergewöhnlich positive Argumente auf: die überaus intensive Bindung zwischen zwei Menschen, die um Loyalität ringen und diese letztendlich auch erreichen; den starken Rückbezug auf die Musik als Austauschmedium; die wirkungsvollen Aspekte von Unrecht und Benachteiligung, aber auch von Anmaßung. Fragen der Gerechtigkeit und Parteinahme stehen immer wieder im Raum.
Als Einbuße könnte man das Fehlen von echtem Gemeinschaftsgefühl bezeichnen

und eine insgesamt nicht hohe Loyalität außerhalb der Zweierbeziehung. Zudem ist wenig soziale Relevanz zu erkennen: Es geht nicht um das Schicksal von vielen Figuren, sondern nur um das zweier Figuren. All dies begrenzt die emotionale Wirkung der Geschichte ein wenig.

Alles in allem aber ist der ›human factor‹ insgesamt das schlagendste Argument, das »Vier Minuten« aufzuweisen hat. Die hohe Weiterempfehlungsrate, die den Film über Wochen hoch oben in den deutschen Kinocharts hielt, hat hier ihren Ursprung. Der ›Publikumsvertrag‹ wurde erfüllt, und das Publikum war entsprechend von der sozialen Dynamik emotional berührt.

7. Umsetzung

Im Falle eines fertigen Films wird man die Aspekte der konkreten Umsetzung beachten und bewerten müssen: Wie sind Kamera, Schnitt, Musik, Design, Schauspiel usw. gelungen? Welche Szenen stechen markant heraus? Wie gut verkörpern die Schauspieler ihre Rolle? Es würde den Rahmen dieses Buches sprengen, wenn man die zahlreichen Aspekte, die es hier zu berücksichtigen gilt, ausführlich behandeln würde.

Man muss aber sehen, dass die Umsetzung, für die ein großer Teil der finanziellen und kreativen Anstrengungen aufgewandt wird, für den Markterfolg nur relativ wichtig ist. Die wichtigeren Informationen für das Publikum werden durch die äußeren Faktoren und die Elemente des Drehbuchs geliefert. An diesem Punkt muss nochmals darauf hingewiesen werden, dass die Rolle der Regiearbeit in der Öffentlichkeit zu Ungunsten der Drehbuchautoren oft überschätzt wird. Dies gilt leider teilweise auch für den Binnenmarkt selbst.

Hinsichtlich der Umsetzung von »Vier Minuten« waren die Leistung der Darsteller und vor allem die fulminante Darstellung der Debütantin Hannah Herzsprung starke Argumente. Auch auf anderen Ebenen hat die Umsetzung des Films Attraktives zu bieten. Musikalisch ist das wild-anarchische Konzert, das Jenny am Ende gibt, ein Highlight, das die zwischenmenschliche Spannung zu einer starken Kulmination führt. Die Umsetzung des Films wird dem starken Drehbuch in jeder Hinsicht gerecht und unterstützt die emotionalen Höhepunkte.

8. Zielpublikum

Eine wichtige Überlegung ist die Frage nach den Menschen, für die ein Film überhaupt gemacht wird, also das Zielpublikum. Hier fehlt meist das Geld für wirklich erschöpfende Marktforschungen und Studien, wie sie im TV-Bereich des Öfteren angestellt werden. Umso mehr müssen sich Produzenten, Förderer und Verleiher ihr eigenes Bild von den Menschen machen, die sie mit ihrem Film ansprechen wollen.

Die zentrale Frage gilt hier dem **Alter**. In dieser Hinsicht hat das Kino in Deutschland ein Handicap: Es ist mitunter schwer, die sehr große Gruppe der Jugendlichen zu erreichen. Die Skepsis der Menschen im Alter zwischen 18 und 29 Jahren, sich mit Produktionen aus dem eigenen Land zu befassen, ist groß. Das Kino muss sich hier mit dem hohen Konkurrenzdruck anderer Formen des medialen Entertainments (Games, TV, Internet) auseinandersetzen. Dieses Handicap lässt sich erfahrungsgemäß nur mit thematischer Konzentration auf soziale, politisch relevante Motive oder mit ausgesprochen spaßigen, lustbetonten Themen knacken. Vielfach fehlen dem deutschen Kino aber schlicht die Mittel, um in Sachen Action, Starpower und Production Value mit amerikanischen Produktionen mitzuhalten.

Das Segment der 30- bis 48-Jährigen ist grundsätzlich dem Kinobesuch (und auch dem deutschen Film) eher zugänglich. Allerdings ist diese Altersschicht häufig durch Familie und/oder Karriere gehandicapt – wer kleine Kinder hat, kommt kaum ins Kino, und wer nebenbei hart arbeiten muss, um diese zu finanzieren, erst recht nicht.

Etwas leichter zu erreichen sind die Erwachsenen über 49. Die demografische Verteilungskurve erfasst zunehmend ältere Personen. Wer diese Kreise zu mobilisieren vermag, hat gute Karten. Filme wie »**Wolke 9**« oder »**Kirschblüten – Hanami**«, aber auch »**Wüstenblume**« haben das Potenzial der ›Best-Ager‹ unter Beweis zu stellen vermocht. Insofern tut sich im deutschen Kino der Film leichter, wenn er auf ein eher älteres und eher erwachsenes Publikum hinzielt. Die entsprechenden Signale und Werte müssen dann allerdings auf Basis von Drehbuch und Umsetzung genau untersucht werden.

Am leichtesten hat man es in Deutschland mit der Altersgruppe der Unter-14-Jährigen. Die Chancen für erfolgreiche Kinderfilme bzw. Formen von Family Entertainment stehen in Deutschland nicht schlecht, weil Kinder in ihrer Wahrnehmung noch nicht so stark von Action und visuellen Reizen bestimmt werden. Entsprechend hat das deutsche Kino hier immer wieder seine Stärken ausgespielt.

Von Bedeutung ist auch der Grad der **Bildung**. Generell ist es in Deutschland leichter und auf jeden Fall kostengünstiger, für ein gebildetes Publikum zu produzieren, welches weniger Anforderungen an Tempo und Action stellt und eher an inneren Konflikten interessiert ist. Unübersehbar ist jedoch leider, dass die einst bedeutsame Zielgruppe der filmbegeisterten **Studenten** und **Intellektuellen** schrumpft. Erstens sind die Budgets junger Leute durch die Studiengebühren heute beschränkter, zweitens macht sich der Einfluss von Piraterie und Raubkopien bemerkbar, und drittens sind die Anforderungen in Studium und Beruf häufig so gewachsen, dass schlicht die Zeit zum Kinobesuch fehlt.

Ein echt proletarisches Kinopublikum existiert im deutschen Film eigentlich kaum. Kürzlich ging der Versuch schief, mit »**Zeiten ändern Dich**« einen Film ausschließlich für die Kids von der Straße zu produzieren.

Zwischen Zuschauern in Großstädten und solchen in ländlichen Gegenden liegt ebenfalls ein beträchtlicher Unterschied. Hier kommt es aufs **soziale Umfeld** an. Einige Filme zielen auf Themen ab, die eine starke Fokussierung auf moderne, liberale, lustbetonte Stoffe der Großstadt nach sich ziehen. Andere haben ideale Voraussetzungen, um Menschen aus ländlichen Regionen für sich zu gewinnen. Hier gibt es Aspekte des Erzählerischen, die genau untersucht werden sollten.

Einige Filme wenden sich auch an spezielle Zielgruppen, die sich mit bestimmten **thematischen Vorlieben** befassen. Ein Film übers Bergsteigen richtet sich selbstredend an Bergfans, während Fußball eine andere Klientel anspricht. Gleichwohl gab es hier auch schon herbe Enttäuschungen, wenn sich Mitglieder einer bestimmten ›Szene‹ als Kinomuffel herausstellten, also den Film, der sich speziell an sie wenden sollte, gar nicht sehen wollten.

»Vier Minuten« spricht vornehmlich ein erwachsenes Großstadt-Publikum an, das sich mit klassischer Musik auseinandersetzt oder zumindest dessen Nimbus akzeptiert. Durch die Figur der Klavierlehrerin werden auch betagtere Menschen erreicht. Die Schicht der 18- bis 29-Jährigen wird hingegen nur im Falle von Musikstudenten oder Kunstinteressierten erreicht – wodurch ein ganz großes Segment des Marktes von vornherein unzugänglich ist. Das eigentliche Zielpublikum erweist sich als eher intellektuell denn proletarisch, eher alt als jung und eher weiblich als männlich. Es ist daher auch begrenzt und umfasst Werte, die auf jeden Fall unter einer Million liegen, meistens sogar sehr weit darunter. Man kann daher bei einem Film wie »Vier Minuten« unmöglich davon ausgehen, dass er ein Millionenpublikum erreicht, egal wie er auch immer umgesetzt sein mag.

Aus all diesen Gründen ist es im Falle von »Vier Minuten« gelungen, das Zielpublikum innerhalb seiner Grenzen zu fesseln und auch zu einer Weiterempfehlung zu animieren. Die Zahl von 470.000 Zuschauern ist für sich genommen nicht spektakulär – verglichen mit dem überhaupt erreichbaren Potenzial aber doch ausgesprochen hoch.

9. Presse, Festivals, Preise

Die Akzeptanz eines Films beim Feuilleton kann wichtig sein. Allerdings gibt es auch genügend Beispiele, bei denen Filme von der Presse gefeiert wurden, aber beim Publikum auf Desinteresse stießen – und umgekehrt. Man darf also den Einfluss der Presse nicht allzu hoch ansetzen. Dennoch spielt ihr Streufaktor in der öffentlichen Wahrnehmung eine wichtige Rolle.

Ähnliches gilt für Festivals. Teilnahmen an großen A-Festivals bringen zwar Renommee und sichern die Aufmerksamkeit. Aber es gibt auch Fälle aus den letzten Jahren, bei denen Festival-Gewinner aus Cannes, Berlin und Venedig am Markt übergangen wurden. Nur selten bilden Festivals gleichsam die Startrampe für große filmische Karrieren.

Auszeichnungen bleiben in der Regel für den Kinoerfolg eines Films marginal, wenn es sich nicht um den ›Oscar‹ handelt. Diese Ehrung durch die amerikanische Akademie der Filmschaffenden hat bis heute nichts von ihrem Prestige verloren.

»Vier Minuten« wurde auf dem Filmfestival in Shanghai entdeckt. Dort wurde der als Filmemacher bekannte Juror Luc Besson auf den Film aufmerksam und begann, auf seinen eigenen Kanälen die Werbetrommel zu rühren. Dieser Effekt wurde in Deutschland als ernstzunehmendes Signal verstanden, und entsprechend fand der Film in den Medien große Aufmerksamkeit. Echte Festivalerfolge allerdings hat er nicht aufzuweisen. Die Auszeichnung mit dem Deutschen Filmpreis hat den Film nachträglich geadelt, aber seine Besucherzahlen nicht merklich erhöht.

10. Marktfaktoren

Die Art und Weise wie ein Film letztlich herausgebracht wird, ist von großer Bedeutung. Das Marketing hat erheblichen Einfluss auf die Akzeptanz. Hier spielt die Frage nach dem Verleih eine Rolle. Amerikanische Majors haben dabei in der Regel Budgets für ihre Werbemaßnahmen zur Verfügung, die nur in Ausnahmen auch für deutsche Produkte aufgewendet werden können.

Ein wichtiges Element der Herausbringung ist die ganz grundsätzliche Werbestrategie, bei der es entweder gelingt, das Publikum für die spezifischen Reize des Films zu sensibilisieren, oder wo falsche Signale gesetzt werden, was zu Enttäuschung führen kann. Ähnliches gilt für die Kinotrailer, die Zuschauern Lust machen sollen, aber bisweilen genau jene Elemente des Films akzentuieren, die auf das mögliche Zielpublikum eher abschreckend wirken.

Die Herausbringung stößt aber auch auf Faktoren, die sich innerhalb kurzer Zeit wandeln können und gar nicht vorhersehbar sind: Es kann politische Ereignisse geben, die die Stimmung für oder gegen ein bestimmtes Thema prägen. Meist ist das nur in negativer Hinsicht spürbar. Bisweilen werden in der Öffentlichkeit Themen so stark diskutiert, dass Zuschauer kein Interesse daran haben, ihnen im Kino schon wieder zu begegnen. Der umgekehrte Fall, dass ein Film auf besonderes Interesse stößt, WEIL er Themen anspricht, die gerade in aller Munde sind, kommt dagegen seltener vor. Das Kino ist anders als das Fernsehen nicht der Ort, an dem tagesaktuelle Themen abgehandelt werden.

Die am schwersten vorhersehbare Größe aber ist das Wetter. Es gibt Perioden, in denen Menschen partout nicht ins Kino gehen, und diese Schönwetterperioden verschieben sich im Kalender zunehmend nach vorn. Es kann schon im April Zeiten geben, in denen es so warm ist, dass der Kinobesuch einbricht. Hingegen können im Juni Regenperioden die Zuschauerzahlen wieder sprunghaft in die Höhe treiben.

»Vier Minuten« wurde von dem recht kleinen Verleih Piffl-Medien herausgebracht, der kaum das Budget hatte, eine große Kampagne zu starten. Der Markterfolg des Films hätte mit mehr Geld also gewiss noch gesteigert werden können.
Das universelle Thema des Films stieß auf keine unerwarteten Kollisionen mit dem Zeitgeist. Bei der Auswertung kam es auch zu keinen nennenswerten Einflüssen von Seiten des Marktes.

11. Vergleichende Analyse

Das Modell VEMA versucht, alle oben genannten Einflussgrößen eines Films zu erfassen und daraus konkrete Prognosen abzuleiten. Der Schlüssel dazu ist der Aspekt des Vergleichs. Für die aussagekräftige Analyse eines Drehbuchs bzw. eines fertigen Films braucht man wenigstens vier bis fünf Vergleichsfilme, die ein möglichst großes Spektrum abdecken sollten: vom möglichst berühmten oder erfolgreichen Referenzfilm bis hin zu echten Flops.

Die sorgfältige Prüfung und Gewichtung der unterschiedlichen Ergebnisse führen am Ende zu einem ungefähren Korridor innerhalb des Spektrums aller möglichen Zuschauer für das untersuchte Projekt. Dadurch werden die maximal und minimal zu erwartenden Zahlen eingegrenzt. Das Verfahren ist aufwendig, ermöglicht aber ungleich genauere Prognosen als die sonst branchenüblichen ›sales estimates‹, die häufig nicht mehr sind als schöngefärbte Schätzungen auf Basis von Bauchgefühlen.

Im hypothetischen Fall, man hätte 2006 das Drehbuch zu »Vier Minuten« zur Prüfung vorliegen gehabt, hätte man aus den Vergleichsfilmen folgende Marktsituation herauslesen können:

- *»Aimée & Jaguar« erreichte 1999 ca. 1,2 Mio. Zuschauer in Deutschland*
- *»Million Dollar Baby« kam 2005 auf ca. 535.000 Zuschauer*
- *»Scherbentanz« erreichte 2004 ca. 20.000 Menschen*
- *»Die Verurteilten« wurde von ca. 410.000 Zuschauern gesehen*
- *»Der wilde Schlag meines Herzens« erreichte am Markt in etwa 30.000.*

Die äußeren Faktoren sprachen nicht für, aber auch nicht gegen »Vier Minuten«, während hier vor allem »Aimée & Jaguar« durch den Bucherfolg und die bekannten Darsteller viel bessere Karten hatte. Auch die Prominenz von Clint Eastwood und Hilary Swank war natürlich für »Vier Minuten« vor der Herausbringung unerreichbar. Das Drehbuch versprach einen ungewöhnlich dichten, spannenden Film mit viel ›human factor‹ – weit mehr als etwa in »Der wilde Schlag meines Herzens«, sodass ein deutlich besseres Ergebnis auf dieser Ebene zu erwarten war. Auch im Vergleich mit »Scherbentanz« weist »Vier Minuten« ungleich mehr Loyalität und zwischenmenschliche Bindung auf. Der Markterfolg würde also aufgrund der inneren Faktoren und des ›human factor‹ mit einiger Sicherheit weit darüber liegen.
Im direkten Vergleich hätte man auf Drehbuchbasis »Vier Minuten« jedenfalls ganz erheblich bessere Chancen einräumen können als »Scherbentanz« oder »Der wilde Schlag…«; Erfolge in der Größenordnung von »Aimée & Jaguar« wären allerdings unerreichbar erschienen, aber auch Zahlen wie die von »Million Dollar Baby« oder »Die Verurteilten« hätte man dem Film kaum zugetraut.
Eine VEMA-Analyse hätte daher vielleicht ein Endergebnis zwischen 150.000 und 200.000 Zuschauer vorausgesagt, allerdings mit Luft nach oben. Für ein intimes deutsches Drama sind dies wichtige Informationen, die schon entscheidende Weichenstellungen für den Werbeetat und die Marketingstrategie ermöglichen. Ohne solche präzisen Prognosen bleibt es für Produktion und Verleih schwer abschätzbar, wo ihr Film am Ende landen könnte.
Dass bei der Umsetzung dann vor allem durch die Darsteller, aber auch die starke Musik Faktoren hinzukamen, die den Marktwert erhöhten, war unvorhersehbar. Die vergleichsweise hervorragende Zahl von 470.000 Zuschauern wäre auf Drehbuchbasis nur als oberste Grenze vorstellbar gewesen.
Insofern hätte die hypothetische VEMA-Schätzung einerseits unter dem tatsächlichen Erfolg gelegen (womit immer gerechnet werden muss). Sie hätte aber eben doch den Korridor der zu erwartenden Ergebnisse hinreichend erfasst.

Resümee

Das deutsche Fernsehen funktioniert seit Jahren recht erfolgreich, und auch der deutsche Kinofilm holt allmählich Marktanteile zurück, die er an die Amerikaner verloren hatte. Das sind erfreuliche Tendenzen, für die man die wachsende Aufmerksamkeit, der sich die Drehbucharbeit heute erfreut, mit verantwortlich machen darf.

Aber es gibt keinen Grund, selbstzufrieden auf den Lorbeeren auszuruhen. Noch immer werden jährlich viele Filme produziert, die entweder nicht ins Kino kommen oder dort nur wenig Erfolge erzielen; und weiterhin existieren Produktionen, von denen man sich mehr erwartet hatte. Oft beobachtet man gerade bei Flops, dass der Kontakt zwischen erzählter Geschichte und Publikum einfach nicht so zünden wollte, wie es geplant und angesichts hoher Kosten auch nötig gewesen wäre.

Menschen sind süchtig nach Geschichten, sie können nicht genug bekommen von den verschiedenen Varianten des empathischen Miterlebens. Filme liefern diesen Stoff. Aber nur, wenn sie sich mit den Bedürfnissen der Menschen, die sie sehen sollen, auseinandersetzen. Hier liegt der Schlüssel für erfolgreiches Filmemachen.

Storytelling tut immer dasselbe: Es füttert uns mit virtuellen Erlebnissen, die vor Augen führen, wie das Leben zum Abenteuer, zum Drama, zur Komödie, zum Horror oder zum Triumph werden kann. Die Beschäftigung mit der menschlichen Natur kann gar nicht intensiv genug sein, um zu begreifen, wie Storytelling Menschen zu bewegen und zu berühren vermag.

Filmemacher stehen in der Verantwortung, dieses Spektrum menschlicher Existenz ihren Zuschauern so spannend, farbig, abwechslungsreich und so ... MENSCHLICH wie möglich zu schildern! Es ist zu hoffen, dass dieses Buch dazu beiträgt, dieser Verantwortung gerecht zu werden.

Anhang

Danksagung

Eine Arbeit wie diese kann natürlich selbst wieder nicht ohne ›human factor‹ entstehen. Jeder Autor braucht ein Umfeld, das ihn unterstützt und an ihn glaubt.

Daher an dieser Stelle der Dank an all die vielen Freunde und Kollegen, die durch ihren Rat, ihre Kompetenz, auch durch Einwände und Proteste die Arbeit vorangebracht haben. Den Begriff ›Publikumsvertrag‹ verdanke ich Nani Mahlo. Vor allem Pit Riethmüller hat dem Buch durch sein unerbittliches und doch sensibles Lektorat wertvolle Dienste erwiesen.

Besonders verbunden bin ich Norbert Maaß, der zum Partner für die praktische Umsetzung meiner Ideen wurde und mit dem ich VEMA entwickelt habe.

Gelernt aber habe ich den ›human factor‹ von meinen Eltern. Ihnen hier zu danken, ist mir ein Bedürfnis, auch wenn dürre Worte angesichts der wirklichen Gefühle von Dankbarkeit immer unangemessen wirken müssen.

Am verbundensten bin ich meiner Frau Christiane Schleidt. Ihre Geduld und ihr Glaube an mich und die hier niedergelegten Ideen sind für mich bis heute ein Geheimnis der Liebe. Ihre Hilfe war und ist die wertvollste.

Literatur

- Aristoteles: Poetik. (Griechisch/Deutsch) Ditzingen, 1994
- Benke, Dagmar: Freistil. Bergisch-Gladbach 2002
- Benke, Dagmar und Routh, Christian: Script Development. Im Team zum guten Drehbuch. Konstanz 2006
- Bischof, Norbert: Kraftfeld der Mythen. 3. Auflage München 2004
- Bischof, Norbert: Psychologie. Ein Grundkurs für Anspruchsvolle. Stuttgart 2009
- Bischof-Köhler, Doris: Spiegelbild und Empathie. Die Anfänge der sozialen Kognition. Bern 1989
- Blothner, Dirk: Erlebniswelt Kino. 2. Auflage Bergisch-Gladbach 2001
- Bordwell, David: Narration in the Fiction Film. London 1985
- Breithaupt, Fritz: Kulturen der Empathie. Frankfurt/Main, 2009
- Brown, Donald E.: Human Universals. Washington 1990
- Campbell, Joseph: Der Heros in tausend Gestalten. 5. Auflage Frankfurt/Main 1999
- Carrière, Jean-Claude und Bonitzer, Pascal: Die Arbeit am Drehbuch. Über das Geschichtenerzählen. 2. Auflage Berlin 1999
- Chion, Michel: Techniken des Drehbuchschreibens. Berlin 2001
- Ciompi, Luc: Die emotionalen Grundlagen des Denkens. Entwurf einer fraktalen Affektlogik. Wien 2001
- Eder, Jens: Die Figur im Film. Grundlagen der Figurenanalyse. Marburg 2008
- Eibl-Eibesfeldt, Irenäus: Die Biologie des menschlichen Verhaltens. 5. Auflage Vierkirchen 2004
- Egri, Lajos: Literarisches Schreiben: Starke Charaktere – Originelle Ideen – Überzeugende Handlung. Berlin 2002
- Eick, Dennis: Drehbuchtheorien. Eine vergleichende Analyse. Konstanz 2006
- Field, Syd: Das Drehbuch- Die Grundlagen des Drehbuchschreibens. Berlin 2007
- Fischer, Robert; Sloterdijk, Peter; Theweleit, Klaus: Bilder der Gewalt. Frankfurt/Main 2001
- Freytag, Gustav: Die Technik des Dramas. Berlin 2003
- Friedman, Julian: Unternehmen Drehbuch. Drehbücher schreiben, präsentieren, verkaufen. 3. Auflage Bergisch-Gladbach 1999
- Goldman, William: Das Hollywood-Geschäft. Hinter den Kulissen der amerikanischen Filmindustrie. Bergisch-Gladbach 1998
- Grossjohann, Andreas: Above the line. Produktorientierte Erfolgsfaktoren für deutsche Kinospielfilme. Diplomarbeit der Hochschule Mittweida 2005

- Hiltunen, Ari: Aristoteles in Hollywood. Bergisch-Gladbach 2001
- Howard, David: Drehbuch Handwerk. Köln 1995
- McKee, Robert: Story. Die Prinzipien des Drehbuchschreibens. 5. Auflage Berlin 2008
- Kohlberg, Lawrence: Die Psychologie der Moralentwicklung. Frankfurt/Main 1996
- Parker, Phil: Die kreative Matrix. Kunst und Handwerk des Drehbuchschreibens. Konstanz 2005
- Reifenrath, Bruno H. (Hrsg): Ich und die Anderen. Frankfurt/Main 1990
- Rifkin, Jeremy: Die empathische Zivilisation: Wege zu einem globalen Bewusstsein. München 2010
- Röscheisen, Thilo: Film und Fernsehproduktion für internationale Märkte. Perspektiven für die Entwicklung einer international erfolgreichen Programmindustrie. München 1997
- Schneider, Jakob Robert: Ach wie gut dass ich es weiß. Märchen und andere Geschichten in der systemisch-phänomenologischen Therapie. Heidelberg 2001
- Schneider, Michael: Vor dem Dreh kommt das Buch. Die hohe Schule des filmischen Erzählens. 2. Auflage. Konstanz 2007
- Schütte, Oliver: Die Kunst des Drehbuchlesens. 4. Auflage. Konstanz 2009
- Seeßlen, Georg: Kino der Gefühle. Geschichte und Mythologie des Film-Melodrams. Reinbek bei Hamburg 1988
- Seger, Linda: Das Geheimnis guter Drehbücher (Making a Good Script Great). 5. Auflage Berlin 2001
- Stein, Sol: Über das Schreiben. Frankfurt/Main 1999
- Stutterheim, Kerstin: Handbuch der Filmdramaturgie: Das Bauchgefühl und seine Ursachen. Potsdam 2009
- Tan, Ed S.: Emotion and the Structure of Narrative Film. New Jersey 1996
- Todorov, Tzvetan: Abenteuer des Zusammenlebens. Versuch einer allgemeinen Anthropologie. Frankfurt/Main 1998
- Vale, Eugene: Die Technik des Drehbuchschreibens für Film und Fernsehen. 6. Auflage. München 2004
- Vogler, Christopher: Die Odyssee des Drehbuchschreibers. 5. Auflage Frankfurt/Main 2004
- Wuss, Peter: Filmanalyse und Filmpsychologie. Strukturen des Films im Wahrnehmungsprozess. Berlin 1999
- Zizek, Slavoj: Was Sie immer schon über Lacan wissen wollten und Hitchcock nie zu fragen wagten. Frankfurt/Main 2002
- Zuta, Pascal: Publikumspräferenzen für Kinofilme. Potsdam 2008

Filmregister

(Die sieben Beispielfilme des ersten Hauptteils sind fett hervorgehoben.)

1. Aimée & Jaguar (D 1998)
2. Albert Schweitzer – Ein Leben für Afrika (D 2009)
3. Alle Anderen (D 2009)
4. Alles auf Zucker (D 2005)
5. Anonyma (D 2008)
6. Auf der anderen Seite (D 2007)
7. Avatar – Aufbruch nach Pandora (USA 2009)
8. Besser geht's nicht (As Good as It Gets, USA 1997)
9. Brokeback Mountain (USA 2006)
10. Brücken am Fluss (The Bridges of Madison County, USA 1995)
11. Dark Knight (USA 2008)
12. Dr. House (TV-Serie, GB, 2004 - ?)
13. Dr. Molly und Karl (TV-Serie, D 2008)
14. Ein starker Abgang (TV, D 2008)
15. Effi Briest (D 2009)
16. Emmas Glück (D 2005)
17. Es kommt der Tag (D 2009)
18. Die fetten Jahre sind vorbei (D 2005)
19. Friendship! (D 2010)
20. Full Metal Village (D 2007)
21. Gegen die Wand (D 2004)
22. Die Geschichte vom weinenden Kamel (D 2002)
23. Hände weg von Mississippi! (D 2007)
24. Henri IV (D/F 2010)
25. Inglourious Basterds (USA/ D 2009)
26. Die Jagd nach dem Schatz der Nibelungen (TV, D 2008)
27. John Rabe (D 2009)
28. **KEINOHRHASEN (D 2007)**
29. Kirschblüten – Hanami (D 2008)
30. Der Knochenmann (A 2009)
31. Krabat (D 2008)
32. **DAS LEBEN DER ANDEREN (D 2006)**
33. Liebesleben (D 2007)
34. Lila Lila (D/CH 2009)
35. Let's Make Money (A 2008)
36. **LITTLE MISS SUNSHINE (USA 2006)**
37. Lost in Translation (USA 2004)

38. Maria, ihm schmeckt's nicht! (D 2009)
39. Match Point (GB 2006)
40. Männerherzen (D 2009)
41. Der menschliche Makel (The Human Stain, USA 2004)
42. Million Dollar Baby (USA 2005)
43. Mogadischu (TV, D 2008)
44. Nichts als Gespenster (D 2007)
45. Das Parfum (D 2007)
46. **RATATOUILLE (USA 2007)**
47. Rhythm' is it! (D 2004)
48. Robert Zimmermann wundert sich über die Liebe (D 2008)
49. **DER ROTE BARON (D 2007)**
50. Scherbentanz (D 2004)
51. Schröders wunderbare Welt (D 2007)
52. Schultze gets the Blues (D 2004)
53. Slumdog Millionaire (GB 2008)
54. Sommer vorm Balkon (D 2006)
55. Stand der Dinge (State of Play, GB 2008)
56. Stromberg (TV, D 2006 - ?)
57. Tannöd (D 2009)
58. Der Teufel trägt Prada (The Devil Wears Prada, USA 2006)
59. **TITANIC (USA 1997)**
60. **THE DEPARTED (USA 2007)**
61. Urmel voll in Fahrt (D 2008)
62. Vier Minuten (D 2007)
63. Der Vorleser (The Reader, USA/D 2009)
64. Walk the Line (USA 2006)
65. Das Weiße Band (D/A/F 2009)
66. Die Welle (D 2008)
67. Wenn Liebe so einfach wäre (It's complicated, USA 2010)
68. Wer früher stirbt, ist länger tot (D 2006)
69. Wie im Himmel (Sa som I himmelen, SWE 2004)
70. Der wilde Schlag meines Herzens (Le battre de mon coeur s'est arreté, F 2004)
71. Willkommen bei den Sch'tis (Bienvenue chez les Ch'tis, F 2007)
72. Wolke 9 (D 2008)
73. Wüstenblume (D/GB 2009)
74. Yella (D 2007)
75. Zeiten ändern Dich (D 2010)